HEYNE
BÜCHER

W0233903

Inhalt

Kurzanleitung zum Gebrauch dieses Vornamensführers

1. Suchen Sie im **Index** Ihren Vornamen. Dahinter finden Sie die Nummer des Kapitels, das sich auf Ihren Namen bezieht.

2. Suchen Sie im **Mittelteil** unter Ihrer **Kapitelnummer** den Kommentar zu Ihrem Namen.

3. Bei **Doppelnamen** (Klaus-Dieter, Lisa-Marie etc.):
   Wie lautet Ihr tatsächlicher Rufname? Dieser gilt.
   Wenn ständig beide Namen ausgesprochen werden, gewichtet man anhand der Anzahl der Selbstlaute. »Klaus« enthält zwei Vokale, »Dieter« deren drei. Lesen Sie das Kapitel, das sich auf Ihren stärker gewichteten Namen bezieht, und ergänzen dann anhand des Kapitels, das Ihren zweiten Namen bewertet.

4. Die Kreissegmente zeigen an, wie stark die einzelnen Eigenschaften in der jeweiligen Namensrubrik ausgeprägt sind. Der Durchschnitt wird im innersten Ring mit 60 Prozent angezeigt. Jeder weitere Ring entspricht 5 Prozent.

TEIL I

Einführung

Die Idee zu diesem Buch entstand vor einigen Jahren. Bei einem geselligen Zusammensein wurde über alles Mögliche gesprochen, plötzlich ging es um Charaktereigenschaften und die Ausstrahlung von Menschen. Als ich auf die letzten dreißig Jahre und die Entwicklung unserer drei Kinder zurückblickte, kam ich zu der Überzeugung, dass der Vorname den Menschen tatsächlich prägt – nicht etwa durch irgendwelche okkulten Einflüsse, sondern schlicht durch die Erwartung, die von der Umgebung des Namensträgers ausgeht und diesen in eine bestimmte Rolle zu zwingen scheint. Seitdem habe ich mich intensiv mit diesem faszinierenden Thema befasst und umfangreiches Material zusammengetragen, das die Grundlage dieses Buches bildet.

Stellen Sie sich bitte einmal vor, Ihre Eltern hätten Ihnen den Vornamen Clown gegeben. Dann hätte alle Welt seit jeher von Ihnen erwartet, dass Sie ein lustiger Mensch seien, der ständig Streiche ausheckt und nie schlecht gelaunt ist. Ein Mensch, der nie Sorgen hat und, falls doch, seine Sorgen so geschickt überspielt, dass niemand in seiner Umgebung dies bemerkt. Spätestens im Berufsleben, wahrscheinlich schon viel früher, würde der Name Ihnen aber Probleme bereiten. Wer ist schon bereit, mit einem »Clown« Verträge zu schließen oder ihm eine schwierige Aufgabe zu übertragen? Würden Sie sich bei einer schwierigen Operation einem Arzt mit dem Vornamen Clown anvertrauen?

Dieses Beispiel mag ein wenig übertrieben sein, aber es zeigt, worauf ich hinauswill. Unzählige Male konnte ich beobachten, dass Menschen durch ihren Vornamen, der ja meistens auch dem Rufnamen entspricht, in eine bestimmte Rolle gedrängt werden. Meist ohne sich dessen bewusst zu sein, erwarten Freunde, Bekannte oder Familienangehörige von den Betreffenden, sich gemäß einem bestimmten Vorbild zu verhalten. Enttäuschen sie diese Erwartung, dann zeigt die Umgebung spürbar ihren Unmut. Schnell lernt der Namensträger, sich so zu verhalten, wie man es von ihm erwartet.

Hierzu ein weiteres Beispiel, diesmal aus der Mythologie. Von einer Brunhilde oder einem Siegfried erwartet man, dass sie unerschrocken und gebieterisch auftreten. Wie ihre heroischen Vorbilder in der Nibelungensage müssen sie imstande sein, allen Gefahren zu trotzen.

In früheren Zeiten wurde stets einer der Söhne nach dem Vater oder Großvater benannt. Die Absicht ist offenkundig: Der Vater will einen Nachkommen, der ihm selbst gleicht. Im Enkel sollen die Charakterzüge des Großvaters weiterleben. Die Familie wünscht sich einen neuen, starken Bannerträger ihres Clans. Ob die Erwartungen in der Regel erfüllt werden, bleibe dahingestellt. Augenfällig ist jedoch, dass die in ihn gesetzten Erwartungen den Träger des Vornamens zeitlebens massiv beeinflussen.

Wie wird die Namensvergabe in anderen Ländern gehandhabt? Im Zuge meiner Recherchen schaute ich mich in England und den USA, in Frankreich, Italien, Spanien sowie in Österreich, der Schweiz und in Deutschland um. Überall stieß ich auf regelrechte Kulte um den Vornamen, die ich so nicht erwartet habe. Der Vorname spielt eine sehr große Rolle, deshalb wird er meist sehr sorgfältig gewählt. Die mögliche Wirkung und der Einfluss des Vornamens sind erstaunlich vielen Menschen bewusst.

In meinem persönlichen Umfeld wurde die Vergabe von Vornamen vielfach durch Stimmungen der Eltern beeinflusst. Natürlich gibt es auch Fälle, in denen die Eltern sich keine großen Gedanken machten, das Kind also einen mehr oder minder zufällig gewählten Namen erhielt. Andere Paare trafen in vollem Bewusstsein der Bedeutung gefühlvolle Entscheidungen. Beispielsweise kenne ich eine Frau namens Annerose, die diesen Namen erhielt, da die Eltern sie als Blüte ihrer großen Liebe empfanden.

Als mein Mann und ich heirateten, wollten wir mindestens zwei Kinder haben. Als unser erstes Kind unterwegs war, kauften wir uns Bücher, die Hunderte von Vornamen enthielten. Verwirrt durch die Überfülle der Möglichkeiten, legten wir die Bücher nach vielen Stunden des Überlegens und Ausprobierens wieder zur Seite. Das war offenkundig nicht der richtige Weg. Wir hofften auf eine Inspiration.

Eine mit uns eng befreundete Familie hatte drei Töchter. Die ersten beiden hießen Dominique und Pascale; bis dahin war also eine »französische« Linie zu erkennen. Die dritte Tochter aber nannten sie Astrid. Für uns war das ein Stilbruch. Als wir uns schließlich entschieden, unseren Kindern nordische Namen zu geben, waren wir entschlossen, diese Linie auch tatsächlich durchzuhalten.

Dann erst nahmen wir die Bücher wieder zur Hand und suchten uns je 14 männliche und weibliche Vornamen mit nordischem Klang heraus. Diese Auswahl schrieben wir in der Reihenfolge, die unserer Vorstellung entsprach, in einen Kalender. Ebenso verfuhren wir mit den folgenden 14 Kalendertagen, sodass wir für die vier Wochen im Umkreis des errechneten Geburtstermins tagtäglich einen männlichen und einen weiblichen Vornamen für unser Kind parat hatten. Nun konnten wir in Ruhe warten, welchen Namen sich unser Kind aussuchen würde. Für uns war es ein Spiel, das wir ohne Hintergedanken spielten.

Auf die Idee, dass der Vorname seinen Träger gesellschaftlich – sowohl in der eigenen Familie als auch im Freundeskreis – in eine bestimmte Rolle zu drängen scheint, kam ich durch die erwähnten drei Mädchen. Fast ein Jahrzehnt lang konnte ich die Entwicklung von Dominique, Pascale und Astrid beobachten. Astrid war grundsätzlich die Außenseiterin. Im Laufe der Jahre stieß ich auf weitere Beispiele. So lernte ich etwa eine bayrische Familie kennen, in der man von dem Sohn namens Pirmin erwartete, dass er fromm sein und später Priester werden würde. Da er diese Erwartungen nicht erfüllen wollte oder konnte, wurde er zum Rebellen in der Familie. Jedoch wurde er später in seinem Beruf mit ähnlichen Rollenerwartungen konfrontiert. Alle Welt setzte voraus, dass ein Mann namens Pirmin beamtenhaft, seriös und hyperkorrekt sein müsse. Und dieser Erwartungsdruck prägte ihn, ob er wollte oder nicht.

Wie bin ich selbst zu meinem Vornamen gekommen? Natürlich beschäftigte mich auch diese Frage. Mein Vater hatte sich einen Sohn gewünscht, und auch meine Mutter war fest davon überzeugt, dass sie einen Jungen zur Welt bringen würde. Daher hatten sie keinen einzigen Mädchennamen ausgesucht. Als dann die Hebamme fragte: »Wie soll das kleine Mädchen denn nun heißen?«, herrschte zunächst ratloses Schweigen. Erst nach einigen Minuten fiel meiner Mutter ein, dass ihr ein Bruder einige Monate vorher gesagt hatte, falls seine Frau eine Tochter bekomme, solle das Mädchen Gertraud heißen. Also wurde ich eine Gertraud, und meine Cousine, die Jahre später geboren wurde, bekam einen anderen Namen. Nicht sehr romantisch, oder? Trotzdem war ich mit meinem Namen immer zufrieden.

In früheren Zeiten allerdings hätte es kaum jemand gewagt, derart hemdsärmelig mit einem so wichtigen Thema umzugehen. In der Antike war die Vergabe des Namens an einen Menschen ein besonders heiliger Akt. Damals war man überzeugt, dass der Name den Menschen fördern oder hemmen könne. Die Wege oder Methoden, den richtigen Namen für ein Neugeborenes zu finden, waren jedoch von Kultur zu Kultur verschieden.

Namensgebung im alten Ägypten

Im alten Ägypten wurde im Tempel entbunden. Dem Gott, der einem das Leben geschenkt hatte, huldigte man dann ein Leben lang. Bis in die Ptolemäer-Zeit ging die werdende Mutter in den Tempel, um ihr Kind in einem der »Gebärhäuser« zur Welt zu bringen. Hier bekam der neue Erdenbürger seinen Namen, der ihn ein Leben lang begleiten sollte. In diesen seinen Tempel kehrte er am Lebensende zurück, um seinen Namen an seinen Gott zurückzugeben. Für die Menschen war es damals klar, dass man seinen Namen nur für seinen Aufenthalt auf dieser Welt verliehen bekommen hatte.

Noch heute kann man die Gebärhäuser in den alten Tempeln sehen. Im hinteren Teil des Tempels von Edfu befindet sich eine Wand, an der die chirurgischen Instrumente der damaligen Zeit wie ein Lehrbuch abgebildet sind. Einige davon kann man fast unverändert noch auf den heutigen Entbindungsstationen sehen. Davor befinden sich etliche fensterlose Kammern, in denen die Ägypterinnen ihre Kinder zur Welt brachten. Der Raum für die Geburt musste fensterlos sein. Das Kind kam im Dunkeln zur Welt, damit sich seine ersten Eindrücke auf das Gehör konzentrierten. Gemäß der Anschauung im alten Ägypten blieb das Ungeborene sozusagen ein Organ der Mutter, solange die Nabelschnur nicht durchtrennt war. Niemand durfte vom Augenblick der Geburt bis zur Durchtrennung der Nabelschnur auch nur ein Wort sprechen. Dann wurde das abgenabelte Neugeborene dem Vater in den Arm gelegt, und er sprach das erste Wort, welches das Baby zu hören bekam. Laut und sehr akzentuiert. Dieses Wort wurden zum Namen seines Kindes, einem Namen, den ihm Gott für seinen Lebensweg verliehen hatte und an dem Gott ihn wiedererkannte, wenn er diese Welt wieder verließ.

Der Überlieferung nach sprach der Vater keinen vorher ausgewählten Namen, sondern ein Wort, das seiner Eingebung entsprang. Gott gebrauchte den Mund des Vaters als Instrument, um seinem neuen Geschöpf den Namen für sein irdisches Leben zu geben.

Der Name begleitete den Menschen und verlieh ihm nach damaliger Ansicht Lebenskraft, die von Gott kam. Durch den Namen erhielt er besondere Eigenschaften, und durch seine Namen wurden ihm auch die ihm vorherbestimmten Prüfungen des Schicksals zugewiesen. Wurde er krank, so ging er in den Tempel zu den Priestern, nannte seinen Namen und erbat von seinem Gott Gesundung und neue Lebenskraft. Die Medizinpriester versuchten, als Werkzeuge Gottes, ihm bei seinem Problem zu helfen. Wenn seine Lebenszeit schließlich abgelaufen war und er merkte, dass er wohl sterben musste, so ging er ein letztes Mal in seinen Tempel. Nach der damaligen Anschauung rief ihn Gott aus dem Leben ab, indem er ihn beim Namen rief. Der Sterbende antwortete und gab Gott seinen Namen zurück.

Nach seinem Tod wurden Rituale ausgeführt, um den Körper vom Namen zu trennen und die Rückkehr dessen zu erleichtern, was zu Gott zurückkehren musste. Diese Rituale sind auf zahlreichen Papyrusrollen festgehalten.

Prägung durch den Namen

Die Sitte, das erste Wort, das ein neuer Mensch vernimmt, zu seinem Vornamen zu machen, findet man rund um den Erdball. Eine Variante ist der Brauch, Neugeborene nach dem ersten Ereignis zu benennen, das sich während oder nach ihrer Geburt abspielt. Die Frauen der so genannten Naturvölker gebären im Freien und achten auf die Ereignisse zum Zeitpunkt der Geburt. So entstehen Namen wie »Die Sonne geht auf« oder »Mondblüte«. Umstände und Umfeld der Geburt wurden intensiv beobachtet, da sie ein Zeichen für den künftigen Namen enthielten.

An die Stelle der göttlichen Zeichen sind in unserer Zeit die profanen Erwartungen getreten. Heute werden die Neugeborenen vielfach nach erfolgreichen Sportlerinnen und Sportlern, nach attraktiven Schauspielerinnen oder kühnen Filmheroen benannt. Andere Eltern folgen auch heute noch bei der Namensgebung eher ihrer Intuition. Im Zeitalter des Ultraschalls ist den meisten Eltern das Geschlecht ihres ungeborenen Kindes bekannt. Das vereinfacht die Namenssuche erheblich.

Die Erwartung, dass der Vorname den Namensträger prägt, zieht sich durch alle Völker und Sprachen. Erfüllt der Namensträger die Erwartungen, die mit seinem Vornamen verbunden werden – umso besser für ihn. Rebelliert er jedoch dagegen, so wird man ihm das Wohlwollen entziehen und ihn auf verschiedenste Art bestrafen, sei es durch Missachtung, Kritik oder ironische Bemerkungen. Der so Getroffene lernt von Kindesbeinen an, wie er sich verhalten muss, damit ihm nichts Unangenehmes passiert. Über kurz oder lang wird er also durch seinen Vornamen geprägt sein, vor allem dann, wenn es sich um einen »typischen« Vornamen handelt, der in seiner Umgebung starke, hartnäckige Erwartungen hervorruft.

Vorname oder Familienname – was gilt?

Die Sitte, einen Vor- und einen Familiennamen zu tragen, ist erst in den letzten Jahrhunderten bedeutsam geworden. Damit der Staat die explosionsartig anwachsende Bevölkerung erfassen und kontrollieren konnte, genügte es nicht mehr, nur den Vornamen eines Menschen zu kennen.

Die Sitte, Menschen neben dem Vornamen noch den Namen des Ortes oder Gutes beizufügen, von denen sie stammten (z. B. »Vincent van Gogh«), geht auf das Mittelalter zurück. Entscheidend blieb jedoch der Vorname. In den nordischen Ländern fügte man zur Unterscheidung dem Vornamen noch den Name des Vaters bei (z. B. »Olaf Olafson«). Dieser Brauch hat sich sehr lange gehalten und ist vor allem in der Orthodoxie und im islamischen Orient auch heute noch lebendig.

Aus »Andreas Sohn des Andreas« wurde mit der Zeit »Andreas Anderson«. In Russland werden noch heute der Vorname und der Name des Vaters kombiniert. Heißen Sohn und Vater beide Sergej, führt der Sohn den Namen Sergej Sergejwitsch.

Über Jahrtausende weigerten sich gläubige Juden, ihrem Namen, den sie erhalten hatten, einen zusätzlichen Namen als Familiennamen hinzuzufügen. Uraltes Wissen um die Bedeutung des Geburtsnamens könnte ein Grund für diese Haltung gewesen sein. Sie hatten ihren Namen von Gott durch einen Rabbiner erhalten. Doch dem Staatsapparat im Mittelalter genügte dies nicht. So wurden ihnen, wenn sie zum Christentum übertraten, der Name der Kirche beigefügt, in der sie die christliche Taufe empfangen hatten. Auf diese Weise wurde in Venedig zum Beispiel aus »Isaak, Sohn des Abraham«, ein »Isaak vom Markusdom«. Um ihn zu identifizieren, musste man nur noch in den Kirchenbüchern nachschlagen, wann dieser Isaak im Markusdom bzw. in einer der Kirchen des Patriarchen von Venedig getauft worden war.

Im Zuge der veränderten Gebräuche und einer verlässlicheren Bevölkerungsstatistik mussten sich seit dem 18. Jahrhundert sämtliche Christenmenschen einen zweiten Namen als Familiennamen zulegen. Da sich viele unserer Vorfahren für die Berufsbezeichnung als Familiennamen entschieden, gibt es noch heute so viele Müller, Schmied oder Schäfer.

Dieses Gebot galt jedoch auch für nichtchristliche Bevölkerungsteile. Im Bereich der österreichischen Monarchie kam es so im 19. Jahrhundert zu einem Eklat, da sich orthodoxe jüdische Familien standhaft weigerten, sich einen zweiten Namen zuzulegen. Diejenigen, die sich dem Staat beugten, konnte dagegen ihre Familiennamen frei wählen. Meist entschieden sie sich für glanzvolle Namen wie zum Beispiel Rubin. Den hartnäckigen Verweigerern aber wiesen schließlich die Dorfpolizisten einen Zweitnamen zu. Da die Gendarmen diese Namen bestimmen durften, kam es vielfach zu willkürlichen oder boshaften Entscheidungen. Günstigstenfalls wurden diese Namen aufgrund typischer Eigenheiten der betreffenden Familie verliehen. Hielt sie Ziegen, so bekam sie den Namen Ziege oder Bock. Stand sie aber in dem Ruf, Geld zu überhöhten Zinsen zu verleihen, so konnte der Polizist ihr auch den Namen »Wucherer« verleihen.

Diese Beispiele dürften genügen, um Ihnen vor Augen zu führen, dass der Familienname für das individuelle Leben kaum als prägend angesehen werden kann. Allein unser Vorname, der täglich von unseren Freunden und Angehörigen angesprochen wird, ist ausschlaggebend für unsere charakterliche Prägung.

Eine uralte Methode der Namensdeutung

Nach altem jüdischen Brauch wird bei der Namensgebung die Lehre der Kabbala angewendet. Hierbei wandelt man Buchstaben in Zahlen um. Dann wird die Summe aller Buchstaben eines Namens gebildet und von dieser die Quersumme, die man von der Summe abzieht. Das Resultat dividiert man durch 9 und erhält eine Zahl zwischen 1 und 22.

Nehmen wir als Beispiel den Namen Anni.

a = 1, n = 14, n = 14, i = 10.
Summe = 39

Quersumme = 12
39 – 12 = 27
27 : 9 = 3

Diese letzte Zahl wird nun gedeutet. Allerdings gilt diese Methode nur für hebräische Namen und deren hebräische Schreibweise. Zwar hat man die Regeln auf nichthebräische Buchstaben übertragen, aber auf recht willkürliche Weise. Denn es gibt nur 24 lateinische Buchstaben, denen durch fragwürdige Methoden die 72 Buchstaben hebräischer Schreibweise zugeordnet werden müssen. Wollte man korrekt nach der Kunst der Kabbala verfahren, so müsste man den christlichen Vornamen erst ins Hebräische übersetzen und dann kabbalistisch aufschlüsseln. So erklärte mir dies ein jüdischer Schriftgelehrter.

Es blieb mir also nichts anderes übrig, als für die Vornamen, die heute im deutschen Sprachraum gängig sind, einen eigenen Vornamensführer zu entwickeln. Nach langjähriger Erprobung und ständiger Verbesserung stelle ich meine Methode der Vornamensbestimmung in diesem Buch erstmals der Öffentlichkeit vor.

Ein anderer Name – ein anderer Mensch?

Über lange Jahrhunderte herrschte die Überzeugung, dass man durch den Wechsel des Namens ein anderer Mensch wurde. Man spaltete die Verantwortung in einen privaten und einen dienstlichen Teil. Als junges Mädchen las ich einmal im Tagebuch eines Nürnberger Henkers aus dem Mittelalter. Es war gruselig, aber zugleich rätselhaft für mich, denn ich verstand damals nicht, warum dieser Mann so fein säuberlich alle Delinquenten aufführte und die genauen Umstände ihrer Hinrichtung beschrieb.

Erst ein paar Jahrzehnte später fiel mir dieser Scharfrichter wieder ein, als ich wegen der Riten und Gebräuche des Mittelalters recherchierte. Sein Tagebuch war in erster Linie für ihn selbst bestimmt, damit er sich vor dem Jüngsten Gericht an jeden einzelnen Fall erinnern konnte, der in seine Amtszeit fiel.

Nach damaliger Ansicht hatte er zwei Leben geführt, die er vor dem Tribunal der ewigen Seligkeit zu verantworten hatte: das Leben des Menschen, auf dessen Namen er getauft worden war, und ein zweites Leben als namenloser Scharfrichter. Mit der Übernahme des Henkeramtes legte er seinen bisherigen Namen ab.

Dieser Name ruhte und somit ruhte auch sein Gewissen. Während er als Henker Dienst tat, war für die Vollstreckung der Urteile nicht er verantwortlich, sondern die Richter und der Herrscher der Stadt. Er sah sich nur als verlängerten Arm der göttlichen Gerechtigkeit, in deren Namen die Urteile gesprochen worden waren. Seine einzige Sorge war es folglich, dass ihm keine Hinrichtung untergeschoben wurde, mit der er nichts zu tun hatte. Daher die akribische Buchführung.

Mit der Aufgabe des Henkeramtes übernahm er wieder seinen Taufnamen und lebte sein von Gott bestimmtes Leben zu Ende. Also plagten ihn auch keine Gewissensbisse, denn die Tötungen hatte er ja als namenloser Henker begangen und nicht als jener Mensch namens Josef, der er nun wieder geworden war. Mit der Wiederannahme seines Geburtsnamens hatte er die Zeit als Henker hinter sich gelassen. Sie existierte für ihn nicht mehr.

Der neue Name der Initiierten

Auch bei den Indianern Nordamerikas war es üblich, die Kinder nach Ereignissen zu benennen, die sich bei ihrer Geburt abgespielt hatten. Während die Mädchen diesen Namen behielten, legten die Jungen mit der Aufnahme in die Gemeinschaft der Krieger ihren Geburtsnamen ab. Hierfür mussten sie einige Aufgaben lösen und Prüfungen bestehen, ehe sie zu Kriegern erklärt wurden. In einem Initiationsritual bekamen sie schließlich einen neuen Namen.

Die Rituale, bei denen sich die Jungen im Kampf oder im Ritus Verletzungen zufügten, um zu beweisen, wie tapfer sie waren, sind aus einschlägigen Beschreibungen bekannt. Zu diesen Initiationsriten gehört auch der Brauch, dass sich ein Junge, der zum Krieger aufsteigen sollte, in die Einsamkeit zurückziehen musste, um tagelang zu fasten und sich durch Gesänge und Tanz in Trance zu versetzen. Dann erschien ihm der »große Geist« und rief ihm seinen neuen Namen zu. Mit diesem neuen Namen kehrte er in die Gemeinschaft zurück. Fortan musste er sich seines Namens immer wieder als würdig erweisen.

Diese Riten der Indianer und die Bräuche der alten Ägypter bei der Namensgebung mögen sich in mancherlei Hinsicht sehr unterscheiden. Gemeinsam ist ihnen, dass hier wie dort der Name durch das Unterbewusstsein mitgeteilt wird.

Ein Name fürs Leben – ein Name fürs Amt

Die Sitte, den Namen unter bestimmten Umständen abzulegen oder zu ändern, hat eine sehr lange Tradition. Bereits in der Römerzeit nahmen Herrscher, Kaiser, später auch Päpste, Mönche und Nonnen mit Amtsantritt oder spätestens mit der Weihe einen anderen Namen an.

Die Päpste etwa suchten sich einen Namen aus, den sie künftig tragen wollten. Durch die Wahl dieses Namens wollten sie ganz bestimmte Eigenschaften erwerben. Denn man nahm an, dass die Eigenschaften eines Vorbildes, dessen Namen man sich ausgesucht hatte, auf den neuen Namensträger übergingen.

War ein Kandidat im Konklave zum neuen Papst gewählt worden, so wurde er umgehend aller Kleider entledigt, gewaschen, gesalbt und in einer Zeremonie mit den päpstlichen Gewändern bekleidet. Dann erst weihte man ihn zum Papst und gab seinen Namen bekannt. Von nun an war er ein völlig anderer Mensch. Seine Weihe kann man mit einer Taufe gleichsetzen. Er wird mit seinem Namen als Papst für die Menschen getauft, die er in den Himmel zu führen hat.

Was dahinter steckt, ist offenkundig. Da er auf Lebzeiten zum Papst gewählt wurde, hat er mindestens drei Perioden seines Lebens vor dem Jüngsten Gericht zu verantworten. Zum einen das Leben, das er als Mensch bis zu seiner Priesterweihe gelebt hatte. Zweitens sein Leben als Priester und seinen Werdegang innerhalb der Kirche bis hin zum Abt, Bischof oder Kardinal. Schließlich die Periode, in der er als Papst alles zu verantworten hatte, was während seiner Amtszeit in seinem Namen geschah oder verändert wurde. Seine Entscheidungen als Papst traf er nicht als der Mensch, als welcher er getauft worden war, sondern als derjenige, der er durch seinen neuen Namen geworden war.

Nachgeordneten Rängen, vor allem Priestern, einfachen Mönchen und Nonnen, wurde der Name meist mit der endgültigen Aufnahme in den Orden zugewiesen. Bis heute gibt es in den Klöstern geheime Regeln, nach denen diese Namen ausgewählt wurden. Wie mir Insider versicherten, spielen hierbei Anzahl und Qualität der Selbstlaute im betreffenden Namen eine wichtige Rolle. Im schweizerischen Maria Einsiedeln lernte ich vor Jahren eine im Ruhestand lebende Persönlichkeit kennen, die mich über einige Gepflogenheiten aufklärte. Anzahl und Qualität der Vokale im neuen Namen von Mönch und Nonne richteten sich danach, ob man fromme Beter und Arbeiter auf dem Acker, kluge Mitarbeiter in der Bibliothek und in Lehrfunktion oder geschäftstüchtige Wirtschafter für das Kloster haben wollte. Bei den offiziellen lateinischen Namen, die den ehrwürdigen Brüdern und Schwestern in einer Gelöbnisfeier und Weihezeremonie verliehen wurden, bevorzugte man meist etwas längere Namen, damit man entsprechend viele Kombinationen von Selbstlauten unterbringen konnte.

Die Botschaft der Vokale

Bei der Namenswahl kam es darauf an, wie viele Vokale in dem Namen enthalten sind. Wenn wir ein wenig das Tuch anheben, das die mittelalterliche Namensgebung in den Klöstern zudeckt, dann finden wir folgende Zuordnung:

A mein Ego: Ich bin, Ich will, Ich habe
E meine Frömmigkeit: Ich bete
I meine Gelehrsamkeit: Ich lerne und lehre
O unsere Gemeinschaft: Ich für alle
U Dienen: Ich arbeite

Was lässt sich nach diesem Schlüssel aus den Namen früherer Päpste herauslesen? Betrachten wir einige Papstnamen.

■ Der von Päpsten gern benutzte Name *Gregor* enthält die Vokale E und O. Seine geheime Botschaft lautet also: »Ich bete für alle«. Ein für den Eingeweihten vortrefflicher Name.
■ Der Name *Innozenz* birgt die Selbstlaute I, O und E. Frei übersetzt: »Die Lehre für alle, für die ich bete«.
■ Der Name *Sixtus* enthält die Vokale I und U: »Ich lehre und diene«.

Entscheidend ist in allen Fällen, dass der in lateinischer Sprache ausgeschriebene und von der Masse ausgesprochene Name des jeweiligen Papstes den Wahlspruch seiner geistlichen Führerschaft enthält. Wohlgemerkt, diese Namen wurden ausgewählt, weil sie Aussagen zur Sache enthielten, und nicht, weil sie den Namensträger erst in dieser Richtung beeinflussen sollten. Möglicherweise haben sie jedoch diese Eigenschaften beim Namensträger verstärkt.

Auf die profanen Verhältnisse des 21. Jahrhunderts übertragen, ergibt sich folgendes Schema:

A meine Interessen
E meine Erwartungen
I mein Können
O mein Gemeinschaftssinn
U mein Beruf

Umlaute werden in die entsprechenden Vokale aufgelöst
(Ä = A+E usw.).

Wenn Sie also die förderlichen Merkmale in Ihrem Vornamen kennen lernen möchten, schreiben Sie die Selbstlaute in Ihrem Namen untereinander. Bei dem Vornamen Markus ergibt sich zum Beispiel: »Meine Interessen und mein Beruf«. Falls Sie Markus heißen, gewinnen Sie hier schon einen ersten Einblick, wie Ihr Name sich auswirken könnte, wenn Sie als Bruder Markus in eine Betgemeinschaft aufgenommen worden wären.

Kommen in einem Vornamen gleiche Selbstlaute öfter vor, so wird die betreffende Eigenschaft verstärkt. Zum Beispiel kommt in dem Vornamen Manuela das A zweimal vor, das U und das E je einmal. Der Schwerpunkt liegt hier also auf dem «Ich« und seinen »Interessen«, dann folgen gleichrangig »mein Beruf« und »meine Erwartungen«.

Edelsteine verstärken den Namen

Die Verehrung der Edelsteine ist oder war in allen Hochkulturen verbreitet. Schon sehr früh scheinen die Menschen erkannt zu haben, dass Edelsteine und Halbedelsteine nicht nur sehr schön sind, sondern auch über gewisse Kräfte verfügen. Diese Kenntnisse mögen aus der Beobachtung und Erfahrung über viele Generationen gewachsen sein. Doch neben den Heil- oder Schutzwirkungen gibt es noch ein weniger bekanntes Attribut der Edelsteine: Sie verstärken oder hemmen die Eigenschaften eines Menschen.

Die Kunst besteht darin herauszufinden, welche Kräfte ein Stein im Menschen verstärkt. Die ältesten Überlieferungen über magischen Gebrauch der

Steine stammen von den Sumerern. Schon bei ihnen galten Edelsteine als Glücksbringer. Indianer trugen die Mineralien in ihren Medizinbeuteln. Steine galten ihnen als Mittler zwischen Himmel und Erde, als die materialisierten Gedanken Gottes.

Aus dem alten Ägypten stammt der Brauch, Herrschern Juwelen in die Hand zu geben und ihre Throne mit Edelmetallen und Edelsteinen auszustatten. Auch bei den christlichen Herrschern war diese Sitte weit verbreitet. Betrachten wir nur die kostbaren Kronen, die Reichsäpfel, die Zepter und die Throne. Die größten und reinsten Einzelsteine und Tausende von Diamanten zieren ihre Kopfbedeckungen und die Insignien ihrer Macht. Ihre Berater wussten sehr wohl, was sie da empfohlen hatten.

Eine Anekdote um einen berühmten Namen

Von der Geburt des späteren Kaisers Maximilian I. ist eine kleine Geschichte überliefert, die es wert ist, in einem Buch erzählt zu werden, das Wirkung und Bedeutung von Vornamen behandelt.

An Gründonnerstag, dem 22. März 1459, schenkte Kaiserin Eleonore ihrem Gemahl Friedrich III. von Habsburg den ersehnten Erben. Nachdem der erste Sohn des Kaiserpaares als Kleinkind gestorben war, herrschte große Freude über die Geburt des Thronerben. Laut Überlieferung konnte das Kind aber nicht, wie damals üblich, sofort nach der Geburt getauft werden, weil es einen Streit um den Rufnamen gab. Die Taufe soll sich um einige Tage hinausgezögert haben, was in der katholischen Weltanschauung fast einem Sakrileg gleichkam. Es gab ein langes Hin und Her, schließlich bekam der kleine Prinz seinen Rufnamen (auf den kam es an): Er wurde auf den Namen Maximilian (sowie auf über vierzig weitere Vornamen) getauft. Anscheinend hatte es am Hof Bedenken gegeben, den zweiten Sohn des Kaiserpaares nach seinem Vater zu benennen. Anderenfalls wäre der Täufling Friedrich IV. geworden.

Eine Rolle könnte auch gespielt haben, dass der Taufakt in der Hochzeit

der Renaissance stattfand, in der viele alte Künste des Orients wieder entdeckt und – mehr oder weniger heimlich – ausprobiert wurden. Insbesondere
an den Herrscherhöfen in Italien versprach man sich mehr Macht und mehr
Einfluss, wenn man sich der geheimen Künste bediente. Und dazu gehörte
auch die Magie des Wortes und der Beschwörung.

Beschworen wurde mit Worten und mit Namen. Wenn jemand sagte:
»Jesus, gib mir«, dann beschwor er nach damaliger Ansicht Jesus, damit
dieser ihm die gewünschte Gabe zukommen ließ. Wichtig war es hierbei
auch, die beschwörenden Worte mehrfach zu wiederholen, damit sie Gehör
fanden.

Kein Wunder, dass Namen sich besonders gut zur Beschwörung eigneten.
Je berühmter eine Person war, desto häufiger wurde ihr Name wiederholt – in
Gedanken und Worten Zehntausender oder Millionen von Menschen. Folglich musste ein Kind, das eines Tages Herrscher über ein großes Gebiet und
über viele Untertanen werden sollte, einen Vornamen erhalten, der die er-
wünschten Charaktereigenschaften verstärkte.

Am Hof von Friedrich III. kam es also darauf an, für den Sohn einen
solchen starken Vornamen zu finden. Denn bereits damals ließ sich abse-
hen, dass der spätere Kaiser Maximilian I. vielfältigen politischen Problemen
gegenüberstehen würde.

Schon wenn man seinen Namen in Silben zerlegt, erkennt man die Hand-
schrift der Macher im Hintergrund. Die Wortteile *Maxi – mili – an* lassen sich
als Beschwörung verstehen, dass der Namensträger der Größte (*Maxi*) innerhalb von 1000 (*mili*) Jahren (*an*) sei. Überdies galt damals die Ansicht, dass
jedes Wort, das ausgesprochen oder ausgeatmet wurde, auch wieder einge-
atmet werden müsse und hierbei auch von dem rückwärts gelesenen Namen
eine Wirkung ausgehe. Vermutlich wurde der Vorname in der umgekehrten
Lesart so in Silben zerlegt: *Nai – limi – x – a – m*. Frei übersetzt: »Der Gebo-
rene (*nai*) begrenzt (*limi*) die 10 (*x*) auf oder zu (*a*) 1000 (*m*).

Vielleicht wundern Sie sich über diese Deutung, weil Ihnen die mittelalterliche Denkweise nicht geläufig ist. Aus mittelalterlicher Sicht wäre es
aber plausibel zu sagen, dass der Betreffende alles verhundertfacht (aus der
10 eine 1000 macht).

Beinamen, die Eigenschaften suggerieren

In Geschichtsbüchern lesen wir häufig die Namen von Herrschern, denen man Beinamen verliehen hat. Karl der Große, Philipp der Schöne, Iwan der Schreckliche – die Beispiele ließen sich beliebig vermehren. Meist kam der Beiname zu Lebzeiten des jeweiligen Herrschers auf und wurde dann mündlich weitergegeben, bis die Historiker ihn für alle Zeiten festschrieben.

Beschäftigt man sich mit der Praxis der Vergabe von Namen im Mittelalter, muss man vermuten, dass die Beinamen dazu dienten, auch dem einfältigsten Untertan zu suggerieren, welche Eigenschaft der Namensträger besaß. Vor Ekkehard dem Strengen würde selbst ich noch Angst bekommen, wenn er mir gegenüberstehen und grimmig dreinblicken würde. Dagegen würde ich bei »Josef dem Strengen« nur disziplinlos lachen – ihm glaube ich den »Strengen« einfach nicht. Für mich ist er ein Sepp. Geht es Ihnen mit Namen in Ihrer Umgebung nicht ähnlich?

Vornamen in Frankreich

Genug der Ausflüge in vergangene Zeiten. Wenden wir uns unserer Epoche zu. Ein paar Hintergründe aus dem 20. Jahrhundert.

Frankreich ist das Land des Wortes und der Sprache. Nirgendwo sonst wird ein derart großer Kult um die Reinheit einer Sprache und somit um das einzelne Wort betrieben. Eine Kommission der Académie Française wacht darüber, dass die Sprache nicht verwildert oder »überfremdet« wird. Wen wundert es da, dass unsere französischen Nachbarn den Deutschen auch in der Erforschung der Wirkung einzelner Wörter überlegen sind.

Französische Linguisten untersuchen im Auftrag von Firmen oder Werbeagenturen jedes Wort, das später in der Werbung verwendet wird, ja selbst vom Verkäufer ihrer Ware beim Verkaufsgespräch benutzt werden darf. In aufwendigen Tests wird die Sprache des Kunden und des Nichtkunden untersucht. Hierbei geht es darum, dass ein Käufer deutlich andere Wörter benutzt, wenn er über eine Ware spricht, mit der er Erfahrungen gesammelt hat. Der Nichtkunde dagegen spricht nicht aus eigener Erfahrung und verwendet Ausdrücke, aus denen für den Fachmann seine Unsicherheit, die Ware betreffend, zu ersehen ist. Bei solchen Forschungsprojekten geht es darum, den Kunden so anzusprechen, dass in ihm die Absicht verstärkt wird, die Ware erneut zu kaufen. Bei den Nichtkunden geht es darum, ihn mit Worten anzusprechen, die ihn anregen, die Ware zu kaufen, um sie kennen zu lernen.

Sicher schockiert es manchen von Ihnen, wenn ich einen Zusammenhang zwischen einer Ware im Regal und einem Menschen und seinen Vornamen herstelle. Bildlich gesehen ist der Mensch eine Ware in einem Regal. Sein Vorname ist die Marke, und die Kunden, die diese Marke kaufen, wären in diesem Fall seine Freunde, Bekannten und alle, die in akzeptieren. Die anderen, die an ihm vorübergehen, weil ihnen der Marken- oder Vorname nicht gefällt, sind die Nichtkunden, die Feinde, Gegner usw.

Analog fanden die Linguisten in den achtziger Jahren heraus, welche Worte positiv, welche negativ auf die Psyche des Menschen wirken und welche neutral. Dreißig Jahre nach Beginn der Untersuchungen erkannte man, dass diese Analysen für jedes Produkt spätestens nach etwa fünfzehn Jahren, also nach einem Generationswechsel, erneuert werden müssen, weil sich Geschmack und Weltbild verändert haben. Viele Firmen wiederholen heute sogar vor jeder großen Kampagne diese Untersuchungen.

In Frankreich wurde in den achtziger Jahren sogar diskutiert, ob und wann überhaupt Vornamen in der Werbung benutzt werden sollten. Welchen Einfluss kann die Nennung eines Namens auf Zustimmung oder Ablehnung eines Produktes beim Publikum haben? Das Ergebnis dieser Debatte ist bekannt. Man vermeidet in der Werbung wo immer möglich Vornamen. Wer es dennoch wagt, muss viel Werbegeld bezahlen, und das über Jahre und Jahrzehnte, bis er einen bestimmten Vornamen mit seinem Produkt verknüpft hat.

Würden Sie Ihre Tochter Klementine nennen, wenn Sie sich aufgrund der Werbung unter diesem Namen ein biederes, besserwissendes Putzfrauchen vorstellen? Wohl kaum. Sehen Sie in demselben Namen aber die »Markenbezeichnung« ihrer besten Freundin, mit der Sie durch dick und dünn und durch alle Discos Londons, von Paris und New York getourt sind, dann werden Sie keine Bedenken haben, auch Ihre Tochter Klementine zu nennen. Schließlich assoziieren Sie diesen Namen mit der schönsten Zeit in Ihrem Leben. Ebenso kann der Name Jörg im Freundeskreis von Petra einen guten Klang haben, im Freundeskreis von Ulla dagegen für einen Schuft stehen. Pech für einen Jörg, der im Freundeskreis einer Ulla Fuß fassen möchte.

Aus diesen kurzgefassten Beispielen sehen Sie, dass der Vorname eines Menschen wie der Markenname eines Produkts in der heutigen Gesellschaft zu sehen ist. Was für Wörter in der Werbung gilt, mit denen ein Produkt zum Liebling der Kunden gemacht wird, gilt auch für den Rufnamen eines Menschen. Sein Name, besser sein Vorname, ist sein Markenzeichen. Mit ihm gewinnt er Freunde, oder er schafft sich durch seinen Vornamen Feinde. Die Franzosen machen uns vor, dass es durchaus möglich ist, Namen zu typisieren, allerdings gilt diese Typisierung dann auch nur für den französischen Sprachraum.

Mit dem vorliegenden Buch will ich versuchen, die Grundschwingung der Vornamen auch für den deutschsprachigen Raum zu erfassen. Wenn heute der englische Sprachraum dafür steht, wie man smart arbeitet und im Beruf Erfolg hat, dann sind es die Franzosen, die auch heute noch wissen, wie schön das Leben sein kann. Ich habe daher den einzelnen Kapiteln dieses Buches je einen Abschnitt zur Sichtweise in Großbritannien/USA und Frankreich angefügt.

Für mich gibt es nach jahrelanger Beobachtung keinen Zweifel: Jene Grundschwingung der Namen ist tatsächlich vorhanden. Der Namensträger verändert sie zwar durch sein praktisches Leben, auf dessen Herausforderungen er individuell reagiert. Bei meinen Recherchen konnte ich jedoch feststellen, dass die Grundschwingung trotz allem immer durchschimmert.

Deutung der Vornamen

TEIL II

Alessandra	Gritli	Lidia	Sibyl	Waltrune
Clarinda	Gruschenka	Nicolette	Sina	Wedis
Corrie	Heidi	Norma	Solveig	Werna
Editha	Hilke	Olivia	Sylvie	Wilgund
Eleanor	Ibke	Otfrieda	Terry	Wiltraut
Eleni	Imma	Pankrazia	Therese	Wolfrun
Ernfriede	Janka	Penelope	Tizia	Xandra
Esmeralda	Johanna	Philomene	Trixi	Zella
Fita	Karstine	Raimunde	Uli	Zoe
Friedel	Kerstina	Rike	Ursel	
Gerlinde	Kristine	Roberta	Viki	
Gina	Lambertine	Sanne	Vreni	
Godelinde	Laurina	Schwanhilde	Waldegund	

Das ist eine Auswahl. In diese Rubrik gehören auch alle Namen, die im Index
der Vornamen die Kapitelziffer 1 tragen.

ELEMENT Erde
STEIN Saphir, Topas
PLANET Merkur
FARBE *Violett* beruhigt,
Gelb regt an

MOTTO
Ich will, also
kann ich

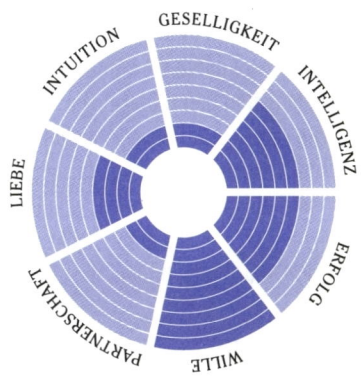

INTUITION · GESELLIGKEIT · INTELLIGENZ · ERFOLG · WILLE · PARTNERSCHAFT · LIEBE

Charakterzüge, die der Vorname verstärkt

Diese Frauen sind in der Tendenz sehr starke Persönlichkeiten. Der Vornamenstyp fördert einen starken Willen. Die spätere Entwicklung hängt auch vom Grundcharakter und von der Erziehung ab. Siehe Elisabeth I. von England, die trotz ihrer schweren Kindheit und Jugend eine der größten englischen Herrscherinnen wurde. Mit einem anderen Namen wäre sie vielleicht zerbrochen. Ein weiteres Beispiel ist Maria Theresia. Sie wurde zu einer Zeit Kaiserin von Österreich, als eine Frau für solche Rollen nicht vorgesehen war. Doch sie setzte sich über alle Vorurteile hinweg: »Hier ist mein Platz, hier bleibe und wirke ich.«

Die Trägerinnen dieser Namen reagieren aber äußerst sensibel, wenn sie nicht ständig hofiert werden. Sie wollen um ihrer selbst willen geliebt und geachtet werden. Je nach Machteinfluss verlangen sie, der Mittelpunkt der Familie oder des ganzen Staates zu sein.

Wille

■ Wille und Tatkraft: Die Namensträgerin weiß genau, was sie möchte, und setzt ihren Willen auch durch. Sie hat keine Angst vor Fehlern, denn sie ist überzeugt, dass sie keine machen wird. Die eigenen Wünsche und Ziele durchzusetzen ist ein absolutes Muss. Ob dieses Ziel ruhig und besonnen erreicht wird oder die Namensträgerin sich eine blutige Stirn holt, weil sie mit dem Kopf durch die Wand zu gehen versucht, hängt sehr von der Erziehung und den Erfahrungen in Kindheit und Jugend ab.

■ Die Umwelt und die eigene Familie haben es nicht immer leicht mit diesen Namensträgerinnen, da sie unbeirrt ihren Weg gehen, egal, ob Blumen, die im Wege stehen, geknickt werden. Ihr Wille und die Überzeugung, im absoluten Recht zu sein, lassen sie anschließend immer eine Rechtfertigung finden, die einfach akzeptiert werden muss.

Vorname und Beruf

Wer dieser Gruppe angehört, eignet sich zum Beispiel zur Verkäuferin in einer Boutique, die gleichzeitig Accessoires führt. Die meisten Kundinnen würden sich von ihr überzeugen lassen, dass sie nicht nur ein Kleid, sondern mindestens noch die passende Handtasche, vielleicht noch Schuhe, Gürtel und den richtigen Schmuck zum neuen Kleid benötigen. Alle Berufe, die eine starke Überzeugungskraft benötigen, sind geeignet für diese Namensgruppe, zum Beispiel auch Maklerinnen. Wäre die Bundeswehr für Frauen in allen Gattungen offen, wäre sicher eine Frau aus dieser Gruppe die erste Generalin.

Stärken

Frauen dieses Namenstyps sind auch die geborenen Heimwerker. Kleinere Arbeiten erledigen sie mit Bravour selbst. Sie benötigen nur in Ausnahmefällen einen Handwerker. Berufe, die bis vor kurzem noch als rein männlich galten, sind ihre Domäne. Man findet sie im Leitungskreis eines Unternehmens genauso wie im Cockpit eines Jets, wenn es sein muss, auch auf Ölplattformen und bei extremen Expeditionen.

Psychische Förderung durch diesen Vornamen

»Zuerst komme ich«, lautet eine Devise dieser Frauen. Aufgrund ihres starken Charakters fällt es ihnen sehr schwer, den eigenen Willen zu zügeln. Sie gehen unbeirrt ihren Weg, da kann es schon mal passieren, dass sie einigen ihrer Mitmenschen auf die Füße treten. Ein großer Vorteil dieses Vornamens ist, dass sich diese Namensträgerinnen nie von ihren Zielen abbringen lassen, dass sie immer zu Ende führen, was sie begonnen haben.

Kein Licht ohne Schatten

Alles beherrschen und dominieren zu wollen kann nicht in allen Fällen gut gehen. Man kann nur auf einer Hochzeit tanzen, versucht man auf mehrere gleichzeitig zu gehen, ist man auf keiner richtig anwesend und erlebt keine dieser Feiern mit Genuss.

Der Namenstyp in England und den USA

Mit Energie und Willen schafft die Frau, die dieser Gruppe angehört, selbst Unmögliches. Sie baut eine Ranch auf, einen Konzern oder was auch immer.

Könnte sie eine Filmrolle wählen, so wäre es die Scarlet O'Hara aus »Vom Winde verweht«. Wie diese Zelluloidheldin hat sie Energie, einen starken Willen, Tatkraft und die Fähigkeit, andere Menschen für ihre Zwecke und Wünsche zu begeistern.

Im Team setzt man diesen Typ gern als Vorhut ein, um die Lage zu erkunden.

Dieser Vorname verleiht der Trägerin zusätzlich zu den ererbten charakterlichen Grundlagen folgende Eigenschaften:

- Energie
- Wille
- Tatkraft
- Geistesgegenwart

Der Namenstyp in Frankreich

Alle Entscheidungen werden mit dem Verstand bzw. dem typischen Mix aus Verstand und weiblichem Charme getroffen. Um den eigenen Vorteil zu wahren, werden alle Vor- und Nachteile exakt abgewogen. Nach einer gründlichen Analyse wird dann zum eigenen Wohl entschieden.

Sie ist geschickt mit den Händen, hat einen wachen Verstand, kann alles sehr schnell umsetzen, hat diplomatisches Geschick.

Sie hat eine mittlere Figur, kann alles tragen, kleidet sich aber eher leger und zweckmäßig.

Alva	Francesca	Liana	Philippa	Victorine
Bionda	Friederun	Liesel	Rabea	Viktoria
Burghild	Garda	Lisenka	Raissa	Vivian
Candice	Gardy	Liz	Reinhild	Warja
Chrissy	Hildrun	Lotti	Saskia	Wigberta
Conni	Ilva	Luitgard	Seraphine	Wintrude
Dietmut	Irmberga	Madita	Siglind	Ylva
Domenica	Irminhild	Nada	Tess	Yvonne
Dorina	Itta	Netty	Tine	
Edeltrud	Janika	Odile	Trudel	
Elaine	Jelena	Ottogebe	Ute	
Ena	Karin	Palmira	Valeriane	
Flavia	Leopolda	Peggy	Veronika	

Das ist eine Auswahl. In diese Rubrik gehören auch alle Namen, die im Index der Vornamen die Kapitelziffer 2 tragen.

ELEMENT Erde
STEIN Jaspis, Karneol
PLANET Merkur
FARBE *Hellgelb* beruhigt,
Weiß regt an

MOTTO
Die Wissende siegt

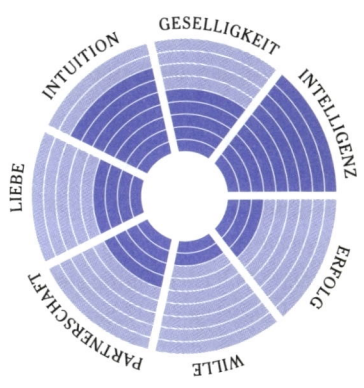

Charakterzüge, die der Vorname verstärkt

Diese Namensträgerinnen sind die geborenen Forscherinnen und Wissenschaftlerinnen. Sie wollen alles ganz genau wissen. Geheimnisse des Lebens zu entdecken, ist eine wahre Herausforderung für sie.

Im Berufsleben sind sie überall dort, wo Probleme zu lösen sind oder ungeklärte Fälle warten, richtig eingesetzt. Sie sind hochintelligent, wissen das aber auch.

»Ich bin klug und weise«, scheint die Lebensdevise dieser Namensträgerinnen zu sein. Werden sie von ihrer Umwelt nicht so gesehen, fühlen sie sich unverstanden. Werden ihre Leistungen nicht anerkannt, äußert sich ihr Unmut in Form von Nörgeleien.

Wille

■ Wille und Überzeugung: Mit Autorität kann die Namensträgerin nichts erreichen, also versucht sie es mit Argumenten. Alles, was sie als richtig und logisch erkannt hat, stimmt für sie, und in langen Diskussionen versucht sie, ihre Überzeugung auf die anderen zu übertragen.

■ Wille und Intelligenz: Namensträgerinnen dieser Gruppe leben im ständigen Zwiespalt zwischen Genialität und der Verstrickung von Kleinigkeiten.

■ Wille und Kontrolle: In späteren Jahren wird das errungene Wissen ständig analysiert und versucht, es anderen als Evangelium zu verkaufen.

Vorname und Beruf

Berufe, die großes Wissen und absolute Genauigkeit verlangen, sind für diese Namensträgerinnen genau richtig. Diese Frauen denken immer noch ein Stückchen weiter und gehen gedanklich noch etwas tiefer als andere. Sie wollen immer hinter den Horizont schauen.

Das Erforschen von Unbekanntem und das Vertiefen von schon Erforschtem betrachten diese Frauen als Herausforderung. Diese Namensgruppe findet man in wissenschaftlichen Berufen – hier wird das ganze Wissen eingesetzt – und in technischen Berufen, wo ihre exakte Arbeitsweise zum Tragen kommt.

Stärken

Wird diesen Namensträgerinnen eine genaue Anweisung gegeben, gehen sie mit ungeheurer Ausdauer und Genauigkeit auf ein sehr weit gestecktes Ziel los. Sie lassen sich durch nichts ablenken oder verunsichern. In der Familie suchen sie die Hilfe des Ehemannes, mit dem sie alles besprechen können und der sie auf ein bestimmtes Ziel lenkt. Eigene Entscheidungen zu treffen, fällt ihnen etwas schwer; hilft man ihnen aber, ein Ziel zu erkennen, brauchen sie keine Hilfe mehr, sondern gehen unbeirrt darauf zu.

Psychische Förderung durch diesen Vornamen

Frauen mit dieser Vornamensgruppe brauchen die absolute Sicherheit. Nur aus dieser Sicherheit heraus sind sie in der Lage, Großes zu vollbringen. Ihr eigener Beitrag ist die Aneignung eines enormen Wissens. Dieses verleiht ihnen die Gewissheit, nicht zu versagen, aber Bestätigung und Hilfe bei der Auswahl der Lernziele sind für sie notwendig. Mit etwas Hilfe können sie viel erreichen.

Kein Licht ohne Schatten

Es ist nicht immer leicht, mit Frauen dieser Gruppe auszukommen, besonders dann, wenn sie übereifrig und allzu genau sind. Kritik an ihrem Tun nehmen sie nicht gut auf.

Der Namenstyp in England und den USA

Dieser Vorname verleiht der Trägerin zusätzlich zu den ererbten charakterlichen Grundlagen folgende Eigenschaften:

- geistige Regsamkeit
- intellektuell kühles Auftreten
- einen guten Riecher
- die Fähigkeit, Neues als erste zu durchschauen

Diese Namensträgerinnen sind für alles geistig Neue aufgeschlossen, sie wissen immer, wo es entlanggeht.

Im Team werden sie gern eingesetzt, um die Leistung der Gruppe zu steigern. Bei der Analyse neuer Systeme legen sie immer den Finger genau auf die Wunde. In geschäftlichen Angelegenheiten diskutieren sie alle Probleme bis ins Detail. Die letzte Entscheidung überlassen sie ihrem Partner, von dem sie wissen, dass er mit ihnen einer Meinung ist.

In den Filmen Hollywoods wird dieser Charakter meist durch Rollen verkörpert, in denen sich Frauen gegen die Welt der Männer auflehnen.

Der Namenstyp in Frankreich

In Frankreich gilt dieser Namenstyp als intellektueller Hans Dampf in allen Gassen. Diese Frauen sind der gute Kumpel von nebenan. Auf Partys sind sie gern gesehen als geistreiche Gesprächspartnerinnen, mit denen man über Gott und die Welt plaudern kann.

Die Namensträgerinnen kleiden sich eher bescheiden und unauffällig.

Amke	Eleonore	Jane	Oda	Una
Barbe	Elga	Jelka	Ortrud	Valeska
Becki	Enya	Judy	Patrizia	Vicky
Belinda	Eugenie	Kriemhild	Philippine	Vroni
Bernhild	Evi	Leandra	Phöbe	Yola
Biddy	Fides	Leopoldine	Rachel	Zäzilia
Bruntje	Flora	Liebgard	Ragna	
Carina	Frieda	Livia	Reintrude	
Celia	Gela	Lorenza	Rodehilde	
Cora	Gesa	Ludovica	Rosemarie	
Danja	Greetje	Marierose	Samira	
Dotty	Gwendolyn	Mercedes	Sebastina	
Edelburg	Ignazia	Nadja	Sonngard	

Das ist eine Auswahl. In diese Rubrik gehören auch alle Namen, die im Index der Vornamen die Kapitelziffer 3 tragen.

ELEMENT Luft
STEIN Chrysolith, Hyazinthstein
PLANET Venus
FARBE *Blau* beruhigt, *Grün* regt an

MOTTO
Gemeinsam genießen

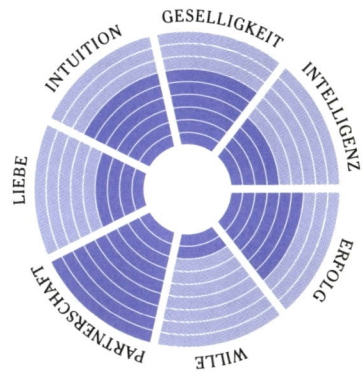

Charakterzüge, die der Vorname verstärkt

Am glücklichsten wären diese Frauen, wenn sie schon bei der Geburt einen Partner mitbekommen hätten. Sie sind immer auf der Suche nach ihrer Zwillingsseele. Haben sie einen gleichgesinnten Partner gefunden, sind sie glücklich. Frauen dieser Gruppe sind die geborenen »Vereinsmeier«.

Wille

Wille und Gemeinsamkeit: »Einigkeit macht stark« ist der Leitgedanke dieser Gruppe. »Nur gemeinsam können wir etwas erreichen«, so lautet ihr Motto. Der eigene Wille zählt nicht, wird eher dem Allgemeinwohl untergeordnet. Diese Namensträgerinnen fühlen sich in einer harmonischen Gemeinschaft von Gleichwollenden am wohlsten. Treten Schwierigkeiten auf, verlassen sie lieber die Gemeinschaft, als ihren Willen durchzusetzen. Akzeptiert man den Willen dieser Frauen, gehen sie für einen durch das Feuer. Dann sind sie immer für ihre Partner und Freunde da, bis zur Aufopferung.

Vorname und Beruf

Zu Einzelkämpfern sind diese Frauen nicht befähigt, auch nicht zur Rolle der Chefin. Aber im Team sind sie stark. Ist die Gruppe besonders harmonisch, so laufen sie zu Höchstform auf. Beruflich sind sie am besten in einem Team eingebunden. Das bringt sowohl der Gruppe als auch der Namensträgerin große Vorteile.

Stärken

Diese Frauen brauchen und haben viele Freunde. Ihr ausgeprägter Gemeinschaftssinn ist ihre Stärke.

Psychische Förderung durch diesen Vornamen

Diese Frauen können nicht streiten. Für sie muss die Umgebung immer harmonisch sein. Eine etwa im Charakter verankerte Streitlust und Besserwisserei wird durch den Namen so abgemildert, dass sie kaum noch zu erkennen sind. Als Freundin und Partnerin ideal.

Kein Licht ohne Schatten

Kämpfernaturen sind diese Frauen nicht. Sie erleiden dadurch viele Nachteile, da sie nicht bereit sind, für ihre Wünsche und Vorstellungen einzutreten. Zum Wohl der Gemeinschaft werden sie immer nachgeben. Leider wird dieser Zustand von anderen oft schamlos ausgenutzt – auch zum Nachteil dieser Namensträgerinnen.

Der Namenstyp in England und den USA

Dieser Vorname verleiht der Trägerin zusätzlich zu den ererbten charakterlichen Grundlagen folgende Eigenschaften:

- Familiensinn
- Wille, idealistische Ziele zu erreichen
- Teamgeist
- Kollegialität

In den Filmen Hollywoods erscheinen sie als Familienmittelpunkt und ideale Mutter. Sie setzen sich für alte Werte ein und verfolgen idealistische Ziele.

Im Beruf sind es ihr Teamgeist und ihre Kollegialität, die sie so sympathisch machen. Ihre Fairness bringt ihnen sowohl im Beruf als auch im Sport den Ruf ein, ideale Teamarbeiter zu sein.

Der Namenstyp in Frankreich

Diese Frauen trifft man immer in Gruppen an. Sind sie allein unterwegs, werden sie sich schnell eine Begleitung suchen. Jede Gruppe wird sie auch gern akzeptieren, da sie nie versuchen, die Herrschaft an sich zu reißen oder der Mittelpunkt zu sein. Trotzdem werden sie rasch zum Zentrum einer Gruppe.

Die Kleidung dieser Namensträgerinnen ist leger. Sehr beliebt sind Uniformteile oder Partnerlook. Jeder soll sofort sehen: »Hier gehöre ich dazu, hier fühle ich mich wohl und geborgen.« Wenn eine derart auffällige Demonstration der Zugehörigkeit nicht möglich ist, wählen sie dezentere Zeichen, etwa ein bestimmtes Tuch, eine Uhr oder auch nur ein bestimmtes Getränk, das sie bestellen, weil es derzeit »in« ist.

Albina	Eike	Janna	Mieze	Tyra
Alheid	Ermengard	Kai	Natalija	Ulli
Anke	Ernestine	Kati	Odine	Urte
Beate	Fabia	Kreszentia	Ortraud	Wolfhild
Berlind	Ferhild	Kyrilla	Ottilia	Yolanda
Bibiana	Gabriele	Leda	Pam	
Bine	Grace	Leila	Philine	
Bronislawa	Hadeburg	Liddi	Polly	
Cita	Heddy	Ljuba	Ria	
Clementina	Hemma	Lucia	Rosalinde	
Daphne	Iken	Magda	Scholastika	
Dela	Ilsegret	Male	Sidonia	
Dolores	Ingerose	Mela	Tilde	

Das ist eine Auswahl. In diese Rubrik gehören auch alle Namen, die im Index der Vornamen die Kapitelziffer 4 tragen.

ELEMENT Wasser
STEIN Beryll, Topas
PLANET Pluto
FARBE *Grün* beruhigt,
Dunkelrot regt an

MOTTO
Packen wir es an

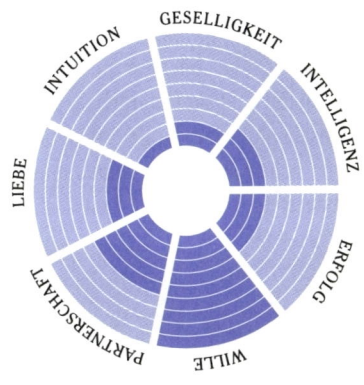

Charakterzüge, die der Vorname verstärkt

Diese Namensträgerinnen sind überall dort richtig am Platz, wo es um Menschenführung, um das Beibringen von Wissen und Fähigkeiten geht. »Ich gehe voran, ich zeige euch den Weg, schaut auf mich, dann wisst ihr, wie es gemacht wird.«

Stehen sie voll hinter einem Ziel, ist die Förderung durch den Vornamen wünschenswert. Können sie sich jedoch nicht mit dem vorgegebenen Ziel identifizieren, werden die Kräfte durch den Vornamen gebremst. Diese Frauen wirken dann unsicher, man hat den Eindruck, sie bräuchten selbst eine Person, die sie führt und leitet.

Wille

■ Wille und Spontaneität: Hat sich bei diesen Frauen ein bestimmter Gedanke festgesetzt, wird er auch schon umgesetzt. Sie wissen, was sie wollen, und tun es auch. Die Namensträgerin packt alles an und bringt es zu einem Abschluss.

■ Wille und Übereifer: Oft buttert die Namensträgerin in ihrem Übereifer alles unter, was sich ihr in den Weg stellt. Man beobachtet, dass die Familie und das Betriebklima unter zu viel Ehrgeiz leiden können.

Vorname und Beruf

Oberste Chefin möchten diese Frauen nicht gerade sein, aber eine kleine Chefin mit ein paar Untergebenen durchaus. Sie brauchen das Instrument der Menschenführung, wollen aber nicht die ganze Verantwortung tragen. Im Team gehen sie immer voraus und keiner Schwierigkeit aus dem Weg. Sie geben stets ihre ganze Arbeitskraft, das bringt ihnen Pluspunkte bei ihren Vorgesetzten.

Stärken

Willenskraft und Tatkraft treiben diese Namensträgerinnen an. Diese beiden Eigenschaften sind eine sehr gute Voraussetzung, um es im Leben weit zu bringen.

Psychische Förderung durch diesen Vornamen

Als zurückhaltend und schüchtern kann man diese Namensträgerinnen nicht bezeichnen. Diese Frauen findet man überall dort, wo es um Muskelkraft geht, einen starken Willen und darum, diesen sofort in die Tat umzusetzen. Das Gefühl bleibt auf der Strecke. Mitgefühl kennen sie nicht oder kaum. Je länger sie so mit ihrer Umgebung umgehen, umso mehr zieht diese sich zurück. Wer möchte schon andauernd vor den Kopf gestoßen und mit seinen Problemen allein gelassen werden? In jüngeren Jahren fällt dieses Zurückziehen anderer nicht auf, aber im Alter sind diese Frauen häufig allein.

Kein Licht ohne Schatten

Verhindern die Lebensumstände die Umsetzung ihrer Fähigkeiten, werden diese Frauen bissig und höhnisch.

Der Namenstyp in England und den USA

Dieser Vorname verleiht der Trägerin zusätzlich zu den ererbten charakterlichen Grundlagen folgende Eigenschaften:

- Selfmade-Frau
- Ich-bin-Typ
- Rodeo-Gewinnerin

Diese Frauen sind schnell bei der Sache. Wird ein Gedanke nur kurz angesprochen, handeln sie sofort. Ein Problem zu diskutieren liegt ihnen überhaupt nicht; versucht man es dennoch, kommt es sofort zum Streit.

Im Film passt zu ihr die Rolle der resoluten Farmerfrau, die nicht nur die Gewehre lädt, sondern auch selbst feuert.

Nimmt man ein Beispiel aus dem Sport, könnte man sagen, die ersten Meter legt sie ein imposantes Tempo vor, zum Ende des Rennens geht ihr der Atem aus.

Im Team hat man so seine Probleme mit ihr. Sie gehört aber zu den gern gesehenen Mitgliedern, weil sie sich stets engagiert.

Der Namenstyp in Frankreich

Diese Frauen gelten in Frankreich als besonders figurbetont, schön und leidenschaftlich. Um ihre Jugend und einen makellosen Körper zu erhalten, nehmen sie einige Unannehmlichkeiten in Kauf. Sie haben ein sehr einnehmendes Wesen und sind unglaublich eifersüchtig. Im Ausfragen, Beobachten und Analysieren haben diese Namensträgerinnen ein großes Geschick. Es sind alles Eigenschaften, die eine gute Kriminologin ausmachen.

Die aktuelle Mode ist nicht das Richtige für sie. Nichts darf einengen oder behindern. Schlabberlook oder Trainingsanzug sind ihr angemessenes Outfit. Von der Figur her sind sie der maskuline Typ, dieses Merkmal wird gewünscht und durch geeignete Übungen noch verstärkt.

Adelmut	Clivia	Hadwig	Lieselotte	Sandy
Agi	Delia	Heide	Linda	Senta
Alette	Dory	Hetti	Luisa	Sine
Asgard	Edda	Holda	Mabellé	Sonntrud
Beke	Emily	Imela	Maleen	Sylva
Benita	Emmi	Inés	Maura	Thea
Bettina	Euphrosyne	Innocentia	Mette	Traute
Blanca	Fabiane	Ivana	Nancy	Vera
Bogdana	Geelke	Jakoba	Olga	Walburg
Bride	Gine	Jara	Olly	Wally
Brit	Grethe	Juana	Raja	Werta
Burga	Gudula	Katja	Renata	Ziska
Christhild	Gunde	Leni	Rudolfine	

Das ist eine Auswahl. In diese Rubrik gehören auch alle Namen, die im Index der Vornamen die Kapitelziffer 5 tragen.

ELEMENT Feuer
TIERKREIS Fische
STEIN Lapislazuli, Karneol
PLANET Jupiter
FARBE *Blau/Blauviolett*
beruhigt, *Gelb* regt an

MOTTO
Die Macht über das
Schicksal

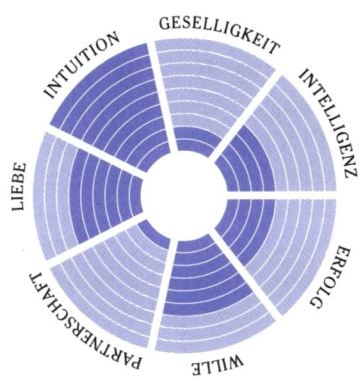

Charakterzüge, die der Vorname verstärkt

Der Wunsch und die Fähigkeit, ein kluger und edler Mensch zu sein, werden durch diesen Namen verstärkt. Es ist das Bestreben dieser Frauen, keinem Menschen wehzutun, sei es mit Taten oder Worten. Nichts zu unternehmen, wofür man sich vor sich selbst schämen müsste oder bei anderen in einem schlechten Licht stehen würde, ist ihre Lebensdevise.

Kann ich damit vor mir und vor den anderen bestehen? Wirft es einen Schatten auf meine Person und auf mein Tun? Alles, was sie tun oder planen, beurteilen sie unter diesem Gesichtspunkt.

Wille

■ Wille und Toleranz: Ganz ohne Druck und Zwang erreichen sie ihr Ziel. Nie werden sich diese Namensträgerinnen über die Wünsche und Vorstellungen anderer hinwegsetzen. Ihr erklärtes Ziel ist es, einen Kompromiss zu schließen, mit dem alle Beteiligten gut leben können. Das wiederum wirkt sich positiv auf Beruf und Familie aus.

■ Wille und Herzlichkeit: Diese Frauen haben ein großes Herz. Harmonie und Frieden herrschen in ihrem Umfeld. Sind alle Beteiligten zufrieden gestellt und glücklich, sind sie es auch.

Vorname und Beruf

Harmonie und Ausgleich prägen den Umgang mit anderen Menschen. Wo es Meinungsverschiedenheiten gibt oder Streitigkeiten geschlichtet werden müssen, sind diese Namensträgerinnen am rechten Ort. Je verfahrener die Situation ist, je aussichtsloser, desto größer die Herausforderung. Mit Liebe und Freundlichkeit wird jedes noch so weit gesteckte Ziel erreicht. Ideale Berufe: Richterin, Rechtsanwältin, Mitarbeiterin bei Beschwerdestellen, die aufgebrachte Kunden beschwichtigen.

Stärken

»Sei meine Freundin!«, könnte man diesen Namensträgerinnen zurufen. Sie lieben die Geselligkeit, haben aber stets auch ein offenes Ohr für jeden. Streit werden sie niemals suchen; kommt es aber doch zu Meinungsverschiedenheiten, so sind sie sofort bemüht, diese zu beheben, auch wenn sie selbst zurückstecken müssen. Hierbei hilft ihnen ihr kritischer und prüfender Verstand. Brauchen Sie einen guten Redner, suchen Sie sich jemanden aus dieser Gruppe.

Psychische Förderung durch diesen Vornamen
Bei psychischen Problemen sind Vertreterinnen dieser Gruppe die idealen Helfer. Sie verfügen über ein großes Potenzial an Menschenliebe und Einfühlungsvermögen. Sie sind immer freundlich und erfassen sofort die seelischen Probleme ihres Gesprächspartners. Wo andere noch gar keine Probleme sehen, haben diese Frauen sie schon erkannt. Mit Takt und Feinsinnigkeit versuchen sie zu helfen.

Kein Licht ohne Schatten
Harmonie geht diesen Frauen über alles, jedoch gibt es Umstände, die dies vereiteln. In einer solchen Situation flüchten diese Namensträgerinnen in eine Scheinwelt. Da der Idealzustand nicht auf geradem Weg erreicht werden kann, macht man sich und anderen etwas vor, ist nicht immer ganz aufrichtig und spinnt auch schon mal Intrigen.

Der Namenstyp in England und den USA
Dieser Vorname verleiht der Trägerin zusätzlich zu den ererbten charakterlichen Grundlagen folgende Eigenschaften:
- Schiedsrichterin
- Sunnygirl
- gute Nachbarin von nebenan
- verständnisvoll

Es sind Eigenschaften, die man in den TV-Serien der Rolle der Problemlöserin in Familie, Schule und Nachbarschaft zuschreibt.
    In England und den USA schätzt man diesen Namenstyp. Sie ist die gute Freundin, die gute Nachbarin und die Beraterin in allen schwierigen Lebenslagen, sei es in der Familie, der Schule oder im Beruf.

Der Namenstyp in Frankreich

Auch hier ist die Namensträgerin als Freundin, Partnerin, Kollegin oder Gast sehr geschätzt. Wer möchte nicht einen verständnisvollen, einfühlsamen, geselligen, optimistischen Menschen um sich haben? Wenn sie dann auch noch stets ein offenes Ohr für alle Probleme hat, was kann man sich mehr wünschen?

In modischer Hinsicht gilt diese Gruppe, die ansonsten sehr einfühlsam ist, als mutig, ja extravagant. Ein bisschen Aufsehen mit Kleidern erregen, diese kleine Freiheit gönnt sie sich durchaus.

Adeline	Beth	Erberhardine	Helge	Melanie
Agneta	Bona	Erwine	Henny	Melba
Alfreda	Cäcilie	Eulalie	Huberta	Meryl
Alja	Cara	Faye	Ilsabe	Milva
Amalie	Carol	Fina	Janice	Moira
Angelina	Christiana	Frauke	Judika	Paloma
Annika	Dagmar	Gerda	Lotte	Sanna
Ariane	Ebergard	Greet	Mabel	Sylvia
Auguste	Edna	Grit	Maj	Tea
Baldegund	Eileen	Gwenda	Mariana	Wilgunde
Bathilde	Emilia	Hazel	Maud	Zdenka

Das ist eine Auswahl. In diese Rubrik gehören auch alle Namen, die im Index der Vornamen die Kapitelziffer 6 tragen.

ELEMENT Erde
STEIN Chrysolith, Achat
PLANET Venus
FARBE *Orange* beruhigt, *Gelb* regt an

MOTTO
Und das alles mit
viel Gefühl

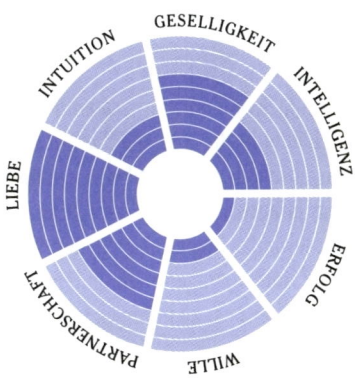

GESELLIGKEIT
INTUITION
INTELLIGENZ
LIEBE
ERFOLG
PARTNERSCHAFT
WILLE

Charakterzüge, die der Vorname verstärkt

»Seht her, ich habe eine große Seele.« Gefühle gehen dieser Gruppe über alles. Sich so richtig in Gefühlen zu baden und sie voll auszuleben, macht diese Frauen glücklich. Findet man jetzt noch Gleichgesinnte, wird das Glück vollkommen. Für die Mitmenschen ist dies nicht immer ganz einfach. Gefühle können sich ja sehr schnell ändern, und immer auf dem Laufenden zu bleiben, ist hier ein etwas schwieriges Unterfangen. Die Frauen dieser Gruppe haben Verständnis für jeden und für alle Gemütsbewegungen.

Wille

■ Wille und Gemüt: Der Wille der Namensträgerinnen wird von Gefühlen, ihre Gefühlswelt umgekehrt vom Willen beeinflusst. Ein gutes Gefühl zu haben, ist für sie schön. Der Wille wird eingesetzt, um ein seelisches und geistiges Wohlbefinden zu erreichen. Nur das gute Gefühl zählt, nicht Erster zu sein und im Mittelpunkt zu stehen.

■ Wille und Körper: Auffallend ist, dass die Namensträgerinnen dieses Gefühl erreichen, indem sie ihren Willen auf gutes Aussehen und einen durchtrainierten Körper konzentrieren.

Vorname und Beruf

Körper, Schönheit, Fitness sind für diese Frauen sehr wichtig. Man findet sie häufig in Berufen, die hiermit zu tun haben. Sie arbeiten als Mannequin, Friseurin oder Kosmetikerin. In den beiden letztgenannten Berufen kann man ja auch die Gefühle noch anderweitig einsetzen, indem man auf Probleme und Schwierigkeiten der Kundinnen eingeht und sie berät. Haben diese Namensträgerinnen andere Berufe ergriffen, dann machen sie Schönheit und Fitness zu ihrem Hobby. Ihr Aussehen ist ihr Kapital.

Stärken

Sucht man Vorreiter neuer Modetrends, dann findet man sie in dieser Namensgruppe. Keine Modeneuheit ist zu überspannt, keine Farbe zu schrill für sie. Sämtliche Verrücktheiten der Kosmetikbranche werden erprobt, weil das den Namensträgerinnen einfach Spaß macht. Aber alles unterliegt ihrem Geschmack als oberster Kontrollinstanz. Sie sind sehr kontaktfreudig und werden daher nie allein sein.

Psychische Förderung durch diesen Vornamen

Flotte Mädchen werden im Alter fromm, so könnte man die Generallinie umschreiben. Manche ältere Namensträgerin sollte sich eigentlich in diesem Spruch wieder erkennen. In der Jugend wird alles mitgenommen, was das Leben bietet, auch wenn es nicht immer der herkömmlichen Moral entspricht. Die Seele ist ja groß, und alle Gefühle sollen befriedigt werden. Im Alter ziehen sich diese Frauen in die eigenen vier Wände zurück. Hier bauen sie sich ein Traumschloss ihrer Gefühle und Wunschvorstellungen.

Kein Licht ohne Schatten

Da diese Namensträgerinnen ganz auf Schönheit fixiert sind, leiden sie in späteren Jahren besonders. Welcher Mensch bleibt schon bis ins hohe Alter makellos schön?

Der Namenstyp in England und den USA

Dieser Vorname verleiht der Trägerin zusätzlich zu den ererbten charakterlichen Grundlagen folgende Eigenschaften:
- durchtrainierte Sportlerin
- Girl im Badeanzug
- Zahnpastalächeln der Werbefrau

Der schöne Körper steht für sie im Mittelpunkt. Deshalb wird man diese Frauen überall dort finden, wo Schönheit gezeigt wird. In Filmen sind es die Charaktere der College-Girls oder der drahtigen Detektivinnen.

Der Namenstyp in Frankreich

In Frankreich ordnet man diesen Typ der Kategorie »Playgirl« zu, die sich dieses Image bis ins hohe Alter erhalten will.

Brigitte Bardot ist wohl das klassische Beispiel dieser Gruppe in Frankreich. In ihrer Jugend setzte sie voll auf ihre Schönheit, im Alter zog sie sich in ihre eigenen vier Wände zurück. Ihre Sorge um die bedrohte Tierwelt gibt ihr den Gefühlsmantel, den sie braucht.

Sportlich, aber edel und teuer ist der Kleidertyp dieser Frauen, auch ein bisschen extravagant und verrückt.

Adeltrud	Bruni	Françoise	Kathe	Marlene
Änne	Burgl	Frida	Katrein	Meggy
Aimée	Carola	Gundhild	Klementina	Michaela
Alexa	Chris	Imogen	Kordula	Minna
Altrud	Connie	Inger	Lara	Nunzia
Amadea	Delilah	Ingrid	Lenka	Oswalda
Amata	Désirée	Irmela	Lilith	Seffi
Annabell	Dido	Iska	Loni	Siegburg
Arantxa	Edina	Ivanka	Louise	Stacy
Barb	Elmira	Jacky	Malwida	
Benedikta	Enrica	Joyce	Manuela	
Bertina	Eve	Juliet	Marfa	
Bonnie	Evelyn	Kajetana	Marijke	

Das ist eine Auswahl. In diese Rubrik gehören auch alle Namen, die im Index der Vornamen die Kapitelziffer 7 tragen.

ELEMENT Feuer
STEIN blauer Saphir, Karbunkel
PLANET Jupiter
FARBE *Blau* beruhigt, *Rot/Purpur* regt an

MOTTO
Mein ist der Sieg

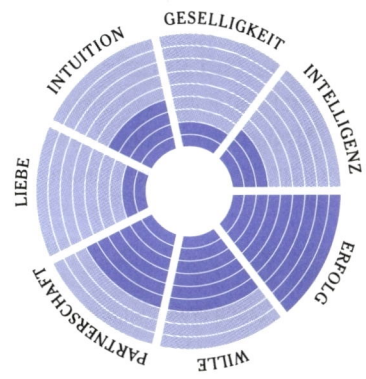

55

Charakterzüge, die der Vorname verstärkt

»Ich bin die Größte und Beste«, ist die Devise dieser Namensträgerinnen. Von Kindheit an müssen sie immer in der ersten Reihe oder oben auf dem Treppchen stehen, sie können nicht anders. Bald schon müssen sie erfahren, dass sie sich durch dieses Verhalten Feinde schaffen. Doch der Wille zum Sieg ist stärker. Alle Versuche, durch Erziehung diesen Siegeswillen zu bremsen, sind zum Scheitern verurteilt: Ihr Drang, in der Schule und beim Sport die Erste zu sein, ist stärker. Dieser Drang wird ein Leben lang anhalten.

Wille

■ Wille zum Sieg: Könnten die Namensträgerinnen ihren Siegeswillen etwas bremsen, wäre das Leben für sie und ihre Umwelt einfacher. Doch wer kann schon über seinen eigenen Schatten springen, vor allem, wenn er durch die charakterliche Grundveranlagung gegeben ist? Der Wille zum Sieg bringt diese Frauen oft bis an die Grenze ihrer Leistungsfähigkeit.

■ Wille und Einsamkeit: Je höher man klettert, desto einsamer wird es, diese Erfahrung müssen diese Namensträgerinnen machen. Trotzdem werden sie den Weg zum Sieg niemals verlassen.

■ Wille und Rechthaberei: Wer immer oben steht, hat auch immer Recht, ein etwas unangenehmer Zug im Umgang mit den Mitmenschen.

Vorname und Beruf

Nur Berufe mit Aufstiegschancen sind interessant für diese Namensträgerinnen. Als Gleiche unter Gleichen würden sie sich niemals einordnen. Frauen, die rasant die Karriereleiter nach oben klettern, findet man ganz sicher in dieser Namensgruppe. Werden sie an einen Platz gestellt, wo andere schon längst aufgegeben haben, ist es ihr ganzer Ehrgeiz, doch noch Erfolg zu haben.

Diese Frauen brauchen immer die Herausforderung. In einer Gruppe werden sie bald tonangebend sein und die Führung an sich reißen. Ist dies nicht ohne weiteres möglich, werden sie dennoch nach Mitteln und Wegen suchen.

Stärken

Das Bestreben, immer die Erste und Beste zu sein, treibt diese Frauen vorwärts. Ihr eiserner Wille verlangt, dass sie niemals aufgeben. Sie legen die Messlatte an, an der sich alle anderen messen lassen müssen. Jeder Sieg bringt das Muss mit sich, noch ein Stück weiterzukommen. Sie liegen immer auf der Lauer: »Keiner darf mich überholen.«

Psychische Förderung durch diesen Vornamen

Immer vorne zu sein, immer zu kämpfen, zehrt an Körper und Geist. Kann diese Namensträgerin ihre Vormachtstellung beibehalten, machen ihr die körperlichen Strapazen nicht so viel aus, sie will ja vorne sein. Aber wehe, sie verliert und muss zurück ins Glied, dann wird das physische auch zum psychischen Problem, eine Situation, die nicht geduldet werden kann, und schon beginnt für sie der Kampf aufs Neue.

Kein Licht ohne Schatten

Zu viel Kampf im Leben, selbst provoziert. Schade, wenn eine Begabung nur einen solchen Weg findet.

Der Namenstyp in England und den USA

Dieser Vorname verleiht der Trägerin zusätzlich zu den ererbten charakterlichen Grundlagen folgende Eigenschaften:

- Siegertyp bei der Misswahl
- Frau, die ihr Land aufbaut
- Erste im Sport

Im Film werden diese Frauen dadurch charakterisiert, dass sie unbeirrt ihren Weg gehen. Sie setzen sich über alle Schwierigkeiten hinweg, sie lösen alle Probleme. Die klassische Pionierfrau, die ein Land aufbaut und befriedet.

Im Team wird sie alle anstehenden Aufgaben umsetzen und zu einem guten Ergebnis führen.

Der Namenstyp in Frankreich

Starke Frauen, die immer obenauf sein und immer Recht haben wollen, liebt man nicht, da man in Frankreich mehr Wert auf ein gutes Leben mit viel Charme legt. Trotzdem kann man auf diesen Frauentyp nicht ganz verzichten. So findet man sie als Managerin von Modefirmen oder Kosmetikmarken.

Die Kleidung wird nach den Erfordernissen des Tages ausgesucht. Sie muss bequem und schlicht sein, viel Schmuck und ein perfektes Make-up sind nicht wichtig.

Adelrun	Christamaria	Gillian	Jana	Margret
Aenna	Cinzia	Gisa	Jelisaweta	Marianka
Agnes	Clementia	Graziella	Jenny	Mariela
Aloisia	Deike	Gudrun	Jo	Marilyn
Alrun	Desideria	Guste	Justina	Marta
Anabel	Elfgard	Heinke	Käte	Mary
Anja	Elise	Helen	Karlinka	Mathilde
Aretha	Elsbeth	Helwig	Klementia	Meike
Armgard	Engelburga	Herwiga	Konrade	Micaela
Ava	Eugenia	Hildegunde	Lily	Mira
Beatrix	Feli	Imka	Lisette	Moni
Bertel	Freia	Irma	Lucie	Nannette
Betti	Friederike	Isberga	Luzy	Ottilie
Blandine	Gerhild	Istraud	Mara	Sixtina
Bridget	Gesche	Ivy	Marete	Stacia

Das ist eine Auswahl. In diese Rubrik gehören auch alle Namen, die im Index der Vornamen die Kapitelziffer 8 tragen.

ELEMENT Erde
STEIN Onyx, Amethyst
PLANET Saturn
FARBE *Indigo* beruhigt,
Braun regt an

MOTTO
Und Friede sei in meiner
Umgebung

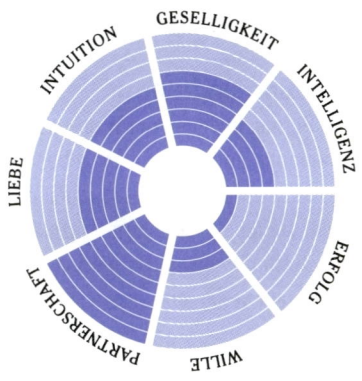

GESELLIGKEIT
INTUITION
INTELLIGENZ
LIEBE
ERFOLG
PARTNERSCHAFT
WILLE

Charakterzüge, die der Vorname verstärkt

Ein Leben wie im Paradies ist die Wunschvorstellung dieser Namensträgerinnen. Alle Menschen sind schön, glücklich, gesund und klug, es herrschen nur Friede und Glück. Krankheit, Hässlichkeit, Krieg und Unfrieden lässt der Cherubim nicht durch die Pforte. Da wir aber nicht im Paradies leben, stehen dieser Wunschvorstellung viele Hindernisse im Weg.

Diese Frauen nehmen viele Nachteile und Schwierigkeiten in Kauf, um den Weg freizuräumen. Das gilt für ihre weltliche wie auch für ihre geistige Welt. Sie überlegen sich alles genau und gehen dann ihren Weg, sei er auch noch so steinig. Ein einmal gestecktes Ziel wird nicht aufgegeben, mit viel Geduld und System gehen diese Frauen darauf zu. Etwas auf die leichte Schulter zu nehmen kommt für sie nicht infrage; alles wird sehr ernsthaft, fast schon grüblerisch durchdacht. Ist die Lösung gefunden, wird gehandelt.

Wille

■ Wille und Überzeugung: »Ich kenne den Weg ins Paradies, folgt mir, und ihr kommt auch dorthin!«, ist der Ruf dieser Frauen. Doch wehe, die Schäfchen wollen einen anderen Weg gehen. Das können sie nicht zulassen. Nur der Weg, den sie auserkoren haben, ist der richtige.

■ Wille und Gerechtigkeit: Das Verständnis für Recht und Unrecht ist bei dieser Gruppe sehr stark ausgeprägt. Wird Unrecht getan, fordern sie mit fanatischem Eifer Bestrafung.

Vorname und Beruf

Alle Berufe, in denen der Weg exakt vorgeschrieben ist, sei es durch Gesetze, Paragraphen oder eine vorgegebene Lösung, werden angestrebt. In anderen Berufen werden sich diese Frauen nicht wohl fühlen. Alle Chefs sind gut beraten, sie als Kontrolleurin einzusetzen, um sicherzustellen, dass auch alle Vorschriften eingehalten werden. Bei so einer Mitarbeiterin kann man sich voll darauf verlassen, dass auch nicht ein Pfennig in dunklen Kanälen verschwindet.

Stärken

Viele Wege können in den Himmel führen. Alle werden beschritten, mit Temperament und Elan eilt man den Weg entlang. Klappt es nicht beim ersten Mal, macht es auch nichts. Ihr Ziel hat sie ja deutlich vor Augen, und darauf bewegt sie sich unaufhaltsam zu.

Psychische Förderung durch diesen Vornamen

Harmonie und Ausgleich sind sehr wichtig für diese Vornamensgruppe. Nur in einer geordneten, glücklichen Umgebung können diese Frauen arbeiten und wirken. In einem solchen Umfeld wachsen sie zu ihrer vollen seelischen Größe. Da sich aber die Wünsche leider nicht immer zur Zufriedenheit erfüllen lassen, entstehen bei ihnen Spannungen.

Kein Licht ohne Schatten

Werden Glück und Zufriedenheit nicht erreicht, neigen diese Frauen zu Misstrauen gegenüber den eigenen Fähigkeiten, bis hin zur Resignation.

Der Namenstyp in England und den USA

Dieser Vorname verleiht der Trägerin zusätzlich zu den ererbten charakterlichen Grundlagen folgende Eigenschaften:

- Anwältin der Schwachen
- Rächerin der Entrechteten

Im Film wäre sie ein weiblicher Robin Hood. Auch die kämpferische Krankenschwester entspräche genau diesem Frauentyp. Sie wird den Finger immer auf die wunde Stelle legen und grundsätzlich für alle Schwachen und Kranken eintreten.

Im Team ist ihr die Rolle des loyalen Mitglieds zugewiesen, auf dessen Arbeit man vertraut.

Der Namenstyp in Frankreich

Sie ist der Typ der Freiheitskämpferin, die »Marianne« mit der Fahne in der Hand. Sie wird beispielsweise in den Kreisen von Studenten zu finden sein, die die Welt verbessern wollen.

Trotzdem ist sie in Kleidungsfragen immer en vogue. Es bereitet ihr Vergnügen, stets auf dem Laufenden zu sein und alle neuen Trends mitzumachen. Ein bisschen Diät gehört auch dazu, aber es muss ja nicht in Arbeit und Stress ausarten.

Adele	Bertha	Helmina	Kreszenz	Margaretha
Adelgunde	Birgit	Ineke	Kristy	Margherita
Agda	Dore	Ingalisa	Lamberta	Marietheres
Aldegunde	Fee	Ingela	Lauretta	Maritta
Althea	Frodegard	Inka	Lea	Marnie
Amöna	Fromut	Isburga	Lenore	Marusja
Andrea	Gabriela	Janine	Libby	Miranda
Anka	Gerhardine	Jekatharina	Liebhild	Oswine
Arabella	Gerwine	Karla	Lilii	Pat
Aspasia	Hedi	Kerstin	Lorna	
Bastienne	Hedy	Kirsty	Lukrezia	
Beatrice	Heila	Klaudia	Luzia	
Benedetta	Heilwig	Korinne	Mali	

Das ist eine Auswahl. In diese Rubrik gehören auch alle Namen, die im Index der Vornamen die Kapitelziffer 9 tragen.

ELEMENT Luft
STEIN blauer Saphir
PLANET Uranus
FARBE *Hellblau* beruhigt,
Lila/Gelb regt an

MOTTO
Sieger über das
Leben

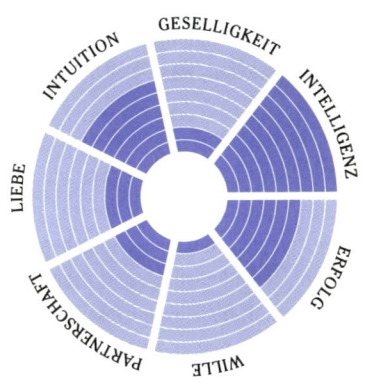

Charakterzüge, die der Vorname verstärkt

Alles zu wissen, alles mit dem Kopf zu beherrschen, ist das erklärte Ziel dieser Namensgruppe. Schon im frühesten Kindesalter werden sie jede Situation und Begebenheit hinterfragen, bis sie auch das kleinste Detail verstanden haben. Beim nächsten Mal müssen sie es perfekt können. Am besten ist es, wenn sie ihr Wissen gleich an andere weitergeben können. Diese Frauentypen lernen alles, was greifbar ist. Bringt man ihnen nicht bei, was sie wissen möchten, lernen sie es einfach allein. Ihr ganzes Handeln beruht auf dem Drang zur Perfektion.

Vom Gefühl her gleichen sie einer Mimose. Diese Frauen werden nie lautstark Aufmerksamkeit heischen, sie sind der ruhige, zurückgezogene Typ. Die Umwelt tut gut daran, bei ihren Äußerungen genau hinzuhören, auch die versteckten Wünsche und Stimmungen zu beachten, sonst ziehen sich diese Namensträgerinnen beleidigt zurück.

Wille

■ Wille in der Stille: Sanft und ruhig setzen die Namensträgerinnen ihren Willen durch. Sie überzeugen ihre Mitmenschen durch ihr großes Wissen. Nie werden sie versuchen, ihre Umgebung zu überfahren, sondern stets mit Güte und Herz überzeugen. Durchsetzung und Überzeugung traut man dieser Gruppe eigentlich nicht zu, aber sie schaffen es auf ihre Art immer, das zu erreichen, was sie sich vorgenommen haben.

Vorname und Beruf

Diese Namensträgerinnen brauchen die Abwechslung, die Veränderung. In Berufen, die sie ständig fordern, gern auch bis an die Leistungsgrenze, die Abwechslung oder neue Aufgaben bieten, werden sie sich besonders wohl fühlen. Gedankengänge und Arbeitsabläufe werden immer wieder auf Fehler durchforstet, bis alles perfekt abläuft. Diese Frauen sind sehr begeisterungsfähig, verlieren aber genauso schnell das Interesse an einer Sache, wenn sie zu reiner Routine wird.

Stärken

Diese Namensträgerinnen können sich und andere für Ideen und Geschehnisse begeistern. Ihre Gedankengänge bewegen sich nicht in festgefahrenen Bahnen, sie sind beweglich und erfassen immer sofort den Kern einer Sache. Die Frauen gehen nach der Devise vor: »Man ist nie zu alt, um noch etwas lernen zu können.« Diese Gruppe ist immer bereit, ihr Wissen zu erweitern.

Privat sieht man sie als geistvolle Gesprächspartner, ein Schmuckstück für jede Party.

Psychische Förderung durch diesen Vornamen

Disharmonie, Streit und Zank sind Wörter, die es im Sprachschatz dieser Namensgruppe nicht geben sollte. Ihr Traumziel ist Ausgeglichenheit von Körper und Geist, Harmonie und Zufriedenheit im Umgang mit ihren Mitmenschen. Durch ihre liebevolle und ruhige Art erreichen sie dieses Ziel in den meisten Fällen.

Kein Licht ohne Schatten

An Enttäuschungen haben diese Namensträgerinnen schwer zu knabbern, sie können sie nicht einfach wegstecken. Sie leiden mit ihrem tiefsten Inneren und mit ihrem Kopf, was für ihre Umwelt nicht immer leicht zu ertragen ist.

Der Namenstyp in England und den USA

Dieser Vorname verleiht der Trägerin zusätzlich zu den ererbten charakterlichen Grundlagen folgende Eigenschaften:

- smarte Party-Löwin
- Mittelpunkt studentischer Feten

Im Film ist sie der Charakter der Unverheirateten, die neue Wege gehen will. Anfänglich fällt sie auf die Nase, doch dann ist sie der begehrte Mittelpunkt.

Im Beruf beschreitet sie die neuen Wege, die andere nicht finden. Ist der Weg einmal entdeckt, werden die Mitstreiter mit Logik überzeugt.

Der Namenstyp in Frankreich

In Frankreich verkörpern diese Frauen den Typ der liebenswürdigen Einzelgängerin. Auf Partys glänzen sie durch ihr enormes Wissen, sie sind geistreich und humorvoll.

Von der Kleidung her geben sie sich sportlich leger: kurze Haare, Schal oder langes Tuch, auf dem Kopf eine Mütze oder ein unauffälliger Hut.

Adalgard	Arietta	Dietlinde	Isidora	Michèle
Adelmute	Audrey	Dinah	Isrun	Mimi
Adrienne	Aurora	Doreen	Itha	Patty
Aglaia	Baltrun	Elisabeth	Lina	Paulette
Agna	Berit	Elsabe	Liv	Prudence
Albrun	Billa	Emilie	Lydia	Rebecca
Aleide	Birte	Gundula	Mae	Reglinde
Alfonsa	Brigitta	Gwen	Mädi	Roswitha
Alinde	Carline	Hannah	Margareta	Stefanie
Amalberta	Charlotte	Henrike	Mariantonia	Susanne
Amélie	Christiane	Ingeborg	Mascha	
Anika	Cilli	Insa	Medea	
Annice	Cissi	Irina	Melina	
Anuschka	Debbie	Isabella	Meta	

Das ist eine Auswahl. In diese Rubrik gehören auch alle Namen, die im Index der Vornamen die Kapitelziffer 10 tragen.

ELEMENT Luft
STEIN Bernstein
PLANET Uranus
FARBE *Weiß* beruhigt, *Gelb* regt an

MOTTO
Alles fließt

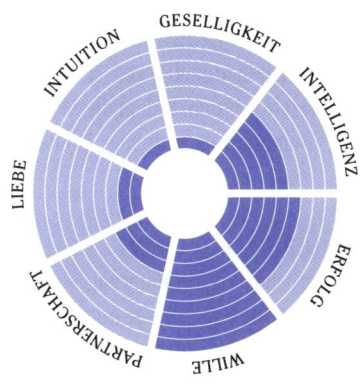

Charakterzüge, die der Vorname verstärkt

Das Leben dieser Namensträgerinnen könnte man mit dem Spiel der Wellen, mit dem ewigen Auf und Ab von Flut und Ebbe vergleichen. Kontinuität ist tödlich für sie. Ihre Lebensdevise lautet: »Öfter mal was Neues«.

Diese Frauen verlassen sich auf ihre Intuition, im richtigen Augenblick das Richtige tun. Da sie sich durch ihren Lebensstil seit jeher auf ständig wechselnde Begebenheiten einstellen, lernen sie überlegt zu handeln, nicht die Nerven zu verlieren, sondern in Ruhe abzuwarten, was die Zukunft bringen wird.

Je ausgefallener die Situation, desto besser für sie. Nichts bringt sie aus der Fassung, alles wird von diesen Frauen bravourös gemeistert.

Wille

■ Wille und Ausgleich: Der Wille ist bei diesen Namensträgerinnen gepaart mit Ausgeglichenheit und viel Fingerspitzengefühl. Durch ihren Willen versuchen sie das ständige Auf und Ab in ihrem Leben auf ein erträgliches Maß zu reduzieren. Sie sind immer bemüht, keinem Mitmenschen auf die Füße zu treten. Alle Probleme werden mit Ruhe und Ausgeglichenheit gemeistert.

■ Wille und Lust an der Veränderung: Die Namensträgerinnen sind ständig auf der Suche nach der Vollkommenheit, die den Wunsch nach Ausgeglichenheit ergänzt. Das führt zum symbolischen wie auch zum tatsächlichen Möbelrücken. In einer Beziehung kann der Partner häufig überrascht werden, indem die Möbel abends nicht mehr an ihrem angestammten Platz stehen. Auf diese Lust an der Veränderung müssen sich die Partner einstellen.

Vorname und Beruf

Berufe, die mit Veränderungen und Kreativität zu tun haben oder davon leben, werden von dieser Namensgruppe bevorzugt. Das Spektrum ist breit: Journalistinnen und Schneiderinnen, Designerinnen, aber auch Architektinnen kann man hier finden. Alle Berufe, in denen man den Hang zu Veränderungen und eigenen Ideen voll ausleben kann, werden angestrebt. Der ständige Wunsch nach Veränderungen entspringt auch dem Bestreben, alles immer besser machen zu wollen.

Stärken

Die Namensträgerinnen sind in der Lage, aus dem Stand höchste Aktivität zu entfalten. Das Überraschungsmoment ist auf ihrer Seite und bringt sie in Vorteil.

Psychische Förderung durch diesen Vornamen

Der Name verleiht der Seele die Stärke, sich in guten wie in schlechten Zeiten zu behaupten. Etwas Neues beginnen zu müssen wird nicht als Schicksalsschlag angesehen. Unbefangenheit und Selbstvertrauen verleihen der Namensträgerin das nötige innere Gleichgewicht, um im Auf und Ab der Ereignisse zu bestehen.

Kein Licht ohne Schatten

Fehlt diesen Namensträgerinnen der innere Gleichmut, bedingt durch ständige schlechte Erfahrungen im bisherigen Leben, werden die Handlungen unüberlegt und fahrig; die weise Voraussicht, die sonst bei dieser Gruppe auffällt, geht verloren. Im Umgang mit ihren Mitmenschen sind sie unausgeglichen und launisch.

Der Namenstyp in England und den USA

Dieser Vorname verleiht der Trägerin zusätzlich zu den ererbten charakterlichen Grundlagen folgende Eigenschaften:

- Lebenskünstlerin
- unbeirrbar heiteres Gemüt

Im Film wird dieser Charakter in Rollen des zeitweiligen Pechvogels dargestellt, der alles verliert, neu beginnt und für den sich am Ende doch alles zum Guten fügt.

Im Team werden diese Frauen sehr geschätzt. Sie gelten als Vorarbeiterinnen.

Der Namenstyp in Frankreich

Frauen dieses Typs gelten in Frankreich als Feuerwehr in Notfällen. Ist eine Mutter krank und die Familie braucht Hilfe, springen sie sofort ein. Gibt es Probleme in der Ehe einer Freundin, hat dieser Typus stets ein offenes Ohr und steht mit Rat und Tat zur Seite. Sie sind immer freundlich, immer hilfsbereit und haben für jedes Problem die passende Lösung.

Die Kleidung richtet sich nach der jeweiligen Stimmung, meist ist sie aber bunt, lustig und verspielt.

Adelhild	Benedikte	Genoveva	Katrin	Monique
Aische	Bertine	Gerit	Malvida	Paola
Alina	Cathleen	Gerti	Mareike	Raphaela
Alke	Daniela	Gislind	Marghitta	Richhild
Amabella	Deborah	Greta	Marguérite	Romana
Anjuschka	Dorothée	Grusche	Marielis	Ruby
Annalisa	Eliane	Gustel	Marika	Ruthilde
Annemarei	Erkengard	Heather	Marlit	Silvana
Annetraud	Ermlinde	Helga	Marthe	Sissi
Antoinette	Estella	Herdi	Meinburga	Sixta
Arlett	Euphemia	Joceline	Miloslawa	Sylvana
Augusta	Fanny	Jula	Minette	
Baldegunde	Faralda	Kathinka	Monica	

Das ist eine Auswahl. In diese Rubrik gehören auch alle Namen, die im Index der Vornamen die Kapitelziffer 11 tragen.

ELEMENT Wasser
STEIN Jaspis, Amethyst
PLANET Neptun
FARBE *alle Farben* bis auf
Schwarz und Grau

MOTTO
Wo ich bin, ist es
immer schön

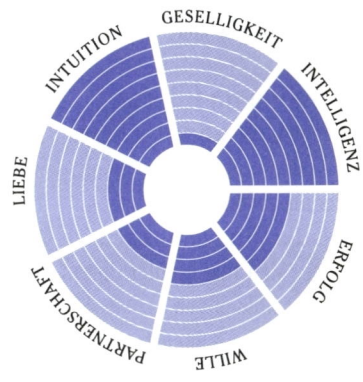

Charakterzüge, die der Vorname verstärkt

Reine Verstandesmenschen würden diese Gruppe als abgehoben bezeichnen. Es sind Ergründerinnen. Frauen dieses Typs beschäftigen sich gern mit Übersinnlichem und Mystischem. Das ist ein Thema, mit dem nicht jeder etwas anfangen kann, da diese Gedankenrichtung nicht praktisch nachvollziehbar ist. Die Namensträgerinnen sind aber in allen Welten zu Hause. Über die Ergebnisse ihrer Gedankengänge wird ausführlich und lebhaft im Freundeskreis diskutiert. Da diese Namensgruppe befähigt ist, auch um mehrere Ecken zu denken, kann sie Ereignisse und Ergebnisse logisch voraussehen und wird selten verblüfft. Diese Frauen wissen genau, was sie wollen, und weichen keinen Fußbreit von ihrer Vorstellung ab. Daher kommen sie auch immer an ihr Ziel.

Wille

■ Wille und Selbstsicherheit: Die Namensträgerin weiß, was sie will. Sie ist überzeugt von der Richtigkeit ihrer Meinung. Diese Frauen gehen beharrlich ihren Weg, aber niemals mit dem Kopf durch die Wand. Wille in einem harmonischen Umfeld hat für sie einen hohen Stellenwert.
■ Wille und Wissbegier: Die Namensträgerinnen wollen wissen, was hinter den Kulissen vorgeht. Das resultiert nicht aus weiblicher Neugier, sondern aus dem Drang nach tieferem Einblick in die jeweilige Situation.

Vorname und Beruf

In künstlerischen und kreativen Berufen fühlen sich die Namensträgerinnen besonders wohl. Es liegt ihnen, darzustellen, was andere nicht sehen können oder nie zuvor gesehen haben.

In Berufen, die komplizierte Gedankengänge voraussetzen, sind sie zu Hause. Man findet unter diesen Frauen auch Musikerinnen, Fotografinnen und Psychologinnen.

Neigen die Namensträgerinnen zu okkulten Erfahrungen, können sie sich für alle Zweige der Aufhellung der Zukunft begeistern. Der Name verstärkt anscheinend ihr Talent, sich in die Gedanken ihres Gegenübers zu versetzen.

Stärken

Die richtige Eingebung zur richtigen Zeit ist die Stärke dieser Namensgruppe. Gleichzeitig sind sie in der Lage, ihre Eingebung natürlich und wie selbstverständlich an die Frau zu bringen. Sie verstehen es, ihre Visionen umzusetzen. Im stillen Kämmerchen haben sie die besten Ideen und können ihre Gedanken am besten ordnen.

Psychische Förderung durch diesen Vornamen

»Lasst mich allein, stört nicht meine Gedankenkreise, bis ich in meinem kreativen Denken zu einem erfolgversprechenden Ergebnis gekommen bin.« Dann erst sind diese Frauen bereit, das Ergebnis ihrer Überlegungen mitzuteilen.

Kein Licht ohne Schatten

Klappt es nicht so ganz im Leben, ziehen sich diese Frauen in eine Scheinwelt zurück. Im Traumland können sie selbst bestimmen, wer sich ihnen nähern darf.

Der Namenstyp in England und den USA

Dieser Vorname verleiht der Trägerin zusätzlich zu den ererbten charakterlichen Grundlagen folgende Eigenschaften:

- Weitblick der großen Priesterin
- Mutter der Weisheit

Die Filmrollen für diesen Charakter sind sehr spärlich und werden meist mit Männern besetzt, weil man in den USA die Weisheit grundsätzlich mit einem Mann in Verbindung bringt.

Vorgesetzte setzen diesen Frauentyp im Team als Ideenfinderin wie auch als Querdenkerin ein. Oft ist die Namensträgerin bei der Vorbesprechung zu einem Teamtreffen dabei.

Der Namenstyp in Frankreich

Mit diesem Namenstyp kommen die Franzosen gesellschaftlich, d. h. in der Öffentlichkeit nicht ganz klar. Das beruht auf Gegenseitigkeit, denn die Namensträgerinnen fühlen sich in der Öffentlichkeit nicht wohl und zeigen dies unverblümt. Diese Frauen wirken im Verborgenen, im Kreise einiger weniger Freunde und Gleichgesinnter; daher trifft man sie nicht im Café oder Bistro an.

Sie bevorzugen bunte Hauskleidung und einfarbige Kleidung, die sie für kurze Besorgungen außer Haus tragen. Wenn Sie Frauen sehen, die sich in der Öffentlichkeit hinter einer dicken Sonnenbrille und einem Kopftuch verbergen, dann wissen Sie, was ich meine.

Aenne	Debora	Hilde	Maret	Odilie
Alice	Elisabetta	Ignatia	Mariele	Sheila
Alwine	Elli	Ilse	Marlena	Siegrune
Ambrosia	Elsa	Ilsedore	Maxi	Suleika
Angelika	Elsy	Imke	Mientje	Svenia
Annamaria	Emmylou	Jacqueline	Milli	Swantje
Annette	Erma	Joseline	Miltraud	Tessy
Anny	Ernesta	Josi	Mirabell	Thilde
Antje	Eveline	Juliette	Nadine	Thyra
Aranka	Gebharde	Jutte	Nanne	Traudel
Bianca	Georgette	Katharina	Natalja	Walpurga
Birke	Glenda	Katinka	Nina	Wendi
Cheryl	Gunhild	Luella	Norina	Wendy
Cornélie	Helma	Manfreda	Odalinde	Wiebke

Das ist eine Auswahl. In diese Rubrik gehören auch alle Namen, die im Index der Vornamen die Kapitelziffer 12 tragen

ELEMENT Wasser
STEIN Periodot, Chrysolith
PLANET Neptun
FARBE *Purpur* regt an,
Blau beruhigt

MOTTO
Edel will ich sein,
hilfreich und gut

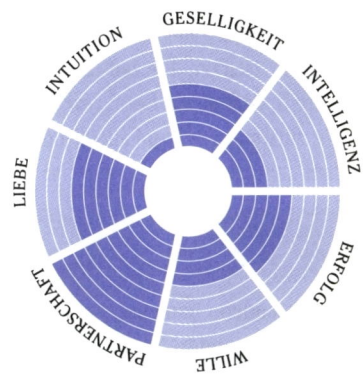

Charakterzüge, die der Vorname verstärkt

»Wie kann ich anderen helfen?« Diese Frage trifft die Grundstimmung der Namensgruppe. Wir finden diese Frauen in karitativen und pflegerischen, aber auch in künstlerischen Berufen, etwa auf der Bühne, wo sie versuchen, mit ihren Darstellungen andere Menschen aus einem seelischen Tief zu reißen. Ihr Blick ist immer auf Hilfsbedürftige gerichtet. Entdecken sie jemanden, der Hilfe benötigt, wird ihm sofort geholfen. Ideen werden praktisch und kompromisslos umgesetzt.

Wille

■ Wille und Geduld: Diese beiden Kräfte sind eine gute Verbindung eingegangen. Versuchen die Namensträgerinnen, ihren persönlichen Willen durchzusetzen, dauert das oft sehr lange. Doch irgendwann sind sie trotzdem am Ziel ihrer Wünsche. Ihr Geheimnis ist, dass der Wille portioniert wird. »Auch mit kleinen Schritten kommt man ans Ziel.« So könnte man die Lebensdevise dieser Frauengruppe umschreiben, wenn es um den Willen geht.

Vorname und Beruf

Der Wunsch, anderen zu helfen, steht im Vordergrund. Es gibt unzählige Möglichkeiten, in Berufen als helfende Hand eine Dienstleistung zu erbringen. Der Schwerpunkt liegt aber ganz klar im karitativen Bereich. Dieser Namenstyp sucht sich im Freizeit- und Privatbereich eine Erfüllung, falls durch äußere Umstände ein Beruf gewählt wurde, der diese Entfaltungsmöglichkeit nicht zulässt. In jedem Fall wird dieses Ziel mit ganzer Hingabe und Bereitschaft angegangen, auch wenn man dafür eigene Nachteile in Kauf nehmen muss.

Stärken

Wie kein anderer Namenstyp erkennen diese Frauen die Not anderer und sind bereit, sie zu lindern, wenn möglich zu beheben. Dabei sind eigene Schwierigkeiten und Unannehmlichkeiten kein Hinderungsgrund.

Psychische Förderung durch diesen Vornamen

»Nimm mich an der Hand und führe mich. Zeige mir den richtigen Weg, ich habe Angst, ihn allein zu gehen.« Oft haben diese Frauen in Privatangelegenheiten Angst vor allem und jedem. Braucht man aber ihre Hilfe, sind sie wie umgewandelt und wissen im Handumdrehen, was zu tun ist. Dieser Zwiespalt wird oft als Wankelmut verkannt.

Kein Licht ohne Schatten

War die Kinder- und Jugendzeit zu kompliziert, traten damals große Probleme für die Namensträgerinnen auf, dann besteht die Neigung zur Flucht aus den eigenen Ängsten.

Der Namenstyp in England und den USA

Dieser Vorname verleiht der Trägerin zusätzlich zu den ererbten charakterlichen Grundlagen folgende Eigenschaften:

- Wohltäterin
- eine typische Florence Nightingale

Der Film sieht diesen Charaktertyp als liebevolle, verstehende Mutter. Auch die Ärztin in der Wildnis gehört in dieses Rollenfach.

Der Einsatz im Team: Geht gar nichts mehr, ist die Situation total verfahren, kommen diese Frauen in den Firmen zum Zuge. Sie stellen das Gleichgewicht wieder her.

Der Namenstyp in Frankreich

Diese Namensträgerin erscheint im gesellschaftlichen Rahmen, wie ihn die Franzosen lieben, eher hilflos und unentschlossen. Sie erweckt in ihren Mitmenschen und Gesprächspartnern Vorstellungen von der großen Schwester. Genau das wollen die galanten Herren in Frankreich nicht. Nicht sie soll Hilfe anbieten, die Herren wollen ihr helfen.

Auf die Kleidung legt dieser Vornamenstyp keinen großen Wert. Angezogen wird, was ihnen gerade in die Finger kommt.

Adelheid	Engelberta	Käthchen	Mechthilde	Seline
Aldegund	Ethelgard	Karolina	Mélisande	Sondra
Almudis	Georgine	Kläre	Minka	Susi
Alrune	Gerrit	Laurette	Miriam	Swaantje
Amrei	Gesine	Leontine	Mitzi	Thorid
Anselma	Guntrada	Lisbeth	Patsy	Tony
Beryl	Heidelore	Loki	Renée	Toska
Blandina	Heidrun	Lorette	Ricarda	Trudi
Bridgit	Hélène	Luithilde	Robine	Ursine
Carolina	Henriette	Magdalene	Rosa	Vérénice
Charlene	Hildegard	Mareen	Rosalie	Violet
Cindy	Jaclyn	Margarethe	Rosette	Waltrade
Colette	Jantje	Marie	Rotraud	Wernburg
Edelburga	Jeanne	Marilena	Rudolfa	Wilhelma
Eilika	Juliane	Maschenka	Sandrina	

Das ist eine Auswahl. In diese Rubrik gehören auch alle Namen, die im Index der Vornamen die Kapitelziffer 13 tragen.

ELEMENT Feuer
STEIN Beryll, Amethyst
PLANET Mars
FARBE *Rot* regt an,
Grün beruhigt

MOTTO
Alles wandelt sich

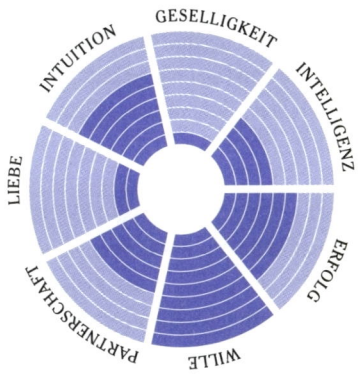

Charakterzüge, die der Vorname verstärkt

Überall dort, wo es gilt, Arbeitsabläufe zu verbessern und zu vereinfachen, sind diese Frauen zu finden. Sie erkennen instinktiv alle Möglichkeiten, die Prozesse produktiver und schneller zu machen. Namensträgerinnen dieses Typs setzen alle ihre Fähigkeiten ein, um die Veränderungen durchzusetzen, die ihnen angemessen scheinen. Können sie die Umgebung nicht verändern, passen sie sich an und versuchen es erneut.

Sie lassen nicht gern andere Meinungen gelten und opponieren aus Freude am Widerspruch. Da sie ihre Entscheidungen gern allein treffen, nach eigenen Vorstellungen unabhängig handeln und verändern wollen, haben sie in untergeordneten Stellungen Probleme. Namensträgerinnen dieses Typs begehren gegen alles und jeden auf.

Wille

■ Wille pur: »Mein Wille ist Gesetz«, könnte man als Grundthema dieser Namensträgerinnen sehen. Sie gehen mit Enthusiasmus und Willenskraft daran, umzusetzen und durchzusetzen, was ihrer Vorstellung entspricht. Auch dann, wenn es eigentlich gar nichts durchzusetzen gibt.

■ Wille und Entdeckerfreude: Gäbe es auf unserer Welt noch reales Neuland zu entdecken, wäre dort der richtige Platz für diesen Frauentyp. Ihr Wille drängt sie, immer neue Wege zu erkunden. Manchmal ist es für das Umfeld anstrengend, bei diesen Touren mitzumachen.

■ Wille und Unabhängigkeit: Der Wille ist mit Freiheitsdrang verknüpft. Die Freiheit, ihren Weg zu gehen und ihre eigenen Entscheidungen zu treffen, geht diesen Frauen über alles.

Vorname und Beruf

Überall dort, wo etwas deutlich »klemmt«, sind diese Frauen gefragte Mitarbeiterinnen. Läuft eine Arbeit aus dem Ruder, müssen neue Wege gesucht und beschritten werden, so sind diese Namensträgerinnen genau am richtigen Platz.

Althergebrachte und langweilige Arbeiten sind kein Aufgabengebiet für sie. Wo es ein neues Ziel anzustreben gilt, sind die Namensträgerinnen in ihrem Element.

In einem Team eingesetzt, sind sie nie Wasserträger, sondern die Fahnenträger, die voranweg gehen.

Stärken

Mit Tatkraft und Enthusiasmus gehen diese Frauen jedes Problem und jede Arbeit an. Nichts wird ausgeklammert, nichts zurückgestellt. Sie gehen keiner Schwierigkeit aus dem Weg. Jede noch so große Herausforderung ist es wert, bewältigt zu werden.

Psychische Förderung durch diesen Vornamen

Jeder Mensch braucht eine gewisse Kontinuität in seinem Leben. Da diese Frauen immer neue Wege suchen, immer neue Verbesserungen anstreben, gibt es in ihrem Leben keine Kontinuität. Das macht auf die Dauer unzufrieden, ihre Aktivitäten werden immer planloser und unüberlegter. Hier sind Misserfolge vorprogrammiert, diese seelischen Tiefschläge sind nicht gerade förderlich für die Gesundheit.

Nicht alle Vornamensgruppen können zur psychischen Förderung beitragen, diese Gruppe tut es nicht.

Kein Licht ohne Schatten

Personen, die ständig im Wechsel begriffen sind, verbreiten eine gewisse Unruhe. Diese Unruhe wird von ihren Mitmenschen als störend empfunden, man betrachtet diese Namensgruppe als Chaoten. Solange man sie braucht, akzeptiert man diese Frauen, danach werden sie abgeschoben.

Der Namenstyp in England und den USA

Dieser Vorname verleiht der Trägerin zusätzlich zu den ererbten charakterlichen Grundlagen folgende Eigenschaften:

- ewig Suchende
- gute Partnerin

Die Namensträgerinnen gehören dem Typ von Jane Fonda an. Auf unserer Erde gibt es kaum noch Aufgaben für sie. Der Wilde Westen ist erschlossen, neue Länder gibt es nicht mehr zu entdecken. Bleibt nur noch das Weltall. Die erste Frau auf dem Mond, Aufbruch zu neuen Galaxien – solche Herausforderungen wären nach dem Geschmack dieser Frauen.

Man erkennt aber auch, dass diese Namensträgerinnen oft ein Betätigungsfeld suchen, auf dem sie alleine führend sind. Das ist die geistig-ideelle Ebene, auf der sie sich gern als Seminarleiterinnen profilieren.

Der Namenstyp in Frankreich

Diese Frauen haben es in der Welt des Charmes schwer, sich in den Mittelpunkt zu stellen. Wenn eine Gesellschaft von schwierigen Situationen nichts wissen will, sind Vorreiterinnen mit Ideen kaum gefragt.

Es gibt sie natürlich auch im Land des Savoir-vivre. Sie erledigen die unangenehmen Dinge. Man braucht sie.

Dieser Frauentyp ist immer korrekt und passend angezogen. Unauffällige Modeattribute, z. B. Broschen oder Anstecknadeln, verraten jedoch dem Insider, dass sie gern Auszeichnungen in Form von Orden tragen würden.

Eine typische Frau in der Öffentlichkeit, die solche Dekoration bevorzugt, ist derzeit die US-Außenministerin Albright. Sie tritt praktisch immer mit modischen Broschen oder ähnlichem Schmuck auf, den sie an der linken Brustseite trägt.

Amalburga	Elseke	Isolde	Melusine	Shirley
Anemone	Erkentraud	Jennifer	Mimmi	Sigrid
Annunziata	Fabiola	Jovanka	Nicole	Silke
Berinike	Floriane	Konradine	Ostara	Stephania
Brigitte	Geneviève	Larissa	Pascale	Suzanne
Céleste	Gerlind	Lieschen	Peregrina	Tressa
Consuela	Guntlinde	Lorena	Prudentia	Veramaria
Corry	Heidelinde	Lucienne	Reingard	Waldtraut
Deirdre	Héloise	Luitberga	Rolanda	Waltrun
Dietberga	Hester	Margarete	Romy	Wilburg
Dietrun	Indira	Marina	Rosita	Wiltraud
Dorit	Irmingard	Martina	Salome	Winnie
Ebergund	Isgard	Meline	Schwanhild	

Das ist eine Auswahl. In diese Rubrik gehören auch alle Namen, die im Index der Vornamen die Kapitelziffer 14 tragen.

ELEMENT Erde
STEIN Topas, Achat
PLANET Venus
FARBE *Gelb* regt an,
Blau und *Grün* beruhigen

MOTTO
Mit Genügsamkeit
zum Ziel

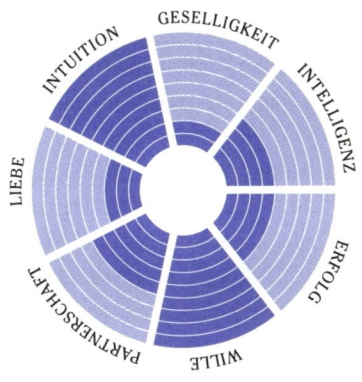

Charakterzüge, die der Vorname verstärkt

Mit äußerster Selbstbeherrschung gehen diese Namensträgerinnen auf ihr Ziel zu. Meist spielen weibliche Vorzüge eine Rolle. Um das angestrebte Ergebnis zu erreichen, verzichten diese Frauen auf einiges. Ansprüche an das Leben werden auf ein Minimum reduziert, solange das Ziel nicht erreicht ist. Ein etwas beschwerlicher Weg, der aber immer Erfolg verspricht.

Die Namensträgerinnen konzentrieren ihre Kraft auf eine bestimmte Situation. Sie sind der Typ, der sich selten oder nie verzettelt. Mit Power erreichen sie alles, was sie sich vorgenommen haben. Dieser Frauen werden selten übereilt und kopflos handeln, sondern immer wohlüberlegt.

Wille

■ Wille und Tatkraft: Der Wille und die Tat haben sich verknüpft. Die eigenen Vorstellungen müssen nicht ausdiskutiert werden. »Ich handle einfach, die anderen werden dann schon erkennen, wo es langgeht.« Um ihren Willen zu äußern, braucht sie nicht viele Worte. Müssen Willensäußerungen doch einmal besprochen werden, erfolgen die Anweisungen kurz und bündig.

■ Wille und heimliche Tränen: »Wie's drinnen aussieht, geht niemanden was an.« Sie zeigen ihrer Umwelt nie ihre Gefühle, denn sie tragen eine Maske.

■ Wille und Konzentration: Diese Frauen sind in der Lage, ihre Kraft und Energie aufzusparen und im geeigneten Moment voll einzusetzen.

Vorname und Beruf

Es sind die Berufe, in denen kurzfristig ein hoher Einsatz gefordert wird. Ständig unter Strom zu stehen ist nicht ganz nach dem Geschmack dieser Frauen, aber kurzfristig können sie alles geben. In der Tierwelt wären sie vergleichbar mit dem Geparden, der lange auf seinen Einsatz wartet und dann mit einem überwältigenden Spurt seine Beute erlegt.

Stärken

Ein weiterer Aspekt, der sich aus der Tendenz zum Rückzug auf eine Ausgangsposition ergibt, ist die Häuslichkeit dieser Frauen. Auf den richtigen Einsatz wartet man am besten zu Hause. Diese Frauen sind sehr auf das eigene Heim konzentriert und äußerst genügsam. Durch diese Eigenschaft häufen sie Laufe ihres Lebens ein kleines Vermögen an.

Psychische Förderung durch diesen Vornamen

»My home is my castle«, könnte der Wahlspruch dieser Namensträgerinnen sein. Das Heim wird mit allem Erdenklichen ausgeschmückt. Ruhe, Frieden, Ausgeglichenheit – alles soll perfekt sein. Haben sie dies weitgehend erreicht, fällt es ihnen natürlich sehr schwer, diese Idylle zu verlassen, um sich den rauhen Wind der schnöden Welt um die Nase wehen zu lassen. Der Übergang aus der heimischen Ruhe zur Kurzzeitleistung außer Haus ist für diesen Namensträgertyp sehr anstrengend. Nur mit äußerster Willensanstrengung können sie diese Hürde nehmen. Dieser Zwiespalt, etwas zu wollen, aber nicht zu können, bereitet diesen Namensträgerinnen große Schwierigkeiten. Ihr Innerstes leidet jedesmal aufs Neue.

Kein Licht ohne Schatten

Werden diese Namensträgerinnen zu Verschwendungssucht erzogen, müssten sie gefühlsmäßig über ihren eigenen Schatten springen. Dass ihnen das nicht möglich ist, liegt auf der Hand. Daher hadern sie mit sich und ihrem Schicksal. Sie werden überspannt, nervös und neigen zu Wut- und Hassattacken.

Der Namenstyp in England und den USA

Dieser Vorname verleiht der Trägerin zusätzlich zu den ererbten charakterlichen Grundlagen folgende Eigenschaften:

- Kämpferin
- Frau mit starkem Willen

Diese Frauen gehen ihren Weg, sie agieren. Im Film sind sie der Frauentyp, der ohne zu murren die härtesten Strapazen auf sich nimmt, um ans Ziel zu kommen. Aber auch die Millionenerbin, die ihre Umgebung und die Gesellschaft vor den Kopf stößt, gehört diesem Typ an. Grace Kelly in dem Film »Die oberen Zehntausend« verkörpert diesen Charakter.

Diese Frauen werden in jedem Team geschätzt. Vorgesetzte ordnen sie gern als zusätzliche Kämpfer einer Gruppe zu.

Der Namenstyp in Frankreich

Die Franzosen sehen diesen »unfranzösischen« Typ mit gemischten Gefühlen. Sie amüsieren sich köstlich, wenn sie sehen, wie die Tochter den Eltern ein Schnippchen schlägt. Ansonsten jedoch entspricht dies nicht unbedingt der französischen Lebensphilosophie.

Die Kleidung dieser Frauen ist streng und praktisch. Wenn sie rebellieren, kleiden sie sich gewagt und extravagant.

Ada	Goda	Kyra	Philomena	Swetlana
Annelore	Guntberta	Lexa	Pilar	Trudhilde
Antonie	Helmburg	Liebtraud	Raturga	Valborg
Charity	Hendrikje	Loisa	Riccarda	Vesta
Claartje	Hiltrud	Magelone	Rika	Virginie
Concepión	Jakobine	Margarita	Rosanna	Vivien
Corona	Jillian	Mariechen	Ruperta	Waldegunde
Emerenz	Juanita	Marylou	Saphira	Winfrieda
Felicitas	Kamilla	Minerva	Silvia	Wolfgund
Florenze	Karen	Modesta	Sofie	Zilli
Fredegund	Kathrein	Nadeschda	Stanislava	
Frodehild	Klothilde	Nicoletta	Stefania	
Fränze	Kristina	Nuria	Stella	

Das ist eine Auswahl. In diese Rubrik gehören auch alle Namen, die im Index der Vornamen die Kapitelziffer 15 tragen.

ELEMENT Erde
STEIN Onyx,Smaragd
PLANET Saturn
FARBE *Hellblau/Türkis*
beruhigt , *Gelb* regt an

MOTTO
Schaut auf zu mir

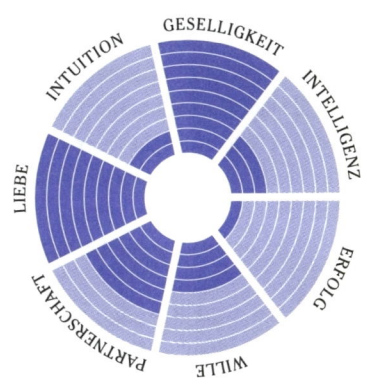

Charakterzüge, die der Vorname verstärkt

Diese Frauen werden zum großen Vorbild. Andere Frauen wünschen sich, wie sie zu sein.

In der Jugend träumen sie davon, in der Menge zu baden, beispielsweise als Mannequin auf dem Laufsteg. Im Alter sind sie die Mutterfigur, die im Mittelpunkt steht. Sie lieben es, wenn Menschen erzählen. Sie hören immer genau zu. Sie zeigen Verständnis und geben Ratschläge.

Mit zunehmenden Alter strahlen diese Frauen Würde und Größe aus. Bevor diese Namensgruppe eine Entscheidung trifft, werden alle Möglichkeiten abgewogen und durchdacht. Keine überstürzten Handlungen. Diese Frauen zeichnen sich durch tiefe Gedankengänge, exakte Überlegungen aus. Niemandem zu schaden, ist oberstes Gebot beim Handeln.

Mutterfigur ist man nicht von Geburt an, man wird erst mit den Jahren dazu geprägt. In jungen Jahren findet man bei dieser Namensgruppe nicht selten kleine Clowns. Sie machen Spaß, und die anderen schauen vergnügt zu.

Wille

■ Wille und Geduld: Geduldig erklären die Namensträgerinnen ihre Absichten und begründen sie. Trotzdem lassen sie ihr Ziel nicht aus den Augen. Der Endpunkt ist vorgegeben. Wie er erreicht wird, ist abzusprechen; wie lange es dauert, das Ziel zu erreichen, ist zweitrangig.

■ Wille und Motivation: Das Wort als Instrument, um den Willen durchzusetzen, ist bei diesen Namensträgerinnen beliebt. Einige der Frauen erreichen ihr Ziel mit kleinen »Zuckerstückchen« als Belohnungen, andere setzen ihre ganze Motivationskraft ein. Das Ergebnis ist dasselbe: Was man sich vorgenommen hat, wird erreicht.

Vorname und Beruf

Diese Namensgruppe hat es bei der Berufswahl nicht leicht. Da der typische Charakter dieser Frauen erst im Alter voll zum Tragen kommt, beginnen sie sich in späteren Jahren auch für andere Berufe zu interessieren, als sie in der Jugend gelernt und gewählt haben.

Daher kann es sein, dass sie im Alter mit dem erlernten Beruf nicht mehr glücklich sind. Dann nehmen sie es mit ihrer Arbeit nicht mehr so ganz genau. Sie werden gleichgültig und leben ihre Launen aus. Berufe, in denen sie im Alter auch in eine Mutterrolle bzw. Vorgesetztenrolle schlüpfen können, wären für sie ideal.

Stärken

Ihre genauen Recherchen, die sie erst abgeschlossen haben müssen, bevor sie mit Rat und Tat zur Seite stehen, befähigen diese Namensträgerinnen, gerecht und sachlich zu urteilen. Eine Mutter strahlt Liebe und Vertrauen aus, auf dieser Basis ist es einfach, die Umwelt zu überzeugen und zu führen.

Psychische Förderung durch diesen Vornamen

»Wie hören mir andere Menschen zu, wo wird meine Hilfe gebraucht?« Das sind ständige Fragen dieser Gruppe. Die Namensträgerinnen müssen sich bemühen, in jedem Alter vollkommen zu sein. Ihre Hilfe muss perfekt sein. Es darf keine Zweideutigkeiten geben, deshalb wird das eigene Tun ständig zerlegt und beobachtet, um alle Fehler schon im Vorfeld auszumerzen.

Kein Licht ohne Schatten

Da der Charakter erst in späteren Jahren voll ausgebildet ist, haben diese Frauen in ihrer Jugend einige Schwierigkeiten. Sie sind nicht Fisch noch Fleisch. Können sie ihr Temperament nicht zügeln, bereiten sie anderen Kummer. Im Alter sind sie oft allein.

Der Namenstyp in England und den USA

Dieser Vorname verleiht der Trägerin zusätzlich zu den ererbten charakterlichen Grundlagen folgende Eigenschaften:

- helfende Hand
- eine Frau, die weiß, was sie will
- die Intuitive

Im Film sehen wir diesen Namenstyp als Witwe, die mit ganzer Kraft und viel Engagement die Familie leitet und beschützt. Sie ist auch die Frau, die sich mit allen Mitteln für die Armen und Schwachen einsetzt. Als Chefin leitet sie mit klugem Kopf und starker Hand die Firma und ihre Angestellten.

Vorgesetzte vermeiden es, diesen Typ im Team einzusetzen: Diese Frauen diskutieren zu lange.

Der Namenstyp in Frankreich

Die Franzosen haben diesen Typ sehr gern um sich. Man findet ihn überall dort, wo sich Menschen treffen. Da Franzosen in der Freizeit ungemein gern plaudern, haben sie in diesem Typ eine ideale Zuhörerin gefunden.

Sarah Bernhardt verkörpert diesen Typ Frau in Frankreich, eine liebenswürdige, trotzdem den Ernst des Lebens nie aus den Augen verlierende große alte Dame.

Bei der Kleiderordnung gehen diese Frauen ihren eigenen Weg. Sie bestimmen ihre Mode selbst. Man hat ein wenig Probleme mit diesen Frauen, denn sie wollen auch mit ihrem Parfüm im Mittelpunkt stehen.

Alba	Fleurette	Josefa	Reinhilde	Thordis
Anastasia	Friedegund	Kimberley	Rhea	Tina
Annedore	Gabi	Kordelia	Rodehild	Uta
Bernharde	Geerta	Lys	Rosemary	Viviane
Blanda	Gisela	Marianita	Runhilde	Volkhild
Celestina	Giselberta	Micheline	Sandra	Weda
Cordelia	Grita	Nanda	Sari	Wibke
Damaris	Herberta	Nena	Sebastine	Yliane
Dominique	Hilla	Odilberta	Sieglind	Zenzi
Eberharde	Iliane	Orthild	Simone	Zorah
Ermentraud	Ilsetraud	Petra	Teresa	
Feodora	Jorinde	Radmila	Theodora	

Das ist eine Auswahl. In diese Rubrik gehören auch alle Namen, die im Index der Vornamen die Kapitelziffer 16 tragen.

ELEMENT Erde
STEIN Topas, Blutstein
PLANET Mars
FARBE *Violett* beruhigt,
Rot regt an

MOTTO
Ich schaffe es und habe
es geschafft

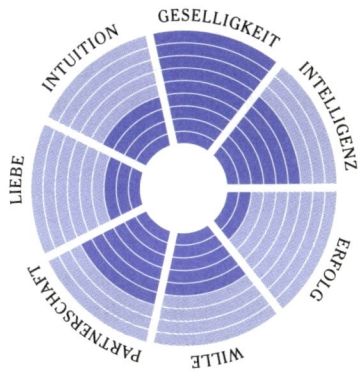

Charakterzüge, die der Vorname verstärkt

Große Sportlerinnen findet man in dieser Namensgruppe. Es sind Frauen, die auf körperliche Fitness und Gesundheit achten. Ohne zu zögern, helfen sie anderen Menschen aus misslichen Situationen. Sie beginnen oft eine Sache mit großer Begeisterung, kommen dann jedoch nicht über die Anfangsversuche hinaus. Das führt dazu, dass sie ständig mit sich um die Steigerung ihrer Ausdauer kämpfen.

Diese Namensgruppe verfügt über eine große Portion Selbstvertrauen. Sie zeigt dies auch sehr gern. Diese Frauen sind typische Einzelkämpferinnen, sie ordnen sich in einem Team nur ungern in die Gruppe ein. Als Untergebene lassen sie sich schwer führen und werden kopflos und stur, wenn nicht alles glatt läuft.

Wille

■ Wille und Kondition: »Gesundheit ist nur eine Frage des Willens. Mein Wille beherrscht den Körper. Bin ich körperlich stark und fit, bin ich es auch im Kopf und die anderen werden mich als Führernatur anerkennen.« Diese Einstellung scheint bei diesen Namensträgerinnen vorzuherrschen. Da sie von anderen Menschen nicht in jedem Fall geteilt wird, sind Schwierigkeiten vorprogrammiert. Diese Frauen werden je nach charakterlicher Grundlage erkennen, dass sie Wünsche und Vorstellungen anderer zu akzeptieren haben und nicht ausschließlich die eigenen Absichten in den Vordergrund stellen dürfen.

Vorname und Beruf

Alle Berufe, die im weitesten Sinn mit Körper, Körperkult und Sport zu tun haben, werden von den Namensträgerinnen bevorzugt – in ihrer Wirklichkeit oder zumindest im Wunschtraum. Der Bogen dieser Berufe ist weiter gespannt, als auf den ersten Blick zu vermuten ist. Man beobachtet, dass hierzu auch Ärztinnen, Krankenschwestern und Krankengymnastinnen sowie verwandte Heilberufe gehören. Nicht nur an Sportlerinnen sollte man denken, sondern auch an Verkäuferinnen in einem Sportgeschäft. »Wenn ich nicht meinen Traumberuf ergreifen kann, dann suche ich mir zumindest einen Job im Umkreis.«

Manche Namensträgerinnen dieses Typs erfüllen sich ihren Traum in der Freizeit. Zu einem schönen Körper gehört auch die rhythmisch harmonische Bewegung. Tanzen in jeder Form.

Stärken

Ihre Stärke ist in erster Linie die Hilfsbereitschaft als Ausdruck der Fairness. Überall dort, wo es mit körperlichem Einsatz anderen zu helfen gilt, sind diese Frauen am richtigen Ort. Im Sport, wo es nicht um Hilfe in körperlicher Bedrängnis geht, sondern mehr darum, die richtige Kampfstrategie zu entwickeln oder eine Situation schnell und richtig einzuschätzen, sind diese Frauen häufig anzutreffen.

Psychische Förderung durch diesen Vornamen

»Mein Körper ist mein Schaufenster, seht her, was ich alles dafür in Kauf nehme.« Die psychische Konsequenz: Solange der Körper gesund und leistungsfähig bleibt, ist alles in Ordnung, aber wehe, diese Kriterien stimmen nicht mehr. Die Namensträgerinnen beginnen dann seelisch zu leiden.

Kein Licht ohne Schatten

Schönheit und Äußerlichkeiten sind nicht alles im Leben. Die Namensträgerinnen neigen dazu, sich einseitig an Vorbildern zu orientieren.

Der Namenstyp in England und den USA

Dieser Vorname verleiht der Trägerin zusätzlich zu den ererbten charakterlichen Grundlagen folgende Eigenschaften:

- das Model
- die liebevoll sorgende Frau
- die Fitnesstrainerin

In Hollywoodfilmen wird dieser Charaktertyp von sportlich durchtrainierten Schauspielerinnen gespielt. Man zeigt sie auf dem Tennisplatz oder mit einem Sportgerät, ersatzweise auch in einem schnittigen Sportwagen.

Die Namensträgerinnen sind Frauen, die Kapital aus der Schönheit und der Leistung ihres Körpers schlagen. Man kombiniert diesen Typ zum Beispiel mit der Rolle der Retterin aus seelischer und körperlicher Not oder der Kämpferin für die Rechte anderer.

Der Namenstyp in Frankreich

Die Franzosen sind von diesem Frauentyp hingerissen. Er entspricht der Vorstellung des französischen Mannes von einer Partnerin.

Als der Typ der Birgit Bardot kreiert wurde, war der sportliche Anteil noch nicht so groß. In dem Film »Viva Maria« wurde diese Verknüpfung von Schönheit, Sportlichkeit und Edelmut hergestellt. Sehr körperbetont, abenteuerlustig und ein bisschen leichtsinnig. Immer darauf hoffend, das Glück werde sie schon nicht verlassen.

Frankreich ist im Grunde genommen die Heimat dieses Typs. Das zeigt sich auch in der modischen Kleidung. »Ich will euch zeigen, was ich habe«, ist das Motto dieser Frauen. Sehr körperbetont, mit tiefem Ausschnitt, möglichst kurz.

Alexia	Eleonora	Léonie	Regina	Tilla
Bibiane	Erkenhild	Liese	Richlind	Tilly
Carry	Frances	Magdali	Rose	Trautel
Charis	Gail	Nelly	Roxane	Tulle
Clementine	Gloria	Notburga	Sabine	Undine
Cornelia	Hjördis	Orania	Sebastiane	Vita
Corny	Iduna	Ornella	Sidonie	Walfriede
Danuta	Ilona	Otberga	Sigi	Wanda
Dixie	Irminberga	Petronilla	Stasi	Wilfriede
Dorthe	Karoline	Philomele	Sunhilde	Wulfhilde
Dunja	Konstanze	Prisca	Tania	Zora
Edwine	Kriemhilde	Radegunde	Tanja	

Das ist eine Auswahl. In diese Rubrik gehören auch alle Namen, die im Index der Vornamen die Kapitelziffer 17 tragen.

ELEMENT Luft
STEIN Beryll, Türkis
PLANET Merkur
FARBE *Dunkelgrün* beruhigt , *Hellgelb* regt an

MOTTO
Wahrheit, Glaube, Hoffnung

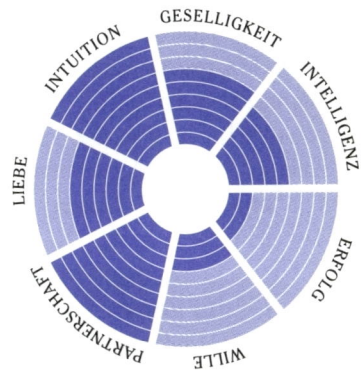

Charakterzüge, die der Vorname verstärkt

Die Liebe zur Wahrheit steht bei Frauen dieses Namenstyps ganz hoch im Kurs. Es darf für sie keine Missverständnisse und Zweifel geben. Der Name fördert die Eigenschaft, dass sie immer einen festen Punkt brauchen, an dem sie sich orientieren und aufbauen können. Der Name fördert das Informationsbedürfnis, daher sind die Namensträgerinnen sehr neugierig. Sie wollen und müssen alles ganz genau wissen. Die Bereitschaft der Namensträgerinnen, Neuland zu betreten, ist gering. Offene Fragen und bestehende Unklarheiten werden aber gründlich ausdiskutiert.

Als Rednerinnen haben diese Namensträgerinnen besonderes Geschick. Im Gespräch sind sie spritzig und humorvoll. Sie gehen kreativ mit Worten um.

Wille

■ Wille und Anpassung: »Mein Wille muss nicht Gesetz sein«, wäre ein Leitmotiv dieser Namensträgerinnen. Allerdings hängt dies sehr von der charakterlichen Grundveranlagung ab. Es führt aber dazu, dass die Namensträgerinnen parallel auf vielen Hochzeiten tanzen, sich mit vielen Projekten oder Unternehmungen beschäftigen. Wer gleichzeitig zu vielen Meinungen nachhängt, ist auf keinem Gebiet stark. Das ist sicher ein Grund für den nicht sehr ausgeprägten Willen. Man beobachtet, dass die Namensträgerinnen zufrieden sind, wenn sie ihre Recherchen und Forschungen betreiben können und dabei nicht gestört werden.

■ Wille und Rache: Wehe, wenn man sie nicht ganz für voll nimmt, wenn man sie beschwindelt. Dann setzen sie ihren ganzen Verstand ein, um sich mit List und Tücke zu rächen.

Vorname und Beruf

Da die Suche nach der Wahrheit bei diesen Frauen einen sehr großen Stellenwert einnimmt, werden sie in Berufen glücklich sein, die im weitesten Sinne mit Wahrheit zu tun haben. Zum Beispiel mit der Überwachung von Gesetzen, Arbeitsabläufen und Finanzen. Die Namensträgerinnen sind sehr flexibel und finden sich in jeder Situation des Lebens zurecht.

Stärken

Der Vorname fördert die Glaubwürdigkeit. Wer die Wahrheit liebt, wer gerecht ist, erweckt Vertrauen. Diese Eigenschaften sind die Basis von Anerkennung und Akzeptanz. Da diese Charaktereigenschaften erst im Laufe der Jahre voll ausgeprägt werden, kommen sie erst in der zweiten Lebenshälfte voll zum Zug.

Psychische Förderung durch diesen Vornamen

Dieser Vornamenstyp erzeugt bei den Trägerinnen das Bedürfnis, nach klar vorgegebenen Richtlinien zu leben. Die Ergebnisse ihres Tuns müssen für sie und ihr Umfeld erklärbar und beweisbar sein, so empfinden sie ihre Verantwortung. Die ersten Lebensjahre sind etwas unruhig, geprägt durch einen suchenden Geist und eine vorsichtige Seele, die Angst hat, etwas falsch zu machen. Der richtige Weg muss ja erst gefunden werden. Ist dieser Weg gefunden und sind diese Namensträgerinnen im Besitz von Wissen und Erfahrung, kehren Gleichmut und Stille ein.

Kein Licht ohne Schatten

Meint es das Leben nicht ganz so gut mit diesen Namensträgerinnen, werden sie ständig enttäuscht, so tendieren sie dazu, alles negativ zu sehen und hässlich zu finden. Ihren Mitmenschen gegenüber sind sie nicht ganz ehrlich.

Der Namenstyp in England und den USA

Dieser Vorname verleiht der Trägerin zusätzlich zu den ererbten charakterlichen Grundlagen folgende Eigenschaften:

- die Partynudel
- die Planerin

Dieser Namensträgertyp wird bevorzugt in TV-Serien eingesetzt, in denen es um langwierige Probleme mit der Nachbarschaft geht. Die Darstellerin versucht Konflikte zu lösen, wobei es bei der Wahrheitsfindung zu heiteren Szenen kommt, weil die Ergründung zu Missverständnissen geführt hat.

Der Namenstyp in Frankreich

Dieser Typ ist in Frankreich sehr beliebt. Die Frauen verfügen über ein großes Wissen, können überall mitreden, sind also der ideale Gesprächspartner auf jeder Party und bei Zusammenkünften im Freundeskreis.

In der Mode gehen diese Frauen immer mit dem jeweiligen Trend, sie sind immer en vogue. Im Beruf ist die Kleidung eher unauffällig, in der Freizeit praktisch und bequem.

Abelke	Dörte	Ildiko	Renate	Tatiana
Apollonia	Dolly	Ileana	Rina	Tertia
Bronia	Edelgard	Ilselotte	Rodelinde	Thedamaria
Candida	Egberta	Ireen	Rosabella	Thora
Carmela	Elektra	Joy	Rotraut	Traude
Christine	Elvira	Julischka	Rune	Trix
Claudia	Faith	Luise	Sibylle	Veritas
Coletta	Friedhild	Meinrade	Silja	Vreneli
Cornell	Gerlindis	Naomi	Sonnhild	Waltrada
Cynthia	Gitte	Nele	Stephanie	Winni
Daria	Golda	Odina	Su	Wolftrud
Davina	Gundela	Pulcheria	Swanhilde	Zita
Dionne	Hadelinde	Rautgund	Tabea	

Das ist eine Auswahl. In diese Rubrik gehören auch alle Namen, die im Index der Vornamen die Kapitelziffer 18 tragen.

ELEMENT Wasser
STEIN Smaragd
PLANET Mond
FARBE *Violett, Grün*
beruhigen, *Grau* regt an

MOTTO
Mein Heim ist
meine Burg

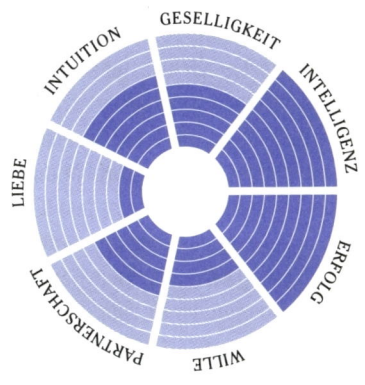

Charakterzüge, die der Vorname verstärkt

Der Vorname verstärkt das Streben dieser Namensträgerinnen nach einer harmonischen Welt. Sie sehnen sich nach Geselligkeit mit aufrichtigen Menschen. Ein Dasein in Harmonie und Ausgleich ist auch der Wunsch für ihr eigenes Leben. Das gelingt nicht immer. Schließlich geben sie sich mit einem Kompromiss zufrieden.

Diese Frauen brauchen die Abwechslung in ihrem Heim. Haben sie die Möglichkeit, mehrere Wohnsitze zu unterhalten, werden sie diese Gelegenheit auf jeden Fall wahrnehmen. Je nach Finanzstärke reicht dies von einem Zelt auf dem Campingplatz über eine Zweitwohnung bis zur Luxusjacht. Veränderung muss sein. Reicht das Geld nicht für größere Aktionen, wird die eigene Wohnung renoviert. Neue Möbel werden gekauft, der Teppichboden wird erneuert, Wände werden versetzt. Ist das alles nicht möglich, ziehen diese Frauen einfach um.

Wille

■ Wille und Beharrlichkeit: Bei ihrer Willensäußerung zeigen sich diese Namensträgerinnen, je nach Intensität der Beeinflussung durch den Vornamen, als »kleine Böckchen«, die stur auf ihrem Willen beharren. Ob sich dies als Vorteil für sie erweist, hängt von ihrer charakterlichen Grundveranlagung ab. Unter Umständen kann diese Beharrlichkeit einen Nachteil im Grundcharakter ausgleichen. Der Wille zur Beharrlichkeit hat aber noch einen zusätzlichen Aspekt: Treue, Verlässlichkeit, Heimatbindung.

■ Wille und Wahrheit: Die Namensträgerinnen spüren instinktiv unaufrichtiges Verhalten ihrer Mitmenschen. Das kann im Alter zur Lebenserfahrung werden, sodass die Namensträgerinnen ihrem Umfeld gegenüber sehr misstrauisch werden können.

■ Wille zur Diskretion: Viele Namensträgerinnen gelten als besonders diskret. Das wird für sie zum »Markenzeichen«.

Vorname und Beruf

Diesen Namensträgerinnen stehen alle Berufe offen. Da sie mit jeder Situation fertig werden, gibt es für sie keine Begrenzungen. Der Vorname begünstigt ein gutes Gedächtnis, eine Voraussetzung für exaktes Detailwissen. Ihre Arbeit erledigen sie äußerst gewissenhaft, Firmengeheimnisse werden von ihnen bewahrt. Im Team sind sie als Allroundkräfte an jedem Platz einzusetzen, wo Zuverlässigkeit und Verschwiegenheit erforderlich sind.

Stärken
Die von diesem Vornamen beeinflussten Namensträgerinnen fallen durch ihre Bindung zum Elternhaus, zur Familie, zur Arbeitsstelle und zur Heimat auf.

Psychische Förderung durch diesen Vornamen
Hier ist die charakterliche Grundlage ausschlaggebend. Viele Namensträgerinnen scheinen zum Alter hin immer sensibler zu werden. Möglicherweise hängt dies mit Enttäuschungen zusammen. Sie sind ständig auf der Suche nach Vertrauten, nach Bewunderung und Herzenswärme. Viele ihrer so genannten Freunde erweisen sich mit der Zeit als nicht die richtigen. Das führt zu Enttäuschung, das schlägt in ihrer Seele Wunden. Oft haben diese Namensträgerinnen große Schwierigkeiten, ihre Gefühle richtig zu zeigen. Vermutlich hängt das mit ihrer Neigung zur Diskretion zusammen.

Kein Licht ohne Schatten
Die in den ersten Lebensjahrzehnten fehlende Menschenkenntnis führt zu den seelischen Wunden im Alter.

Der Namenstyp in England und den USA
Dieser Vorname verleiht der Trägerin zusätzlich zu den ererbten charakterlichen Grundlagen folgende Eigenschaften:
- kämpfende Löwin
- verlässliche Partnerin

Hollywood hat Paraderollen für diesen Typ geschrieben. Rollen, in denen Frauen unter Heuchelei zu leiden haben oder unter den Wirren von Krieg und Vertreibung, werden mit diesem Namenstyp besetzt. Die Frauen glauben an das Gute im Menschen und ertragen und akzeptieren Lügen und Unrecht nur schwer. Für ihre Liebe zur Heimat sind sie auch bereit, Nachteile in Kauf zu nehmen. Praktisch jede große Schauspielerin hat eine solche Rolle zumindest in einem Western gespielt.

Der Namenstyp in Frankreich

Alle Ideale der Demokratie, wie Gemeinsamkeit, Ausgeglichenheit und Gerechtigkeit, vereinen sich für die Franzosen in dieser Gruppe von Vornamensträgerinnen. Im Umgang mit ihren Mitmenschen, Freunden und Freundinnen ist die Namensträgerin als gute Seele geschätzt, der man alles anvertrauen kann. Im Gespräch ergreift sie nicht das Wort, sondern erweist sich als verständige Zuhörerin.

Über die Kleiderfrage zerbrechen sich die Namensträgerinnen nur selten den Kopf. Für sie ist es wichtig, passend und bequem angezogen zu sein. Für den neuesten Modetrend interessieren sie sich kaum. Schmuckstücke, die Verbundenheit mit einem Menschen oder einer Institution signalisieren, werden jedoch gern getragen.

Adalberta	Fritzi	Libussa	Rosamunde	Waldburga
Adda	Gertraut	Lucilla	Sandie	Waltraut
Amarante	Giselberga	Madeline	Sibil	Warwara
Babett	Gracia	Milena	Sieghild	Weerta
Coretta	Gunda	Miroslawa	Sophia	Werngard
Ebba	Ilonka	Noelle	Thekla	Wilhelmina
Ebergunde	Innozentia	Odilberga	Thérèse	Winfriede
Egbertine	Jacintha	Orthia	Topsy	Wolftraud
Ermenhild	Karline	Patrice	Trudhild	Zarah
Fausta	Kathrin	Rahel	Ulrike	Zenobia
Florence	Kunigunde	Rathild	Valeria	
Franka	Lana	Richmute	Volkberta	

Das ist eine Auswahl. In diese Rubrik gehören auch alle Namen, die im Index der Vornamen die Kapitelziffer 19 tragen.

ELEMENT Erde
STEIN Saphir, Topas
PLANET Merkur
FARBE *Violett* beruhigt,
Gelb regt an

MOTTO
Mein Wille bringt mich
ans Ziel

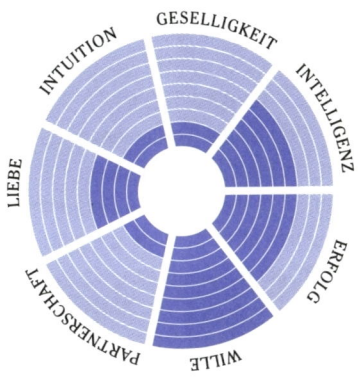

Charakterzüge, die der Vorname verstärkt

Frauen mit diesem Namen werden je nach charakterlicher Ausgangslage sehr starke Persönlichkeiten. Der Wille, es in jedem Fall für sich zum Guten zu wenden, ist bei diesem Typ sehr ausgeprägt. Wenn diese Frauen zum Beispiel eine schwere Kindheit hatten, reifen sie zu Persönlichkeiten, die auf sich aufmerksam machen. Sie setzen sich über alle Vorurteile hinweg: »Ich will es so, also hat es so zu geschehen.«

Diese Namensträgerinnen reagieren aber äußerst empfindlich, wenn sie nicht ständig im Mittelpunkt stehen. Sie wollen Anerkennung und Achtung.

Wille

■ Wille ohne Grenzen: Die Namensträgerin lernt schnell, was sie möchte und wie sie ihren Willen durchsetzen kann. Sie hat keine Angst vor Fehlern, sie ist überzeugt, keine zu machen. Die eigenen Wünsche und Ziele durchzusetzen, wird für sie mit zunehmendem Alter zu einer Frage der Ehre. Ob die Namensträgerin ihre Ziele erreicht oder scheitert, hängt natürlich auch von der charakterlichen Grundveranlagung ab.

■ Wille und Gerechtigkeit: Die Umgebung der Namensträgerinnen stellt sich mit der Zeit darauf ein, dass sie unbeirrt ihren Weg gehen. Die Überzeugung, im absoluten Recht zu sein, trägt sie über alle Kritik hinweg.

Vorname und Beruf

Der Einfluss des Vornamens wirkt sich auch im Beruf aus. Namensträgerinnen, die ihr Selbstbewusstsein und ihren starken Willen zusammen einsetzen können, bestimmen gern, was dem Kunden gefallen sollte. Daher sind diese Frauen in allen Berufen, die mit dem Verkauf von Waren oder Ideen zu tun haben, am richtigen Ort.

Stärken

Diese Frauen sind geeignet, in die letzten beruflichen Männerdomänen einzubrechen. Man begegnet ihnen zunehmend auf Chefetagen und in herausgehobenen Positionen aller Bereiche, auch in der Politik.

Psychische Förderung durch diesen Vornamen

»Zuerst komme ich«, ist die Devise, falls sich der Vorname durch die charakterliche Grundveranlagung voll auswirkt. Ansonsten wird sich dies abgestuft zeigen, bis in den Bereich, in dem es sogar wünschenswert wird, etwas ichbezogen durch den Vornamen gefördert zu werden. Der Einfluss auf die Seele ist offenkundig. Er reicht von schmerzlichen Erfahrungen bis hin zur dringend notwendigen Selbstbestätigung. Dieser Typ des Vornamens kann somit als Regler und Ausgleich angesehen werden.

Kein Licht ohne Schatten

Wer überall dominieren will, wird auch an Grenzen stoßen. Niemand verfügt über unbegrenzte Energie. Wer zu viele Felder gleichzeitig beackern will, läuft Gefahr, nicht überall die volle Ernte einzufahren.

Der Namenstyp in England und den USA

Dieser Vorname verleiht der Trägerin zusätzlich zu den ererbten charakterlichen Grundlagen folgende Eigenschaften:

- selbstbewusste Karrierefrau
- schlaue Füchsin

In den Hollywoodfilmen ist diese Charakterrolle häufig mit großen Frauen der Weltgeschichte besetzt: Johanna von Orléans, Katharina die Große oder auch bürgerliche Führungsfiguren, wie die Heldinnen der Französischen Revolution. Eine historisch jüngere Version dieser Einzelkämpferin wäre Scarlet O'Hara, die starke Frau aus dem Roman »Vom Winde verweht«.

Der Namenstyp in Frankreich

Die heitere französische Gesellschaft erschrickt meist vor diesen Frauen, deren Entscheidungen mit dem Verstand und nicht mit dem Herzen getroffen werden. Man liebt nicht die gründliche Analyse in der Sache. Etwas Risiko macht das Leben lebenswerter.

Die Namensträgerin kann und wird modisch alles tragen. Sie ist der Meinung, dass jeder Mensch selbst bestimmt, was gerade in Mode ist.

Adna	Dina	Geraldine	Ramona	Veronica
Albertina	Donatella	Gerta	Regula	Véronique
Balda	Ehrentraud	Ilsetrude	Sally	Victoria
Bernadette	Elfrun	Ingemarie	Schöntraud	Viktorine
Bonny	Erika	Ita	Sirid	Virginia
Cäcilia	Erla	Janis	Sissy	Waldeberta
Cathérine	Ev	Judith	Sófia	Wendelgard
Chantal	Fanni	Monika	Térèse	Wilgard
Conny	Friedelind	Netti	Theodelinde	Wolfgunde
Dana	Gardi	Oona	Tirza	Ylvi
Dany	Geba	Oxana	Uda	Zelda
Dieta	Geerte	Raffaela	Uschi	

Das ist eine Auswahl. In diese Rubrik gehören auch alle Namen, die im Index der Vornamen die Kapitelziffer 20 tragen.

ELEMENT Erde
STEIN Jaspis, Karneol
PLANET Merkur
FARBE *Hellgelb* beruhigt,
Weiß regt an

MOTTO
Wissen triumphiert

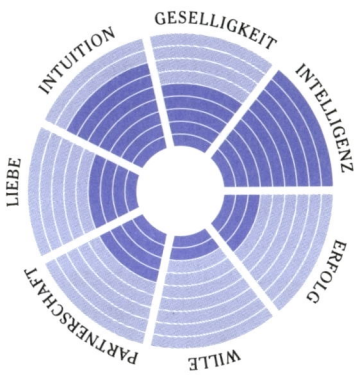

Charakterzüge, die der Vorname verstärkt

Dieser Vorname fördert den Wissensdurst der Namensträgerinnen. Sie sind daher die geborenen Journalistinnen, unermüdlich im Recherchieren und Ergründen von Nachrichten und Wahrheiten. Auch in Wissenschaft und Forschung könnten sie ihre Talente voll ausspielen. Der Wissensdurst ist überaus stark. Probleme scheinen die Namensträgerinnen immer dann zu bekommen, wenn sie von der Umgebung, in der sie leben, nicht anerkannt werden. In solchen Fällen verstärkt offenbar der Name die Neigung zu Nörgeleien.

Wille

■ Wille und Autorität: Diese Namensträgerinnen haben einige Mühe, sich durchzusetzen. Mit Autorität können sie nur wenig erreichen, also versuchen sie es mit Argumenten. Aber das ist nicht jedermanns Sache in ihrer Umgebung. Hinzu kommt, dass die Namensträgerin an allem, was sie als richtig und logisch erkannt hat, unbeirrbar festhält. In langen Diskussionen versucht sie, den Gesprächspartnern zu überzeugen.

■ Wille und Genialität: Namensträgerinnen dieser Gruppe leben im ständigen Zwiespalt zwischen ihrem enormen Wissen und der Verstrickung in Details des Tagesgeschäftes. Hier ist eine Schwachstelle, die der Vornamen begünstigt.

■ Wille und Missionseifer: Im höheren Lebensalter wird das errungene Wissen ständig analysiert und versucht, daraus ein neues Gesetz für das Leben zu formulieren. Die Umgebung wird darunter zu leiden haben.

Vorname und Beruf

Der Vorname begünstigt Berufe, die in weitestem Sinne mit der Forderung nach Genauigkeit zu tun haben. Überall dort, wo es darauf ankommt, etwas genau zu wissen oder genau einzustellen, sollten sich die Namensträgerinnen wohl fühlen. Auch das Talent, hinter die Dinge schauen zu können, ist bei komplizierten Arbeitsabläufen eine Domäne dieser Frauen.

Stärken

Die Stärke liegt im Wissensdurst und in der genauen Umsetzung des Erlernten.

Psychische Förderung durch diesen Vornamen

Der Vorname fördert die Sehnsucht nach Sicherheit und Geborgenheit. Wie stark die seelische Unsicherheit den Wunsch nach Wissen mitträgt, hängt von der charakterlichen Grundveranlagung ab. Die Namensträgerinnen suchen und brauchen die absolute Sicherheit. In einer Lebensgemeinschaft, in der ein Partner die Hilfestellung bei Entscheidungen des profanen täglichen Lebens leistet, sind sie die ideale Ergänzung.

Kein Licht ohne Schatten

Übereifer bei der Suche nach Genauigkeit kann der Namensträgerin Kritik und Gegnerschaft eintragen.

Der Namenstyp in England und den USA

Dieser Vorname verleiht der Trägerin zusätzlich zu den ererbten charakterlichen Grundlagen folgende Eigenschaften:

- die Wissenschaftlerin
- die Frau, die nicht so schnell aufgibt

Der Hollywoodfilm setzt diesen Charaktertyp in erster Linie in Rollen ein, die mit Enthüllungsjournalismus zu tun haben. Im Filmklassiker sind es Frauen, die nicht locker lassen und die unangenehmen Tatsachen an die Öffentlichkeit bringen. Die gesellschaftskritische Suche nach Hintergründen und Wahrheit, so etwa lautet die Formel für diese Filmrollen.

Der Namenstyp in Frankreich

In Frankreich gelten diese Namensträgerinnen als in allen Archiven zu Hause. Von den Intellektuellen geliebt, weil man mit ihnen über Gott und die Welt diskutieren kann. Es sind Frauen, die man sowohl im Beruf als auch in der Freizeit gern um sich hat. Allerdings gilt dies nur für intellektuelle Kreise.

In ihrer Kleidung sind diese Namensträgerinnen eher unauffällig, aber von besonderem Chic.

Adina	Diana	Gretchen	Nanette	Thelma
Afra	Dorle	Gwendolin	Oceana	Titia
Anna	Eberhild	Iljana	Petronella	Urd
Becky	Edeltraud	Jean	Rade	Ursula
Bernharda	Ella	Julia	Radegund	Vicki
Bette	Eva	Laetitia	Regine	Volkhilde
Burgel	Fieke	Lale	Richarda	Waldhild
Céline	Fortunata	Leona	Rubine	Wendeline
Claude	Franziska	Maggy	Schwanburga	Wendula
Corette	Geertje	Meg	Serena	Wernhilde
Dalilah	Geli	Milburg	Simonette	Wulfhild
Dania	Gilda	Nana	Tessa	Yolanthe

Das ist eine Auswahl. In diese Rubrik gehören auch alle Namen, die im Index der Vornamen die Kapitelziffer 21 tragen.

ELEMENT Luft
STEIN Chrysolith, Hyazinthstein
PLANET Venus
FARBE *Blau* beruhigt, *Grün* regt an

MOTTO
Geteilte Freude ist doppelte Freude

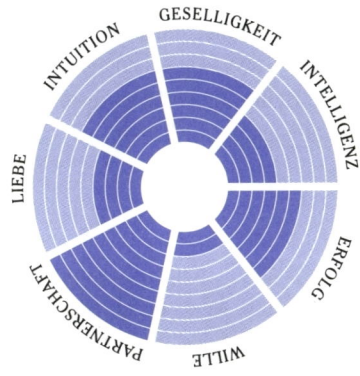

Charakterzüge, die der Vorname verstärkt

Frauen dieses Vornamenstyps sind ideale Partnerinnen, in der Familie ebenso wie im Beruf oder in der Freizeit. Der Vorname verstärkt ihren Gemeinsinn. Dieser wird im Lauf des Lebens immer mehr zu ihrer großen Stärke. In ihrem privaten Umfeld wünschen sie sich möglichst viele gleichgesinnte Partner und Partnerinnen. Das ist ihr Lebensglück.

Wille

■ Wille zur Übereinstimmung: »Einigkeit macht stark.« Das ist eine der Grundüberzeugungen und -erfahrungen dieser Namensträgerinnen. Der Vorname verstärkt die Veranlagung. Stimmen beide überein, sind diese Frauen die geborenen Demokratinnen. Die gemeinsame Idee, die mehrheitliche Meinung sind geradezu Lustobjekte für sie.

■ Wille und Emotion: Der Wille der Namensträgerinnen wird sehr stark durch ihre Gefühle gesteuert. Denn in einer harmonischen Gemeinschaft fühlen sie sich am wohlsten. Allerdings passen sie sich der Gemeinschaft nur in einem für sie akzeptablen Maß an.

Vorname und Beruf

Die Namensträgerinnen sind selten Einzelkämpfer. Auch als Vorgesetzte fühlen sie sich nicht unbedingt glücklich. Aber in einer Gruppe fühlen sie sich stark. Ist die Stimmung im Team besonders harmonisch, laufen die Namensträgerinnen zur Höchstform auf.

Stärken

Ihr ausgeprägter Gemeinschaftssinn ist ihre Stärke. Der Vorname übt seinen Einfluss auf die Namensträgerinnen insofern aus, als sie viele Freundinnen und Freunde haben und brauchen. Beruflich sind sie am besten in einem Team eingebunden. Das bringt sowohl der Gruppe als auch der Namensträgerin große Vorteile.

Psychische Förderung durch diesen Vornamen

Hier spielt die charakterliche Grundveranlagung eine sehr große Rolle. Namensträgerinnen dieser Gruppe können nicht streiten. Für sie muss die Umgebung immer harmonisch sein. Eine im Charakter verankerte Streitlust und Besserwisserei wird durch den Namen so abgemildert, dass sie kaum mehr erkennbar sind. Sie sind als Freundin und Partnerin ideal.

Kein Licht ohne Schatten

Dieser Namenstyp ist keine Kämpfernatur. Sie erleiden viele Nachteile, da sie nicht bereit sind, für ihre Wünsche und Vorstellungen einzutreten. Zum Wohl der Gemeinschaft werden sie immer nachgeben. Sie lassen sich leicht ausnutzen.

Der Namenstyp in England und den USA

Dieser Vorname verleiht der Trägerin zusätzlich zu den ererbten charakterlichen Grundlagen folgende Eigenschaften:

- bunter Gesellschaftsvogel
- intelligente Witzeerzählerin

In den Hollywoodfilmen wird diese Charakterrolle in unzähligen Varianten und in jeder nur denkbaren Familienserie eingesetzt. Diese Frauen sind Mittelpunkt einer Gruppe, der Familienmittelpunkt, die ideale Mutter, die Teilnehmerin eines Gruppenabenteuers. Eine typische Darstellerin dieses Filmcharakters ist Doris Day.

Im Beruf sind es ihr Teamgeist und ihre Kollegialität, die diese Namenstypen so sympathisch machen. Ihre sportliche Fairness bringt ihnen sowohl im Beruf als auch im Sport den Ruf ein, ideale Teamarbeiterinnen zu sein.

Der Namenstyp in Frankreich

Die Franzosen finden diese Frauen sehr charmant und haben sie gern um sich. In Frankreich hat man den Eindruck, dass diese Frauen nur in Gruppen auftreten. Sind sie allein unterwegs, werden sie sich ganz schnell Mitreisende suchen. Auffälligerweise haben sich geradezu Gruppen gebildet, die darauf warten, diese Namensträgerin noch aufzunehmen. Es sind Frauengruppen, die sich aus dem ganzen Charme Frankreichs gebildet haben und in denen jedes Mitglied weiß, dass niemand versuchen wird, die Gruppenherrschaft an sich zu reißen. Zum Mittelpunkt wird man hier nur vorübergehend, wenn ein neuer Freund, ein neuer Mann oder sonst ein Ereignis kommentiert wird. Charmant und liebenswürdig, versteht sich.

Die Kleidung dieser Namensträgerinnen ist leger. Sehr beliebt sind Uniformen oder Partnerlook. Jeder soll sofort sehen: »Hier gehöre ich dazu, hier fühle ich mich wohl und geborgen.« Da eine so auffällige Demonstration der Zugehörigkeit nicht immer möglich ist, wählen sie oftmals unauffälligere Zeichen – ein bestimmtes Tuch, eine Uhr oder auch nur ein Getränk, das man gemeinsam zu sich nimmt.

Aggie	Cölestine	Hedda	Lee	Susette
Alfa	Diethilde	Hede	Lelia	Tabitha
Andrée	Edwina	Hulda	Liddy	Tulla
Angéle	Erkentrud	Ine	Luzie	Ulla
Barbie	Erna	Ingelore	Maike	Urda
Benigna	Evita	Ira	Marieluise	Wilka
Bernhardine	Gebba	Jella	Meli	Wiltrud
Bilke	Georgia	Julienne	Michelle	Xaveria
Bronislava	Gerhilde	Kaj	Mile	
Carrie	Gertrud	Kay	Rena	
Chrysantha	Griselda	Konrada	Rita	
Cläre	Hadelind	Laura	Scholastica	

Das ist eine Auswahl. In diese Rubrik gehören auch alle Namen, die im Index
der Vornamen die Kapitelziffer 22 tragen.

ELEMENT Wasser
STEIN Beryll, Topas
PLANET Pluto
FARBE *Grün* beruhigt,
Dunkelrot regt an

MOTTO
Auf los geht's los

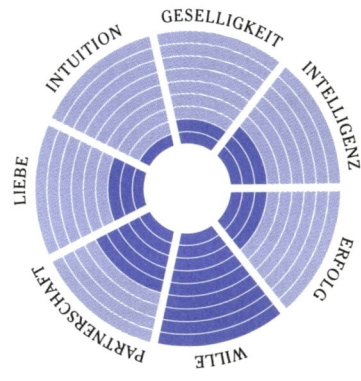

115

Charakterzüge, die der Vorname verstärkt

Der Vorname fördert, je nach charakterlicher Grundveranlagung, den Typ der Johanna von Orléans. Diese Frauen haben einen starken Willen und sind in der Lage, andere für ihre Ideen zu begeistern und mitzureißen. Der Vorname ermöglicht, dass die Namensträgerin eine starke Leitfigur wird, die mit Begeisterung ihr Wissen weitergibt.

Entspricht die Ausgangssituation nicht den Vorstellungen der Namensträgerin, sodass sie ihre Eigenschaften, die der Vorname verstärkt, nicht voll einsetzen kann, dann erlebt die Umwelt sie in innerer Zerrissenheit. Ist alles im Leben für sie in die richtigen Bahnen gelenkt, verleiht der Vorname ungeahnte Fähigkeiten.

Wille

■ Wille und Menschenführung: Dieser Vorname fördert Kraft und Durchsetzungsvermögen. Das Geschick, Menschen zu führen, ergibt sich aus dem Charisma des Namens.

■ Wille und Kreativität: Nur bei wenigen Vornamen ist die Eigenschaft, Ideen in die Tat umzusetzen, so ausgeprägt. Ist eine Idee geboren, gibt es auch kein Halten mehr. Die Namensträgerin versucht die neue Idee ohne zu zögern umzusetzen.

■ Wille und Arbeit: Diese Frauen neigen sehr stark dazu, Arbeitsabläufe zu verbessern. Sie denken sich neue Arbeitsweisen aus, um den Vorgang rationeller abwickeln zu können.

Vorname und Beruf

Dieser Typ Frau ist die große Macherin. Die Namensträgerinnen brauchen eine Aufgabe, bei der die Menschenführung eine unabdingbare Voraussetzung ist. Auch in der Ausbildung können sie ihre Talente entfalten. Im Team engagieren sie sich. Allerdings erwarten sie auch, dass ihr Einsatz anerkannt wird. Bei Vorgesetzten sind sie daher sehr beliebt.

Stärken

Was kann es Stärkeres geben, als genau zu wissen, was man will, und in der Lage zu sein, es auch immer durchzusetzen? Wer mit diesen zwei Gaben von seinem Vornamen unterstützt wird, müsste es im Leben weit bringen.

Psychische Förderung durch diesen Vornamen

Wo so viele Schwerpunkte auf nach außen gerichtete Fähigkeiten hindeuten, kommt der seelische Aspekt zu kurz. »Ich weiß, was ich will, und ich gehe unbeirrt meinen Weg«, ist der Leitspruch dieser Namensträgerinnen. Gefühle haben in dieser Kombination wenig Platz. In jungen Jahren können die Namensträgerinnen dies noch gut überdecken, weil die Lebensinteressen in der Jugend ohnehin der Entdeckung der Gefühle gelten. Im Berufsleben ist es anders. Da sieht aber niemand genauer hin. Wenn dann im Alter das Berufsleben vorbei ist, merken die Namensträgerinnen, dass sie sich innerlich wieder beleben sollten.

Kein Licht ohne Schatten

Wenn das Schicksal die Vorgaben der Talente nicht synchronisiert hat, kommen diese Frauen in Schwierigkeiten. Manchmal versagt das Schicksal den Namensträgerinnen die Umsetzung ihres Willens. Geschieht dies, werden sie bitter und scharfzüngig.

Der Namenstyp in England und den USA

Dieser Vorname verleiht der Trägerin zusätzlich zu den ererbten charakterlichen Grundlagen folgende Eigenschaften:

- Macherin
- Chefin
- die Freundin, auf die man sich verlassen kann

In den Filmrollen Hollywoods wird dieser Typ nicht so oft gezeigt, da Frauen nur selten in Kriegsfilmen oder gar im Kampfeinsatz gezeigt werden. In Piratenfilmen würde sie die weibliche Hauptrolle spielen – aber nicht als Opfer, sondern als Freibeuterin.

Ab und an sieht man Frauen dieses Namenstyps die Pionierin spielen, die Frau der ersten Stunde. Sie handelt schnell, packt überall mit an, kann fast alles.

Der Namenstyp in Frankreich

Diesen Frauentyp trifft man in Frankreich eher im Fitnesscenter oder am Meer an. Dort können sich die Namensträgerinnen am ehesten verwirklichen. Die Franzosen sehen diesen Typ der Namensträgerin als eine durchtrainierte Frau, die gern Wasserski läuft oder beim Windsurfen dabei ist.

Für die Franzosen ist sie nicht typisch. Man vermutet hinter diesem Typ immer eine Spionin oder Detektivin, die von der eigenen Ehefrau geschickt wird. Sie kann sehr gut ausfragen, ihr entgeht kaum etwas, sie durchschaut fast alles.

Diese Frauen gehen nur dann mit dem Trend, wenn bequeme, leichte Mode angesagt ist. Alles, was sie tragen, muss locker, luftig, leicht sein, darf nicht einengen und nicht behindern.

Adela	Christina	Hadmut	Lia	Runa
Agatha	Dagny	Hannerose	Lilo	Sebalde
Alberta	Dora	Helke	Lola	Silva
Almut	Dragica	Hetty	Lynn	Sitta
Asta	Elin	Hortensia	Maddy	Sue
Bella	Emma	Imme	Matilda	Talitha
Berte	Emmy	Inge	Maximiliane	Tonja
Bille	Eusebia	Isa	Mumme	Valli
Blanka	Florentine	Iwana	Neele	Vivi
Briddy	Geralde	Janina	Olli	Walli
Brigida	Gitta	Joan	Petula	Wera
Britt	Guda	Kaja	Raute	Wigburg
Cella	Gun	Lena	Richmodis	

Das ist eine Auswahl. In diese Rubrik gehören auch alle Namen, die im Index der Vornamen die Kapitelziffer 23 tragen.

ELEMENT Feuer
TIERKREIS Fische
STEIN Lapislazuli, Karneol
PLANET Jupiter
FARBE *Blau/Blauviolett* beruhigt , *Gelb* regt an

MOTTO
Mein Schicksal
bestimme ich

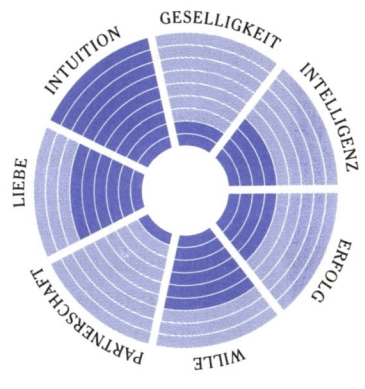

INTUITION GESELLIGKEIT INTELLIGENZ LIEBE ERFOLG PARTNERSCHAFT WILLE

119

Charakterzüge, die der Vorname verstärkt

Der Vorname verstärkt bei diesen Frauen die Neigung zu Bedächtigkeit und Behutsamkeit. Das hängt natürlich von den charakterlichen Grundanlagen ab. Manches Mal gleicht der Vorname nur aus, ein anderes Mal verstärkt er die Grundanlagen. Ein sehr hoher ethischer Anspruch resultiert aus der Verstärkung durch diesen Vornamen: »Ich möchte mir selbst ins Gesicht sehen können, ohne mich schämen zu müssen.« Oder: »Mein Tun und Lassen muss richtig und fair sein, nicht der Hauch eines Zweifels darf daran bestehen.« Entsprechend verstärkt können diese Namensträgerinnen als Schlichterinnen von Streitigkeiten agieren. Ihr Talent, sich anzupassen, ist sehr ausgeprägt.

Wille

■ Wille und Behutsamkeit: Der Vorname fördert die Namensträgerinnen in Richtung Edel- und Großmut. Ihnen ist das Wohl ihrer Umgebung sehr wichtig.

■ Wille zum Ausgleich: Eigene Wünsche und Ziele werden nie mit Gewalt durchgesetzt. Die Namensträgerinnen versuchen den Ausgleich zu finden, der alle zufrieden stellt. Diese Neigung, in Harmonie mit ihrer Umwelt zu leben, findet sich sowohl im Hinblick auf die Familie als auch im Beruf.

■ Wille und Weisheit: Im Alter werden diese Frauen zur gütigen und weisen Beraterin. Sie haben gern die Sicherheit eines kleinen Vermögens, das muss aber ebenmäßig und ohne Zwang erreicht werden.

Vorname und Beruf

Der Vorname verleiht den Namensträgerinnen die Möglichkeit, in jedem denkbaren Beruf ihre Erfüllung zu finden. Je vielseitiger die Meinungen, die sich zu einem Ziel vereinen lassen oder vereinigt werden müssen, desto stärker wird die Vermittlerrolle dieser Namensträgerinnen sichtbar. Gilt es, aufgebrachte Kunden zu reharmonisieren oder eine verfahrene Konferenz wieder in die richtige Richtung zu lenken, dann wird sich die Veranlagung dieses Vornamenstyps besonders auffällig zeigen. Ein weiterer Aspekt, der nicht übersehen werden darf: Nur aus der Harmonie heraus können diese Frauen neue Dinge angehen und erledigen.

Stärken

Die Namensträgerinnen schaffen es wie kaum jemand anderes, unterschiedliche Positionen unter einen Hut zu bringen. Eine weitere Stärke der Namensträgerin liegt in ihrer Geselligkeit und ihrem Image, geduldige Zuhörerin zu sein, die nicht den Konflikt sucht.

Psychische Förderung durch diesen Vornamen

Der Vorname fördert das Verständnis seelischer Vorgänge des Gesprächspartners. Er steigert die Fähigkeit, äußerst behutsam und mit intuitivem Gespür die jeweilige Lage auszuloten und die richtige Art und Weise zu ergründen, wie geholfen werden kann. Diese Frauen lieben ihre Mitmenschen und bringen ihnen große Freundschaft entgegen. Mit zunehmendem Alter wird die Beschäftigung mit Religionen und Weltanschauungen zur Nahrung für ihre Seelen.

Kein Licht ohne Schatten

Sind die ersten Lebensjahre für die Namensträgerin nicht harmonisch verlaufen oder haben sie schlechte Erfahrungen gemacht, dann flüchten sie sich in eine Fantasiewelt. Sie bauen sich eine Scheinwelt auf, die sie mit allen Mitteln verteidigen.

Der Namenstyp in England und den USA

Dieser Vorname verleiht der Trägerin zusätzlich zu den ererbten charakterlichen Grundlagen folgende Eigenschaften:

- die Vorsichtige
- die selbstlose Helferin
- eine Frau, die ihr Ziel im Auge behält

Der Hollywoodfilm identifiziert diesen Typus mit der Helferin in jeder Notlage. Diese Frauen stehen ihrer Nachbarschaft oder ihren Mitarbeitern immer mit Rat und Tat zur Seite, wenn nötig auch mit körperlichem Einsatz. Sie lösen alle Probleme in ihrem Umfeld. Daher findet man diesen Typ in den Familienserien des Fernsehens in den unterschiedlichsten Kostümen. Die wichtigste Aufgabe dieser Frauen besteht darin, verfahrene Situationen wieder zu harmonisieren. Als Partygast machen sie jede Alberei mit, sind immer gut drauf und kommen bei allen gut an.

Der Namenstyp in Frankreich

In Frankreich hat man diesen Namenstyp gern um sich. Die humorvolle und leichte Art, auch die kompliziertesten Dinge des Alltags anzugehen, macht diese Frauen zu gern gesehenen Mitmenschen. Als Partnerin sind sie mitfühlend und weitherzig und daher ideal.

Bei Geselligkeiten sind diese Frauen sehr beliebt. Sie haben ein großes Talent zum Reden und sind gleichzeitig sehr gute Zuhörerinnen, die für jedes Problem ein offenes Ohr haben.

In der Kleiderfrage sind diese Namensträgerinnen nicht zurückhaltend. Ein bisschen auffallen, das macht ihnen Spaß. Sie folgen aber nie einer extremen Moderichtung, die zu Diskussionen führt.

Abby	Bele	Fiene	Lenja	Penny
Adelaide	Bibi	Fleur	Liane	Priscilla
Adolfa	Britta	Genia	Ludwiga	Rica
Alena	Caren	Gladys	Mai	Salvia
Aline	Chiara	Grazia	Mandy	Sarah
Ama	Clelia	Grete	Marketa	Sonntraud
Amy	Eberta	Gritt	May	Svea
Annele	Edwige	Hanne	Mélanie	Tasja
April	Elke	Hertha	Melody	Walburga
Asja	Enid	Judica	Mia	
Babette	Erle	Jule	Mine	
Bärbel	Fatima	Kira	Nora	

Das ist eine Auswahl. In diese Rubrik gehören auch alle Namen, die im Index
der Vornamen die Kapitelziffer 24 tragen.

ELEMENT Erde
STEIN Chrysolith, Achat
PLANET Venus
FARBE *Orange* beruhigt,
Gelb regt an

MOTTO
Nur keinem auf die
Füße treten

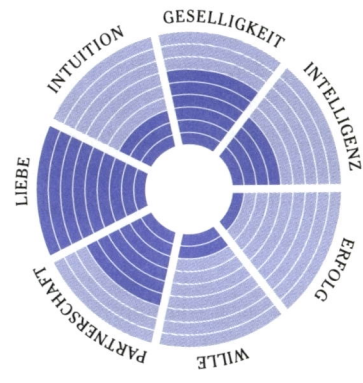

Charakterzüge, die der Vorname verstärkt

Der Vorname fördert das Gefühlsbetonte in der Namensträgerin. Je nach charakterlicher Grundveranlagung schwelgen diese Frauen so richtig in Gefühlen. Dabei sind sie ständig auf der Suche nach Gleichgesinnten, denn gemeinsam in Gefühlen baden, so empfinden sie es, ist schöner. Empfindungen im Duett oder in einer noch größeren Gruppe auszuleben ist so richtig nach ihrem Geschmack. Diese Namensträgerinnen haben eine große Seele, was aber nicht sofort sichtbar ist. Erst wenn man sie sehr gut kennt, merkt man, wie viel Tiefe vorhanden ist. Gefühle sind unstet, daher sind diese Namensträgerinnen ständig in Bewegung, wie die Wellen des Meeres. Ihre Mitmenschen haben sich also immer wieder auf wechselnde Stimmungen einzustellen.

Wille

■ Wille mit viel Gefühl: Der Wille der Namensträgerinnen ist nie auf nur ein Ziel gerichtet. Je nach Gefühl und Stimmung engagieren sie sich für eine Idee oder eine Empfindung, die in ihnen gerade aktuell ist.

■ Wille und Schönheit: Zu den Dingen des Lebens, die mit Glücksempfindungen verbunden sind, gehört das Kompliment. Ein gesunder, junger, durchtrainierter Körper verleiht ein gutes Gefühl, weil dieses durch Komplimente laufend bestätigt wird. Die von diesem Vornamen geförderten Frauen versuchen die Jugend festzuhalten, sich einen schönen Körper zu erhalten, um möglichst lange in diesem Glück der Gefühle zu leben. Das erreichen sie durch Sport und Fitnesstraining. Sie wollen körperlich – und dadurch auch seelisch – immer topfit sein.

Vorname und Beruf

Da diese Frauen sehr körperbezogen sind, findet man sie häufig in Berufen, die mit Schönheit und Sport zu tun haben. Je nach den Gegebenheiten ihres Lebens arbeiten sie in oder sind Besitzer von Fitnessstudios, Haarsalons und Kosmetiksalons. Zur Schönheit gehören auch Kleidung und Schmuck, also findet man sie auch in Berufen, die mit der Herstellung dieser Dinge zu tun haben. Falls dies nicht möglich ist, wird außerberuflich die Nähe solcher

Tätigkeiten gesucht, die mit Schönheit verbunden sind. Im Team stehen diese Frauen nie an der Spitze, auch bringen sie selten Unruhe in die Gruppe. Man erwartet, dass sie ihre Arbeit erledigen.

Stärken

Je nach charakterlicher Grundveranlagung liegt die Stärke dieser Namensträgerinnen in der Herstellung von Kontakten aufgrund von Sympathie, die man ihnen entgegenbringt. Diese Frauen verfügen über einen ausgezeichneten Geschmack. Sie können mit jedem gut auskommen, daher findet man sie immer in Gruppen, sie sind nie isoliert.

Psychische Förderung durch diesen Vornamen

Je nach charakterlicher Grundveranlagung fördert der Vorname den Spaß am Leben. Die Jugend wird von dieser Namensgruppe als Sturm- und Drangzeit ausgelebt. Alles wird mitgemacht, ausprobiert und ergründet. Die Seele lebt, wenn der Tanzboden erbebt. Doch mit zunehmendem Alter wird die Seele des Tanzbodens müde. Im Alter suchen die Namensträgerinnen das Glück in der Häuslichkeit. In den eigenen vier Wänden versuchen sie nun ein perfektes Heim für ihre Seele zu schaffen. Aber ganz vom Tanzboden werden sie nicht lassen können. Dann entwickeln sie eine Vorliebe für Treffs in Cafés oder Kränzchen.

Kein Licht ohne Schatten

Da Schönheit und Makellosigkeit nicht bis ins Alter erhalten bleiben, treten mit den Jahren oft seelische Zweifel und Probleme auf. Vielleicht sollten die Namensträgerinnen lernen, mehr Wert auf die innere Schönheit zu legen.

Der Namenstyp in England und den USA

Dieser Vorname verleiht der Trägerin zusätzlich zu den ererbten charakterlichen Grundlagen folgende Eigenschaften:
- die Schöne
- die Gefühlvolle

In Filmen sind diese Frauen überall dort zu finden, wo Schönheit im Mittelpunkt steht. Daher werden die Filmrollen so angelegt, dass ein schöner, sportlicher Körper inmitten einer spannenden Handlung zu sehen ist.

Der Namenstyp in Frankreich

Es ist keine Frage, dass dieser Typus in Frankreich sehr beliebt ist. Diese Beliebtheit zieht sich durch alle Alterstufen: die Geliebte in der ersten Lebenshälfte, im Alter die große, weise alte Dame, die für alle ein offenes Ohr hat und für jeden einen guten Rat.

Die Schauspielerin Jeanne Moreau ist die filmische Verkörperung dieses Typs.

Diese Frauen gehen in jüngeren Jahren stets mit der Mode. Alles, was schön und teuer ist, wird bevorzugt. Das Outfit darf ruhig auffallen und abgehoben sein. »Mit meinem Aussehen stehe ich im Mittelpunkt.« Nach dieser Devise leben diese Namensträgerinnen, so lange sie können. Dann wechseln sie in die Rolle der Dame, der man ihr Alter nicht ansieht.

Adelhilde	Bruna	Folke	Julie	Margalita
Aida	Burghilde	Fricka	Jytte	Marleen
Aischa	Carlota	Friedelinde	Käthe	Martha
Alessa	Chloe	Griseldis	Karola	Meina
Alfrun	Concha	Gritta	Konstantine	Mignon
Amabel	Cordula	Herta	Kore	Naemi
Amanda	Della	Iris	Lätitia	Natalie
Ana	Diane	Ishilde	Lil	Ninotschka
Anne	Dietmute	Istrud	Lou	Piroschka
Annelene	Else	Iwanka	Ludmilla	Seffa
Arlette	Erdmuthe	Jarka	Malwine	Selma
Billhild	Éve	Josephine	Maresa	Siri

Das ist eine Auswahl. In diese Rubrik gehören auch alle Namen, die im Index der Vornamen die Kapitelziffer 25 tragen.

ELEMENT Feuer
STEIN blauer Saphir, Karbunkel
PLANET Jupiter
FARBE *Blau* beruhigt, *Rot/Purpur* regt an

> **MOTTO**
> Ich erreiche alles, was ich will

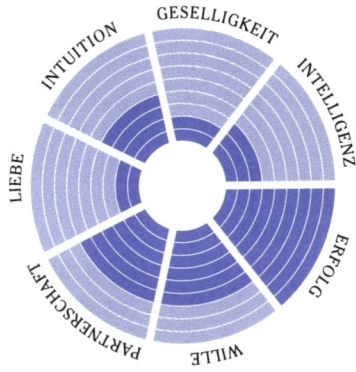

Charakterzüge, die der Vorname verstärkt

»Der erste Platz ist der richtige für mich – und nur der erste.« Nach dieser Devise gehen diese Namensträgerinnen vor, wenn sie die volle Förderung ihres Vornamens erfahren. Ihr Wille, immer die Erste und die Beste zu sein, bricht schon in sehr früher Kindheit durch. Dieser Drang, immer oben zu stehen, fördert die betreffende Namensträgerin ungemein und spornt sie zu Höchstleistungen an – in der Schule, im Beruf und im Sport. Die Kehrseite der Medaille sind viele Feinde; bei Siegen muss es auf der anderen Seite Verlierer geben. Diese Verlierer sind den Namensträgerinnen, die sie womöglich vom Thron gestoßen haben, nicht sehr wohlwollend gesonnen. Die Erziehung kann den Willen zum Siegen kaum bremsen, er wird immer durchkommen. Im Laufe der Jahre lernen diese Namensträgerinnen, dass sie nicht nur Freunde haben, sondern dass es auch Menschen gibt, die ihnen nicht so ganz wohlgesonnen sind.

Wille

■ Wille zum Sieg: Die Erste und Beste zu sein, ist mit ständigem Kampf und mit dauernder Anstrengung verbunden. Einen ersten Platz erreicht man nicht ohne Mühen. Diese Erfahrungen müssen diese Namensträgerinnen machen.

■ Wille und Grenze der Belastbarkeit: Die Vornamensträgerinnen gehen unbeirrt auf ihr Ziel los. Sie sind nicht in der Lage, diesen Willen zu bremsen. Wer das Sagen hat, hat auch Recht, ist die Meinung dieser Gruppe.

Vorname und Beruf

Bei diesen Namensträgerinnen wird die Neigung gefördert, sich zu verbessern, gesellschaftlich und beruflich weiterzukommen. Berufe, die keine Aufstiegs- oder Entwicklungsmöglichkeiten bieten, werden von den Namensträgerinnen nach Möglichkeit gemieden. Der Vorname fördert den Ehrgeiz. Vereint man mehrere Namensträgerinnen aus diesem Typ in einem Team, werden sie sich gegenseitig zu Höchstleistungen aufstacheln. Eine ideale Situation für die Chefs. Doch es gibt im Leben viele Situationen, in denen es für diese Frauen nicht möglich ist, den ersten Platz einzunehmen. Hier entsteht Konfliktpotenzial. Im Laufe des Lebens, durch Berufserfahrung, relativiert sich das.

Stärken

Energie und Ehrgeiz sind die von diesem Vornamen geförderten Stärken. Wo ist das Ende der Karierreleiter? Dorthin will ich. Die Namensträgerinnen können Maßstäbe setzen, die dann für andere zur Norm werden. Sie sind somit auch als Vorbilder stark.

Psychische Förderung durch diesen Vornamen

Der Antrieb wird durch diesen Vornamen zusätzlich zur charakterlichen Grundveranlagung gefördert. Auch eine gute Kämpferin wird einmal müde. Mit dieser Angst leben diese Namensträgerinnen. Das kann zur psychischen Belastung werden. Gerade bei dieser Gruppe wird sichtbar, dass der ständige Kampf an der Lebensenergie zehrt. Mit zunehmendem Alter wird das Verhältnis von Arbeit und Freizeit zugunsten der Arbeit vergrößert. Dann hängt alles davon ab, wie stark die Psyche ist und wie gut sie eine solche Situation auf Dauer verkraften kann.

Kein Licht ohne Schatten

Wird diesen Frauen der Weg zu Aufstieg und Anerkennung versagt, suchen sie sich andere Kanäle. Ihr Potenzial an Energie und Tatkraft schlägt dann in Zerstörungswut, Kritik an Bestehendem und Intoleranz um.

Der Namenstyp in England und den USA

Dieser Vorname verleiht der Trägerin zusätzlich zu den ererbten charakterlichen Grundlagen folgende Eigenschaften:

- eiskalte Geschäftsfrau
- berechnend
- leidenschaftlich

Die Filmrollen Hollywoods für diesen Frauentyp sind eine Mischung aus der Pionierfrau des Wilden Westens und der modernen Unternehmerin. In

Western lässt man sie als Inhaberin eines Salons auftreten, die sich mit der Männerwelt wegen der Geschäftsanteile auseinander setzt. Man kann sie auch als Kämpferin für die Gleichberechtigung der Frauen ansehen.

In England und den USA gelten diese Frauen als extrem starke Persönlichkeiten im Team. Sie werden überall dort eingesetzt, wo es gilt, für das Unternehmen oder die Lösung der gemeinsamen Aufgabe Steine aus dem Weg zu räumen oder Neuland urbar zu machen.

Der Namenstyp in Frankreich

Die emanzipierte Frau wird in Frankreich nicht so gern gesehen. In bestimmten Situationen benötigt man auch dort diesen Frauentyp, immer dann, wenn zum Wohl der Allgemeinheit ein schwieriges Ziel erreicht werden muss. Dort gehen sie voran. Bei der Revolution stiegen sie als eine der Ersten über die Barrikaden. Da aber in Frankreich ansonsten gern und gut gelebt wird, stören Kämpferinnen eher. Sie werden gebraucht, man akzeptiert sie, aber man liebt sie nicht.

In der Mode gilt für sie: Mit der Kleidung nur nicht auffallen. Das Outfit wird den jeweiligen Gegebenheiten angepasst. Das typisch Frauliche fehlt.

Adeltraud	Claudette	Gila	Ivette	Margot
Aggy	Conchita	Giovonna	Jadwiga	Mariangela
Aina	Crescentia	Gisberta	Jarla	Maribelle
Alla	Davida	Gratia	Jenni	Marilene
Aloysia	Diethild	Grietje	Jill	Marit
Anita	Dörthe	Guntrade	Kate	Marula
Annabella	Doris	Haike	Katerina	Marzella
Annegret	Edel	Hela	Kleo	Meinharde
Annie	Ehrengard	Helgard	Lili	Mieke
Arista	Elfi	Hertwiga	Lisa	Mona
Arntraut	Eliza	Hilma	Lore	Nelli
Bertrada	Felizia	Ilsa	Lucinde	Nicolle
Betty	Frizzi	Ingetrud	Madge	Ota
Blanche	Gemma	Irmgard	Maggie	Otti
Cilia	Gerke	Isis	Maren	Ozeana

Das ist eine Auswahl. In diese Rubrik gehören auch alle Namen, die im Index der Vornamen die Kapitelziffer 26 tragen.

ELEMENT Erde
STEIN Onyx, Amethyst
PLANET Saturn
FARBE *Indigo* beruhigt, *Braun* regt an

MOTTO
Nur in einer friedvollen Umgebung fühle ich mich wohl

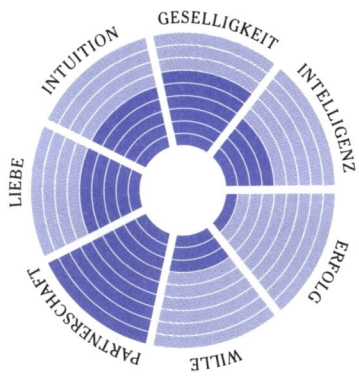

Charakterzüge, die der Vorname verstärkt

Der Vorname verstärkt den Wunsch der Namensträgerin nach Harmonie und Frieden. Missstimmung und Unfriede werden als belastend empfunden. Je nach charakterlicher Grundveranlagung versuchen die Namensträgerinnen dieses Wunschbild für sich umzusetzen und für andere Menschen durchzusetzen. Dafür nehmen diese Frauen viel Unbill auf sich. Man beobachtet, dass sie auch bereit sind, einen dornigen Weg zu gehen.

Der Vorname fördert bei den Namensträgerinnen den analytischen Verstand, mit dem sie die auftretenden Schwierigkeiten bewältigen. Sie werden immer versuchen, einen Weg zu finden, damit alle einverstanden und glücklich sein können.

Im Laufe des Lebens lernen die Namensträgerinnen, dass das Durchsetzen der eigenen Vorstellung meist nur Unfriede bringt. So werden sie Meisterinnen in der Suche nach harmonischen Lösungen.

Wille

■ Wille und Harmonie: Der Wunsch nach Harmonie ist bei diesem Namenstyp sehr stark ausgeprägt. Gleichzeitig haben diese Frauen die Angewohnheit, einen Weg, den sie als richtig ansehen, mit Fanatismus zu verteidigen und anderen vorzuschreiben.

■ Wille und Gerechtigkeit: Ihren Wunsch nach Gerechtigkeit vertreten diese Frauen mit Starrsinn. Unrecht muss auf jeden Fall bestraft werden, es kann nicht einfach so hingenommen werden, Sühne muss sein.

Vorname und Beruf

Es gibt genügend Berufe, bei denen es auf genaue Arbeit, exaktes Erarbeiten von Plänen und striktes Einhalten von Vorschriften und Gesetzen ankommt. In all diesen Berufen sind diese Namensträgerinnen die ideale Besetzung.

In einer Gruppe übernehmen diese Frauen die Funktion der Kontrolleurin, die darüber wacht, dass alle Arbeiten zum Wohl der Allgemeinheit oder der Firma ausgeführt werden.

Stärken

Der Vorname verstärkt die Tendenz zur Genauigkeit. Mit viel Begeisterung gehen diese Namensträgerinnen ans Werk.

Psychische Förderung durch diesen Vornamen

Dieser Vorname fördert den Gleichklang von Körper und Seele. Meist spielen beide aber unterschiedliche Melodien, sodass sich die Namensträgerinnen nach Geborgenheit und Häuslichkeit sehnen. Von der charakterlichen Grundveranlagung hängt es ab, wie hoch der Leidensdruck der Namensträgerinnen wird und wie sie damit fertig werden können.

Kein Licht ohne Schatten

Können die positiven Lebensziele nicht erreicht, die Harmonie nicht verwirklicht werden, dann zweifeln diese Frauen an sich selbst und geben sich auf.

Der Namenstyp in England und den USA

Dieser Vorname verleiht der Trägerin zusätzlich zu den ererbten charakterlichen Grundlagen folgende Eigenschaften:
- Hausfrau und Mutter
- gutmütige Ratgeberin

In England und den USA sieht man diesen Frauentyp in den Filmrollen, die den Traum vom guten Leben in Harmonie und Häuslichkeit preisen. Die brave Frau, die dem Marshall treu bleibt, obwohl er ständig im Sattel sitzt und Ganoven jagt. Immer wieder verspricht er ihr, den Job an den Nagel zu hängen und nur noch zu Hause zu bleiben, und sie glaubt ihm immer wieder.

Der Namenstyp in Frankreich

In Frankreich gelten Schönheit, Gerechtigkeit, gutes Leben als Ideale. Wo also können sich diese Namensträgerinnen wohler fühlen als dort?

Diese Frauen passen sich immer den Launen der Mehrheit an. Sind alle fröhlich, sind sie es auch, sind alle traurig, werden auch sie ein bisschen weinen.

Ihre Kleidung ist praktisch, ohne Klimbim, dem Zweck entsprechend.

Abelina	Bendine	Dorte	Klaudine	Magdalena
Adelburga	Berlinde	Edith	Kosima	Margaret
Adéle	Bina	Elske	Krista	Margery
Agathe	Briga	Helena	Laureen	Maria
Alda	Brunhilde	Helmke	Lavinia	Marita
Alma	Claudine	Ingetraud	Lene	Marja
Amalgund	Corinne	Inken	Letta	Martine
Andel	Cosima	Irene	Lida	Mila
Angela	Danielle	Ise	Liesbeth	Molly
Annina	Darja	Karsta	Linde	Nelda
Areta	Diotima	Kirsten	Luitwine	Rosalia
Beata	Donata	Klara	Lulu	Selina

Das ist eine Auswahl. In diese Rubrik gehören auch alle Namen, die im Index der Vornamen die Kapitelziffer 27 tragen.

ELEMENT Luft
STEIN blauer Saphir
PLANET Uranus
FARBE *Hellblau* beruhigt,
Lila und *Gelb* regen an

MOTTO
Ich überwinde
alle Hürden

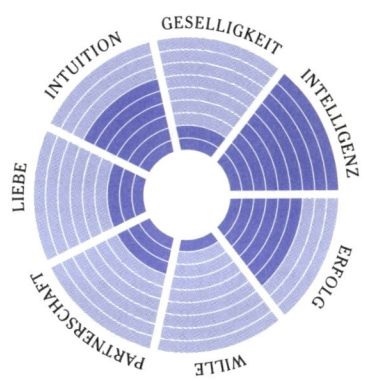

Charakterzüge, die der Vorname verstärkt

Der Vorname fördert die Bereitschaft zur Neugier. »Wissen ist Macht«, steht wohl auf dem Lebensbanner dieser Namensträgerinnen. Ihnen genügt es nicht, nur das Wissen zu beherrschen, das ihnen beigebracht wird, nein, sie wollen immer noch ein bisschen mehr erreichen, immer noch ein bisschen gescheiter sein als die anderen. Das erreichen sie nur dadurch, dass sie sich einen großen Teil ihres Wissens selbst beibringen. Dieses Wissen wird dann bis zur Perfektion ausgebaut. Auch Arbeiten, die sie erledigen, werden bis ins kleinste Detail perfekt ausgeführt. Schlamperei und Hudelei gibt es bei dieser Namensgruppe nicht.

Namensträgerinnen dieser Gruppe fordern niemals lautstark die Erfüllung ihrer Wünsche und Vorstellungen ein, sie gehen ruhig und bescheiden vor. Ihre Mitmenschen tun gut daran, ganz genau hinzuhören, wenn von dieser Gruppe eine Bitte vorgetragen wird; sie müssen lernen, zwischen den Worten zu hören. Wird dieses »heimliche Flehen« nicht verstanden, ziehen sich die Namensträgerinnen beleidigt zurück.

Wille

■ Wille und Sanftheit: Eigentlich hat man den Eindruck, diese Namensgruppe habe gar keinen eigenen Willen, aber der Schein trügt. Es ist nur ihre unaufdringliche, ruhige Art, die diesen Eindruck entstehen lässt.

■ Wille zur Logik: Gibt es für sie nichts mehr zu diskutieren, bringen sie ihre Umwelt schnell auf ihre Art dazu, das zu tun, was sie für richtig halten. Ihr großes Wissen dient ihnen als Fundus für ihre Überzeugungsarbeit.

Vorname und Beruf

Berufe, die theoretisches Können vor handwerkliche Fähigkeiten setzen, werden von diesen Namensträgerinnen bevorzugt. Wenn der Beruf auch noch Variation und Wechsel bietet, sei es durch Reisen oder ständig wechselnde Aufgaben, ist er für sie optimal. Sie lieben es, ständig gefordert zu werden, und sind auch bereit, bis an ihre Schallmauer zu gehen. Eine Eigenschaft dieser Frauen ist es, Überlegungen und Arbeitsvorgänge immer wieder durchzugehen, bis auch die kleinsten Fehler ausgemerzt sind. Perfektion ist für sie oberstes Gebot.

Diese Frauen lassen sich sehr schnell für ein Objekt begeistern, finden es aber genauso schnell uninteressant, wenn keine zusätzlichen Informationen daraus zu gewinnen sind.

Auf jeder Party glänzen sie durch kluge und witzige Gesprächsbeiträge. Sie sind immer gern gesehen.

Stärken
Die Namensträgerinnen verstehen es ausgezeichnet, andere durch Plausibilität mitzureißen. Sie halten sich für alle neuen Gedankengänge offen.

Psychische Förderung durch diesen Vornamen
Der Vorname fördert den allgemeinen Wunsch nach Friede, Freude, Harmonie. Je nach charakterlicher Grundveranlagung ist der Wunsch nach Gleichklang von Körper, Geist und Wissen ausgeprägt. Um die Seele geht es weniger, solange die Namensträgerin sich verwirklichen kann.

Kein Licht ohne Schatten
Namensträgerinnen, die von der Welt enttäuscht wurden, leiden mit Herz und Verstand. Diese Kombination kann sehr belasten.

Der Namenstyp in England und den USA
Dieser Vorname verleiht der Trägerin zusätzlich zu den ererbten charakterlichen Grundlagen folgende Eigenschaften:
- intelligente Gesprächspartnerin
- Motivationskünstlerin

In England und den USA sind diese Frauen auf jeder Party vertreten. Sie sind die kluge, intelligente Gesprächspartnerin. Im Beruf sind sie Vordenker, die sich nicht scheuen, neue Wege zu beschreiten.

Der Hollywoodfilm zeigt diese Charaktertypen in Rollen, in denen sie in Büroberufen tätig sind. Entscheidend ist aber eine Mischung aus Verstand und Weiblichkeit, daher kann dieser Charakter beispielsweise auch in der Rolle der Anwältin oder Ärztin erscheinen.

Der Namenstyp in Frankreich

In Frankreich findet man diesen Typ häufig in Paris vor. Er ist das weibliche Pendant zum Gauloise-Typ. Franzosen sind fasziniert von Intelligenz und Sprachgewandtheit.

Gerade Künstler umgeben sich gern mit diesem Typ Frau, denn in seinen Kreisen ist sie wegen ihres großen Wissens beliebt und ein gern gesehener Gast.

Ihre Kleidung ist eher maskulin und nüchtern. Da ist nichts Verspieltes, wie es viele andere Frauen lieben.

Adelinde	Aurelia	Ditte	Irmtrud	Metta
Adriane	Beka	Elena	Isadora	Mirella
Agie	Berta	Eliette	Ismunde	Othilde
Aglaja	Birgitta	Ellice	Jeannine	Paula
Agnete	Brenda	Emerentia	Lill	Pearl
Alea	Caritas	Gunn	Lisl	Pia
Aletta	Carmen	Hadmute	Lizzy	Rebekka
Alida	Christl	Harriet	Mady	Rixta
Almod	Cilla	Heima	Malve	Rosina
Anica	Cilly	Hermióne	Mariane	Siw
Annelies	Cissy	Hope	Marlies	Stina
Ansgard	Daisy	Inga	Maureen	Sybil
Ariadne	Deta	Ingi	Meinberga	Tammy
Assunta	Dilia	Iphigenie	Merle	

Das ist eine Auswahl. In diese Rubrik gehören auch alle Namen, die im Index der Vornamen die Kapitelziffer 28 tragen.

ELEMENT Luft
STEIN Bernstein
PLANET Uranus
FARBE *Weiß* beruhigt,
Gelb/Rot regt an

MOTTO
Fels in der Brandung

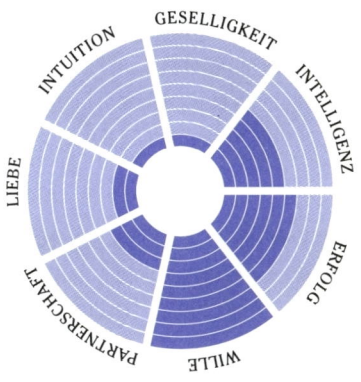

Charakterzüge, die der Vorname verstärkt

Der Vorname verstärkt den Wechsel in den Lebenssituationen. Das Leben dieser Namensträgerinnen ist ein stetiges Auf und Ab. Aber gerade diesen ständigen Wechsel lieben die Namensträgerinnen. Der Vorname bewirkt, dass sie keine Langeweile dulden. Sie haben Spaß daran, niemals zu wissen, was das Morgen bringt. Diesen Zustand kennen die Namensträgerinnen von frühester Kindheit, er verleiht ihnen die Ruhe, niemals unüberlegt zu handeln und alles mit Bedacht zu tun. Diese Frauen wissen ganz genau, dass sie im richtigen Augenblick die richtige Inspiration bekommen werden, daher bringt nichts sie aus der Ruhe.

Wille

Wille zur Beständigkeit: Diese Namensträgerinnen sind bemüht, eine gewisse Kontinuität in ihr Leben zu bringen, den Willen überlegt und ohne Hektik einsetzen. Nur ja nichts übers Knie brechen, alles mit Bedacht und Überlegung meistern, ist die Devise dieser Namensgruppe.

Vorname und Beruf

Alle Berufe, bei denen Materialien verändert werden, neue Dinge entstehen, Kreativität erforderlich ist, gehören zum Spektrum dieser Namensgruppe. Bei der Arbeit dürfen sie aber nicht unter Zeitdruck stehen. Die Bannbreite reicht von der Putzmacherin über die Designerin bis zur Ingenieurin, die eine neue Maschine entwickelt. Zu erkennen ist, dass der Beruf eine Vielfalt in der Arbeit bieten muss. Dieser Wunsch nach ständiger Veränderung der Aufgabe bringt stete Verbesserung des Erreichten mit sich.

Stärken

Der Vorname fördert die Bereitschaft der Namensträgerinnen, alle Eventualitäten richtig zu deuten und sich mit größter Arbeitskraft auf die neue Situation einzustellen. Dadurch sind sie ihrer Umgebung gegenüber im Vorteil.

Psychische Förderung durch diesen Vornamen

Das Auf und Ab der Situationen wird von dieser Namensgruppe über lange Strecken des Lebens erfahren und durchschaut. Daher sind diese Frauen in der Lage, mit Abgeklärtheit und Selbstbewusstsein den ständigen Wechsel zu ertragen. Durch diese Erfahrungen sind sie vor allem in der zweiten Lebenshälfte psychisch ausgeglichen und durch nichts aus der Ruhe zu bringen.

Kein Licht ohne Schatten

Haben diese Namensträgerinnen in ihrem bisherigen Leben in einer ausgeglichenen Situation gelebt und dadurch mit dem Wechsel weniger Erfahrungen gemacht, neigen sie aus Unsicherheit dazu, ihre Umgebung zu brüskieren.

Der Namenstyp in England und den USA

Dieser Vorname verleiht der Trägerin zusätzlich zu den ererbten charakterlichen Grundlagen folgende Eigenschaften:

- gute Seele
- ausgleichendes Wesen

In England und den USA schreibt man diesen Frauen in den Familienserien Rollen zu, in denen sie zur Kämpferin für das Glück der Familie werden. Ständig passieren dieser Familie Missgeschicke, die dann von den Kämpferinnen ausgebügelt werden. Nach größter Bedrängnis wird am Ende alles wieder gut.

Der Namenstyp in Frankreich

In Frankreich findet man diesen Frauentyp sehr oft. Die Retterin in der Not gehört dort geradezu zur Gesellschaft. Da es in den meisten Familien ein ständiges Auf und Ab gibt, wird sie als Problemlöserin andauernd gebraucht.

Aber auch außerhalb der Familien gibt es sie häufig als Institution: die Hausbesorgerin, die Concierge etc.

Im Alltag kleidet sie sich unauffällig und vernünftig, ohne großen Firlefanz. An Fest- und Feiertagen erkennt man sie nicht wieder, da gehört sie zu den am gewagtesten kostümierten Frauen.

Aaltje	Doro	Herma	Lukretia	Pamina
Aileen	Dorothy	Ilvy	Maie	Pauline
Alix	Erzsébet	Irmtraud	Marcia	Petronia
Almoda	Eulalia	Ivonne	Marga	Piata
Amalia	Farah	Jette	Margit	Resi
Ann	Felizitas	Kareen	Marieke	Ricksta
Annamira	Francine	Katherine	Marielouise	Ronny
Annemarie	Giselburga	Kathleen	Marion	Runhild
Anthea	Giulietta	Kimberly	Marlitt	Schwanburg
Antonia	Griet	Leslie	Maruschka	Sigrun
Astrid	Guglielma	Liebetraud	Melissa	
Autica	Hanna	Lilly	Miltrud	
Barbara	Heinrike	Lissy	Mizzi	
Betsy	Hella	Lucretia	Noreen	

Das ist eine Auswahl. In diese Rubrik gehören auch alle Namen, die im Index der Vornamen die Kapitelziffer 29 tragen.

ELEMENT Wasser
STEIN Jaspis, Amethyst
PLANET Neptun
FARBE *alle Farben* bis auf
Schwarz und Grau

MOTTO
Ich ahne, also
bin ich

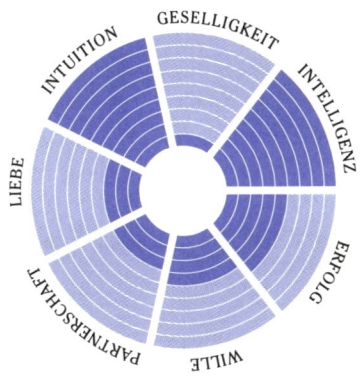

INTUITION · GESELLIGKEIT · INTELLIGENZ · ERFOLG · WILLE · PARTNERSCHAFT · LIEBE

Charakterzüge, die der Vorname verstärkt

Diese Namensträgerinnen pflegen ihren Individualismus. Sie versuchen sich von der großen Masse abzuheben. Der Vorname ermuntert sie, sich mit Themen zu beschäftigen, die nicht greifbar oder beweisbar sind. Es können Themen sein, die ihre Gedanken ins Übersinnliche und Mysteriöse wandern lassen. Sie bewegen sich zwischen geistiger Schärfe und spekulativen Nebeln. Sehr beliebt ist es bei dieser Namensgruppe, ihre Gedankengänge zu diskutieren. Diese Frauen können je nach charakterlicher Ausgangslage eine zusätzliche Förderung ihres wachen Verstandes erwarten. Der Vorname fördert auch die Ahnungen. Mit zunehmenden Alter werden sie immer selbstsicherer. Sie wissen genau, was sie wollen, und sind auch in der Lage, ihre Vorstellungen durchzusetzen.

Wille

Wille und Verstand: Wille und Denken sind bei dieser Namensgruppe ein untrennbares Gespann. Je mysteriöser die Sachlage, desto stärker der Wille zur Aufklärung. Ihren Willen setzen sie nur selten kraft ihrer Macht durch. Stattdessen wird der Weg zur Verwirklichung über das Gespräch gesucht. Wille wird je nach Stimmungslage einmal versteckt und einmal offener gezeigt.

Vorname und Beruf

Alle Berufe, in denen man gestalten und verändern kann, haben einen großen Reiz für diese Namensgruppe. Eintönigkeit und starres Haften am Althergebrachten finden keine Zustimmung. Die Erkundung der verwinkelten Gedankengänge von Kunden kann sogar bis zum Kult perfektioniert werden. Aber was nützen die besten Gedanken, wenn man nicht in der Lage ist, die anderen dazu zu bringen, diese nachzuvollziehen?

Stärken

Dinge erahnen, bevor andere nur ansatzweise beginnen, über diese Entwicklung nachzudenken, das ist eine ihrer Stärken. Im richtigen Moment kommen auch die richtigen Gedanken.

Psychische Förderung durch diesen Vornamen

Der seelische Konflikt hängt von der charakterlichen Grundanlage ab. Der Vorname fördert das Nachdenken über die Dinge. Können diese Frauen ungestört ihren Gedanken nachgehen, so kommen ihnen die besten Ideen. Sie gehen ganz in ihrer Inspiration auf. Je ungestörter die Seele in das anstehende Problem eintauchen kann, desto größer und abgerundeter das Ergebnis. Die seelische Belastung entwickelt sich nach und nach, falls über längere Zeit keine Phase der Regeneration möglich ist.

Kein Licht ohne Schatten

Wird die Entwicklung in der Jugend gehemmt, sucht dieser Namenstyp die heile Welt in Grübelei und Träumen.

Der Namenstyp in England und den USA

Dieser Vorname verleiht der Trägerin zusätzlich zu den ererbten charakterlichen Grundlagen folgende Eigenschaften:

- Visionärin
- Denkerin fürs tägliche Leben

Die Filmrollen Hollywoods für diesen Typ handeln von Frauen mit guten Ideen. Anders ist die Visualisierung dieses Typs kaum möglich. Eine eher unscheinbare Frau mit sympathischen Wesenszügen arbeitet in einem Team, das in Schwierigkeiten gerät. In dieser Situation beweist die Frau, was wirklich in ihr steckt.

Diese Frauen beschäftigen sich mit den großen Fragen der Menschheit, sie sind für alle Ideen offen, auch für solche, die nicht jedermann verständlich erscheinen.

Der Namenstyp in Frankreich

Diese Frauen bevorzugen Treffen im kleinen Kreis, wo viel gesprochen und philosophiert wird. Nur wenigen guten Freunden offenbaren sie ihre Erkenntnisse. Was als sehr angenehm empfunden wird, ist ihr dezentes Auftreten. Sie gehen trotz ihrer tiefen Seele nicht mit ihrem Wissen und ihrem Gedankengut hausieren.

Frauen dieses Typs kleiden sich meist in gedeckten Farben. Sie gehen mit den Modetrends, wenn diese nicht zu ausgefallen sind.

Abigail	Elfe	Hermine	Lonni	Natascha
Alkje	Ellen	Hildegund	Lucy	Ninette
Amalfrieda	Elly	Ilsebill	Ludowika	Odette
Angelica	Elsi	Ilsemaria	Malenka	Orthilde
Angélique	Emanuela	Iolanthe	Marcella	Otburga
Anneheide	Ermtrud	Janet	Margitta	Perdita
Anni	Ermgard	Jolanthe	Marisa	Pirette
Anouk	Ethel	Josette	Marte	Sieglinde
Antonella	Evamaria	Justine	Meggie	Sófija
Athanasia	Felicia	Karina	Merula	Stanze
Berthilde	Friedegunde	Kathi	Milly	Sunhild
Bianka	Gerharde	Kora	Minnie	Svenja
Brigga	Göntje	Lidwina	Muriel	Thurid
Carolyn	Heike	Lise	Natalia	

Das ist eine Auswahl. In diese Rubrik gehören auch alle Namen, die im Index der Vornamen die Kapitelziffer 30 tragen.

ELEMENT Wasser
STEIN Periodot, Chrysolith
PLANET Neptun
FARBE *Purpur* regt an,
Blau beruhigt

MOTTO
Wer braucht meine Hilfe
und meine Anteilnahme?

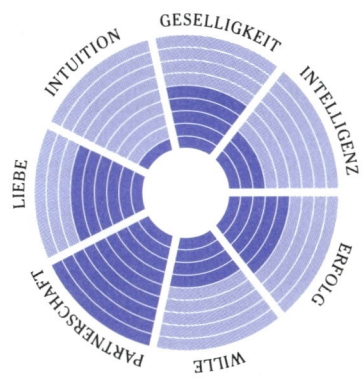

Charakterzüge, die der Vorname verstärkt

Der Vorname fördert den Willen, Mitmenschen aus einer Notlage zu befreien, bei seelischen Problemen mit Rat und Tat zur Seite zu stehen. Je nach charakterlicher Grundanlage nimmt dieser durch den Vornamen verstärkte Drang einen hohen Stellenwert ein. Ist die karitative Ader in der Grundveranlagung nicht ausgeprägt, dann wollen diese Frauen sich einfach für andere einsetzen. Weist die Grundeinstellung schon auf diese Eigenschaft hin, dann müssen sie sich für andere engagieren.

Wille

■ Wille und Verständnis: Diese Frauen setzen ihren Willen mit Freundlichkeit und Verständnis durch. Sie haben ein Gespür für die Anliegen anderer Menschen. Mit Gewalt den eigenen Willen durchzusetzen, wäre für diese Namensträgerinnen undenkbar.

■ Wille mit sanfter Entschiedenheit: Oft erwecken sie den Eindruck, gar keinen Willen zu haben. Betrachtet man ihr Tun aber über einen längeren Zeitraum, dann erkennt man, dass sie durch Entschiedenheit ans Ziel gekommen sind.

Vorname und Beruf

Bei den Namensträgerinnen beobachtet man, dass der Aspekt der Aufopferung sehr stark ausgeprägt ist. Die Suche nach einer Verknüpfung von Beruf und Engagement wird sichtbar. Je nach Grundanlage finden sich hier Namensträgerinnen, die sich für die Umwelt oder den Schutz der Umwelt einsetzen. Alle Berufe, die den Einsatz der ganzen Kraft, die Aufopferung für andere verlangen, oder auch der Dienst an der Gemeinschaft gehören zu den Betätigungsfeldern dieser Namensgruppe.

Stärken

Diese Namensträgerinnen haben ein sehr subtiles Gespür für die Nöte anderer Menschen. Auch die allerfeinste Stimmung wird von ihnen wahrgenommen. Ein weiterer Pluspunkt ist ihre Fähigkeit zu erspüren, wo in einer Situation der Schuh wirklich drückt.

Psychische Förderung durch diesen Vornamen

Die Namensträgerinnen verdanken diesem Vornamenstyp in jedem Fall einen Ausgleich, wenn sie von der Grundanlage her keine karitative Veranlagung haben. Verstärkt der Vorname diese Eigenschaft und sehen die Frauen keine Möglichkeit, sich in dieser Richtung zu verwirklichen, so neigen sie zur Unsicherheit. Dann hängen sie trüben Gedanken nach und beginnen, an sich selbst zu zweifeln.

In depressiven Phasen sehen sie sich als Versager. Kaum erschallt aber irgendwo ein Hilferuf, sind sie wie umgewandelt und gehen tatkräftig ans Werk.

Kein Licht ohne Schatten

Hatten diese Namensträgerinnen eine schwere Kindheit und Jugend, entwickeln sie Ängste, die sie zu betäuben versuchen.

Der Namenstyp in England und den USA

Dieser Vorname verleiht der Trägerin zusätzlich zu den ererbten charakterlichen Grundlagen folgende Eigenschaften:

- Florence-Nightingale-Typ
- verständnisvolle Mutter
- intelligente Fürsorgerin

Die Charakterrollen dieses Typs füllen die Krankenhaus- und Arztserien in den USA.

In Firmen gelten diese Frauen als Retterinnen in der Not und werden gern dort eingesetzt, wo mit Reklamation zu rechnen ist. Sie stehen in dem Ruf, alles wieder gerade zu biegen.

Der Namenstyp in Frankreich

Die Franzosen haben einen besonderen Umgang mit diesem Typ entwickelt. Bei jenen, welche die Namensträgerin nicht besonders gut kennen, erweckt sie den Anschein, unsicher und hilflos zu sein. Die Ritterlichkeit in der französischen Seele wird angesprochen. Jeder fühlt sich befleißigt, ihr zu helfen.

Das macht ihren Erfolg aus. Daher sieht man die Namensträgerinnen bei gesellschaftlichen Ereignissen stets von »Rittern« umringt.

Die Kleidung ist für diese Frauen nicht das wichtigste im Leben. Daher kleiden sie sich leger.

Adelgund	Estrella	Kitty	Mirabella	Rosi
Adelrune	Ferdinande	Laurenzia	Mirjam	Roxana
Alfgard	Fiona	Leonharde	Myrna	Sabina
Almuth	Gusti	Liesa	Noemi	Sarina
Amalberga	Heiderose	Lora	Olive	Severa
Bertrun	Helene	Lucinda	Ortrun	Siegberta
Bess	Helmine	Mafalda	Pamela	Susy
Branka	Hildeberta	Manon	Philiberta	Swanhild
Brunhild	Holly	Marei	Philomela	Toni
Cinderella	Ingelotte	Margrit	Ratberta	Tosca
Clio	Ingrun	Marie-	Reni	Trine
Concetta	Jannette	Christine	Richlinde	Turid
Donna	Jarmila	Martje	Rodelind	Valentine
Effi	Jelenka	Mathilda	Rosaleen	Vinzentia
Elisa	Kassandra	Meinhild	Rosalyn	Walthilde

Das ist eine Auswahl. In diese Rubrik gehören auch alle Namen, die im Index der Vornamen die Kapitelziffer 31 tragen.

ELEMENT Feuer
STEIN Beryll, Amethyst
PLANET Mars
FARBE *Rot* regt an, *Grün* beruhigt

MOTTO
Nichts ist beständig

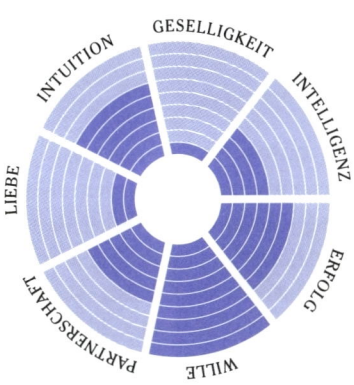

151

Charakterzüge, die der Vorname verstärkt

Bei den Namensträgerinnen verstärkt der Vorname eine Einstellung, die man wie folgt zusammenfassen kann: »Lass mich Aufgaben erfüllen, ich mache es besser als die anderen, ich finde die Schwachstellen und bessere sie aus.«

Mit ihrem Engagement setzen sie jede Veränderung durch, die sie als richtig erkannt haben. Auffallend ist, dass diese Namensträgerinnen, um eine Veränderung herbeizuführen, sich selbst ändern, wenn es der Sache dient. Sind sie nicht Chefin oder zumindest ihr eigener Herr, bekommen sie oft Probleme, da sie ihre Entscheidungen zu selbstständig treffen wollen.

Wirkt sich der Vorname voll aus, dann kann man diese Frauen als klassische Rebellinnen bezeichnen.

Wille

■ Wille zur Selbstbehauptung: Diese Namensträgerinnen haben einen starken Willen, den sie unter allen Umständen durchsetzen, um sich selbst zu beweisen.

■ Wille zur Veränderung: Die Namensträgerinnen sind bestrebt, ihre Umgebung ständig zu verändern, auch dann noch, wenn schon alles perfekt ist.

■ Wille zur Freiheit: Diese Frauen lieben ihre Freiheit über alles, sie wollen ihre eigenen Entscheidungen treffen und dann auch nach ihren Vorstellungen durchsetzen. Da andere Meinungen nicht akzeptiert werden und nur der eigene Kopf zählt, stehen sie in dem Ruf, Fanatikerinnen zu sein.

Vorname und Beruf

Dieser Vornamenstyp fördert die Fähigkeit, zur Macherin zu werden. Das hängt von der charakterlichen Grundtendenz ab. Glücklich sind die Namensträgerinnen in allen Berufen, in denen es Neuland zu entdecken gilt. Sie werden überall dort geschätzt, wo ein Arbeitsvorgang große Schwierigkeiten bereitet oder wo man sich den Kopf zerbricht, warum ein System nicht funktioniert. Langweilige Schreibtischarbeit ist nichts für sie. Es sind die Frauen, die zupacken und ein Problem lösen.

In einem Team dulden sie keinen vor sich, sie werden so lange kämpfen, bis sie an erster Stelle stehen.

Stärken
Die Namensträgerinnen erlangen Stärke durch ihre Tatkraft. Sie gehen keiner Arbeit aus dem Weg und sind sich für keine Aufgabe zu schade. Bis die anderen richtig merken, was zu tun ist, haben sie es schon erledigt.

Psychische Förderung durch diesen Vornamen
Eine Seele, die immer neue Wege gehen will, kann eigentlich nicht zufrieden sein. Dieses ständige Verbessern und Ausprobieren kann auf Dauer unzufrieden und krank machen.

Wenn ein solcher Kreislauf erst einmal begonnen wurde, werden die Aktivitäten immer unüberlegter und hastiger. Was die Seele belastet, sind Aktionen, die nicht richtig durchdacht wurden und daher nicht zum Erfolg führen. Sie sind Gift für jeden Machertyp.

Kein Licht ohne Schatten
Wer ständig auf der Suche nach neuen Wegen ist, kann vom Umfeld schnell als Unruhestifter abgestempelt werden. Diese Namensträgerinnen werden so lange als Mitarbeiterinnen akzeptiert, wie man sie braucht.

Der Namenstyp in England und den USA
Dieser Vorname verleiht der Trägerin zusätzlich zu den ererbten charakterlichen Grundlagen folgende Eigenschaften:
- die Frau, die handelt und nicht redet
- die gefühlvolle Partnerin

Hollywood schreibt diesem Typ die Charakterrolle einer Pionierfrau zu. Es sind die ersten Siedlerfrauen in den USA, später dann die burschikosen Frauen, die mit den Trecks gen Westen ziehen. Merkmal: Sie erledigen alle Arbeiten wie ein Mann.

In der heutigen Zeit ist es nicht einfach, noch geeignete Betätigungsfelder für diesen Frauentyp zu finden. Die Erde ist erschlossen, für Pioniere bleiben keine Aufgaben. Seit einiger Zeit finden diese Frauen in Sciencefictionfilmen neue Betätigungsfelder: Zumindest auf fernen Planeten werden noch zupackende Frauen gebraucht.

Der Namenstyp in Frankreich

Diese Frauen findet man in der französischen Wirtschaft als leitende Angestellte oder Firmeninhaberinnen. Für den französischen Geschmack sind sie zu maskulin. Sie gelten als hart.

Ist eine Sachlage brenzlig, warten knifflige Aufgaben, um die andere einen großen Bogen machen, so sind diese Frauen zur Stelle. Auch in Frankreich kann man nicht auf sie verzichten. Aber man will diesen Typ nicht unbedingt als Freundin haben.

Diese Frauen sind immer treffend und exakt angezogen. Für jeden Anlass auffällig gut.

Alraune	Elizabeth	Ismene	Melitta	Severine
Amalgunde	Emmeline	Jacinthe	Mildred	Sibylla
Annabarbara	Esther	Josiane	Nanon	Sigune
Aurelie	Fidelia	Kirstin	Ninon	Sophie
Bessy	Friedhilde	Korinna	Otfriede	Stine
Cecily	Gerburg	Leonarde	Pepita	Torid
Claire	Gertraud	Lilian	Poldi	Valerie
Corinna	Hannelore	Loritta	Reimunde	Violetta
Daniella	Helmtrud	Lucille	Richmut	Waltraud
Denise	Herdis	Maartje	Romi	Wendelburg
Dietlind	Ilske	Marietta	Rosine	Wilhelmine
Dorette	Irmhild	Marjorie	Rufina	Winifred
Doritt	Isabelle	Melinda	Samantha	Wolftrude

Das ist eine Auswahl. In diese Rubrik gehören auch alle Namen, die im Index der Vornamen die Kapitelziffer 32 tragen.

ELEMENT Erde
STEIN Topas, Achat
PLANET Venus
FARBE *Gelb* regt an,
Blau und *Grün* beruhigen

MOTTO
Nur nicht aufgeben

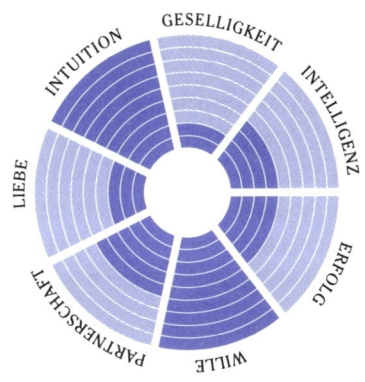

Charakterzüge, die der Vorname verstärkt

Diese Frauen verfügen über ein hohes Maß an Selbstbeherrschung. Dass sie genau wissen, wann sie ihre Kraft einsetzen müssen, verleiht ihnen große Macht. Man beobachtet, dass sie aufgrund des Vornamenstyps gegenüber dem Leben anspruchslos sind. Daher vergeuden sie keine Energie für unnütze Aktionen. Ihre ganze Kraft setzen sie ein, wenn sie ein lohnendes Ziel vor Augen haben. So erreichen sie, was sie sich vorgenommen haben. Es fällt auf, dass diese Namensgruppe immer mit Ruhe an ihre Aufgaben herangeht.

Wille

■ Wille pur: Ohne große Diskussionen sind diese Frauen in der Lage, ihre Mitmenschen von der Richtigkeit ihrer Vorstellungen zu überzeugen und danach zu handeln. Geht es einmal nicht ohne Instruktionen ab, werden diese knapp und prägnant gegeben. Da diese Frauen sich niemals verzetteln, können sie im richtigen Augenblick über ihr gesamtes Kraftpotenzial verfügen.

■ Wille mit wenig Gefühl: Gefühle werden selten gezeigt. Das Seelenkostüm ist eine Angelegenheit, in das die anderen keinen Einblick nehmen sollen. Die Namensträgerinnen verbergen ihre Stimmungen hinter einer Maske.

Vorname und Beruf

Diese Frauen sind die Hundert-Meter-Läuferinnen in der Berufswelt. Alle Berufe, bei denen ein kurzfristiger, kraftvoller Einsatz gewünscht wird, werden von diesem Typ Frau bevorzugt. Ist die Anstrengung beendet, ziehen sie sich zurück, um im stillen Kämmerlein neue Energien zu tanken, die sie dann im richtigen Augenblick wieder parat haben.

Stärken

Der Vorname fördert die Genügsamkeit. Da ihre Ansprüche an das Leben nicht so groß sind, vergeuden diese Frauen nicht so viel Kraft für unnötige Dinge. Die Namensträgerinnen erhalten je nach Grundcharakter ihre Kraft für die wirklich wichtigen Dinge im Leben. Ein Nebeneffekt ist der wachsende Wohlstand. Ihre Genügsamkeit verhilft ihnen mit den Jahren zu einem kleinen Vermögen.

Psychische Förderung durch diesen Vornamen

Der Vorname fördert die Tendenz, das eigene Heim als Festung anzusehen, in die sich die Namensträgerinnen immer wieder zurückziehen. Hier richten sie sich alles so ein, wie sie es für ihren Seelenfrieden brauchen. Die Konflikte entstehen, wenn die Wohnung nicht hell, freundlich und geschmackvoll eingerichtet werden kann.

In ihrem weiteren Umfeld brauchen diese Namensträgerinnen Harmonie, Ruhe und Beschaulichkeit. Haben sie sich diese Idealwelt aufgebaut, fällt es ihnen sehr schwer, ihr Heim zu verlassen. Wieder entstehen Widerstreite, denn der Zwang, die Insel zu verlassen, bereitet ihnen Kummer, die Seele leidet.

Kein Licht ohne Schatten

Wachsen diese Namensträgerinnen in einer Umgebung auf, in der man auf sehr großen Fuß lebt, müssen sie entgegen ihrer Grundeinstellung handeln. Sie können sehr launisch werden und überzogen reagieren.

Der Namenstyp in England und den USA

Dieser Vorname verleiht der Trägerin zusätzlich zu den ererbten charakterlichen Grundlagen folgende Eigenschaften:

- die Frau im Hintergrund
- durchsetzungsstark

In TV-Serien sind sie die Frauen, die im Hintergrund alle Fäden ziehen. Es sind schweigsame Charaktere, die aber immer dann, wenn sie gefordert werden, voll da sind. Die Dümmsten in diesen amerikanischen Serien sind die Väter. Das Strickmuster ist klar zu sehen: die starke Frau im Hintergrund.

Der Namenstyp in Frankreich

In einem Land, in dem der Spaß am Leben, die Lust auf ein gutes Essen, die Freude an einem interessanten Gespräch einen so hohen Stellenwert haben, ist dieser Frauentyp in der Außenseiterrolle. Sie ist für den französischen Geschmack zu genügsam.

Die Kleidung dieses Vornamenstyps ist eher allzu sachlich. Für Modetorheiten haben diese Frauen nichts übrig. Ihre Kleidung ist einfach, dezent, ohne Schnickschnack. Es findet sich nichts Verspieltes. Man muss es gut waschen oder reinigen können, das ist ihnen am wichtigsten.

Anneliese	Friedrun	Josepha	Nastasja	Vanessa
Annerose	Frohild	Kara	Ophelia	Verena
Arnfriede	Gerborg	Klarina	Otwine	Vilma
Camilla	Hannedore	Korona	Rathilde	Walpurgis
Christel	Heilke	Laurentia	Roderica	Wigburga
Clothilde	Helmtraud	Lolita	Roseanne	Wilma
Cyra	Henni	Madeleine	Sabrina	Wintrud
Dietburga	Herlinde	Malfriede	Sieghilde	Yasmin
Elfriede	Holdine	Marianne	Soraya	Zilla
Etta	Ida	Marliese	Stanislawa	Zilly
Everose	Isabel	Millicent	Susanna	
Fioretta	Jasmin	Mireille	Thorhild	
Franzi	Jezabel	Modesty	Tracy	

Das ist eine Auswahl. In diese Rubrik gehören auch alle Namen, die im Index der Vornamen die Kapitelziffer 33 tragen.

ELEMENT Erde
STEIN Onyx, Smaragd
PLANET Saturn
FARBE *Hellblau* und
Türkis beruhigen,
Gelb regt an

MOTTO
Alles hört auf mein
Kommando

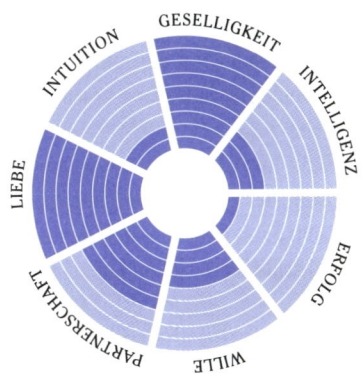

Charakterzüge, die der Vorname verstärkt

Diese Namensträgerinnen haben ihre Spitzenzeit in späteren Lebensjahren, wenn sie zum Mittelpunkt einer Familie und zur großen Mutterfigur ihrer erwachsenen Kinder geworden sind. Der Vorname fördert das Charisma und begünstigt sie in Richtung »würdevoll«. Man achtet sie.

Der Namenstyp verleiht ihnen das Talent, für ihre Mitmenschen ein offenes Ohr zu haben. Schon in relativ jungen Jahren haben sie die Neigung, anderen mit Rat und Tat zur Seite zu stehen. Der Vorname begünstigt überlegtes Handeln. Bevor sie Entscheidungen treffen, werden alle Möglichkeiten bedacht und gegeneinander abgewogen. Ihre Gedanken sind tiefgründig.

Je nach charakterlicher Ausgangslage entwickeln sich diese Eigenschaften erst im Laufe des Lebens. Bei gegenteiliger Grundveranlagung erkennt man bei jungen Mädchen anfangs nicht ihre tiefgründige Veranlagung. Oft leben sie das genaue Gegenteil ihres späteren Selbst.

Wille

■ Wille mit Bedacht: Die Namensträgerinnen besitzen das Talent, ihren Willen punktgenau einzusetzen, weil sie jede Möglichkeit im Voraus bedenken, die sie vom Ziel ablenken könnte. Sie bekommen immer, was sie wollen.

■ Wille und Flexibilität: Die Namensträgerinnen verstehen es sehr gut, ihren Willen flexibel ein- und durchzusetzen. Haben sie ihr Ziel fixiert, entscheiden sie situationsgerecht und kurzfristig, welchen Weg sie wählen wollen.

■ Wille und Überzeugung: Zu ihrem Willen gesellen sich als Instrumente im Laufe des Lebens Überredungs- und Überzeugungsgabe. Das ergibt ein sehr gutes Gespann, um leichter als andere Menschen an das gewünschte Ziel zu kommen.

Vorname und Beruf

Diese Frauen sind gut beraten, sich in der zweiten Lebenshälfte einen anderen Beruf zu suchen. Die meisten kommen mit dem erlernten Beruf in späteren Jahren nicht mehr zurecht. Ihre Lebensanschauung hat sich geändert.

Können sie, aus welchen Gründen auch immer, ihren Beruf nicht ändern, neigen diese Namensträgerinnen zu einer ungenauen Arbeitsweise. Sie werden launisch bei der Arbeit und den Mitmenschen gegenüber.

In der zweiten Lebenshälfte sind alle Berufe, bei denen im weitesten Sinne um Hilfe gebeten wird, ideal. Das kann von der Schalterbeamtin über die freundliche Stewardess bis zur Ärztin reichen. Es ist das Prinzip, dass Menschen zur Namensträgerin kommen und etwas haben wollen.

Stärken

Diese Frauen strahlen Verlässlichkeit aus, daher werden sie häufig um Rat gefragt. Eine andere Stärke ist die Gründlichkeit, mit der sie ein Problem erkunden und beheben. Haben sie erst das Image einer Übermutter erreicht, sind ihnen Sympathie und Vertrauen sicher.

Psychische Förderung durch diesen Vornamen

Bei Namensträgerinnen dieses Typs beobachtet man einen seelischen Zwiespalt. Haben diese Frauen ihre Mutterrolle erreicht, sind sie einsam geworden. Es gibt eben nur eine Mutter in der Familie. Ihre Fürsorge für andere verschafft ihnen zwar Anerkennung und Freunde, mit ihren eigenen Sorgen sind sie aber allein. Je nach charakterlicher Grundveranlagung fördert der Vorname die Tendenz, dass sich die Trägerinnen das Leben selbst schwer machen, weil sie ständig auf der Suche nach einem gleichwertigen Gesprächspartner sind.

Kein Licht ohne Schatten

Ist das Temperament der Namensträgerinnen im ersten Lebensdrittel stürmisch, kommt es zu inneren Konflikten. Im Alter werden die Freunde etwas rar.

Der Namenstyp in England und den USA

Dieser Vorname verleiht der Trägerin zusätzlich zu den ererbten charakterlichen Grundlagen folgende Eigenschaften:

- große Clanmutter
- Beschützerin

Im Film setzen sich diese Frauen für die Rechte ihrer Familie ein. Auch Fremde, die kurzzeitig in die Familie aufgenommen wurden und schwach sind, werden von dieser Mutterfigur geschützt. Einmal wird sie als Witwe, ein anderes Mal als Firmenchefin kostümiert. Das Hauptthema ist die Großfamilie, in der sie der Mittelpunkt ist, die zentrale Anlaufstelle für alle, die Schwierigkeiten im Leben haben.

Der Namenstyp in Frankreich

Die Franzosen sehen in diesem Typ die Grande Dame, eine Frau, die alle achten und ehren, zu der man aufschaut, die man im mütterlichen Sinne liebt. Ihre Domäne ist das eigene Heim.

In der Modefrage ist sie für alles offen, sie beugt sich keinem Zwang. »Mir gefällt es, also trage ich es.«

Adolfine	Faustina	Jessica	Richhilde	Torhild
Annbritt	Fidelis	Katharine	Ronja	Utta
Annetraude	Franzine	Kim	Ronnie	Vivienne
Barbro	Frodewine	Klarissa	Ruth	Wencke
Berthild	Gaby	Leonore	Sara	Wernhild
Bonita	Gese	Maja	Scarlett	Yasmina
Carlotta	Heimke	Marielies	Seraphina	Zäzilie
Clarissa	Hilderun	Nadjeschda	Siegrun	Zizi
Dawn	Hiltraud	Odila	Steffi	Zuleika
Dominika	Ilka	Olympia	Tana	
Dorothea	Ina	Patricia	Terzia	
Ebertine	Inghild	Peg	Theresia	
Eisbe	Inse	Ratburg	Tini	

Das ist eine Auswahl. In diese Rubrik gehören auch alle Namen, die im Index der Vornamen die Kapitelziffer 34 tragen.

ELEMENT Feuer
STEIN Topas, Blutstein
PLANET Mars
FARBE *Violett* beruhigt, *Rot* regt an

MOTTO
Wenn ich will, kann ich alles erreichen

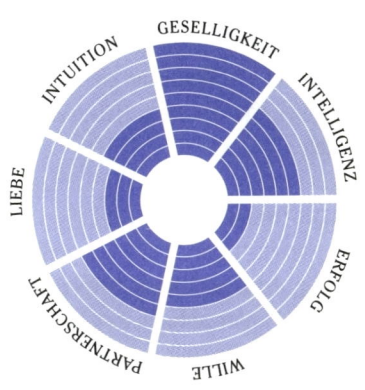

Charakterzüge, die der Vorname verstärkt

Ein durchtrainierter, sportlicher Körper, gute Gesundheit und Beständigkeit werden von diesen Namensträgerinnen angestrebt. Der Vorname fördert offenbar eine gehörige Portion Selbstbewusstsein. Sie suchen daher stets eine Gelegenheit, sich zu beweisen. Die Namensträgerinnen entwickeln die Eigenart, mit großer Begeisterung viele Projekte gleichzeitig zu beginnen, um dann in der Überfülle zu keinem Ende zu kommen. Auffallend ist, dass sie spontan bereit sind, ihren Mitmenschen zu helfen, aber mangels Kapazität nicht in der Lage, den Vorgang bis zum Ende zu begleiten.

Im Team sind diese Frauen völlig fehl am Platz, sie sind nicht bereit, in einer Mannschaft zu spielen. Als Angestellte bereiten sie den Vorgesetzten einige Mühen, da sie ihren eigenen Kopf durchsetzen wollen. Geht etwas daneben, neigen sie dazu, bockig und unüberlegt zu reagieren.

Wille

Wille und Idee: »Mein Wille und Geist sind verknüpft«, so könnte man die Namensträgerinnen beschreiben. »In einem starken Körper wohnt ein gesunder, starker Geist«, nach dieser Devise leben sie. Sind ihre Mitmenschen nicht bereit, den vermeintlich starken Geist anzuerkennen, dann kommt es unweigerlich zur Konfrontation. Diese Namensträgerinnen sollten die Reaktion ihres Umfelds auf ihre Haltung beobachten. Nützlich ist die Erkenntnis, dass nicht alle Menschen gleich sind, dass andere Menschen nicht genauso reagieren wie sie selbst. Haben sie dies gelernt, kommen sie leichter durchs Leben.

Vorname und Beruf

Die Namensträgerinnen legen großen Wert auf einen gesunden, sportlichen Körper, daher suchen sie bevorzugt Berufe, die im weitesten Sinne mit Körpern und Sport zu tun haben. Wenn dies nicht möglich ist, leben sie dieses Faible in der Freizeit aus. In der heutigen Zeit kommt diese Namensgruppe sehr gut an. Wir finden sie in Fitnessstudios als Trainerin, die anderen Frauen die Geräte erklärt, als Gymnastiklehrerin, die den schmerzhaften Muskelkater beschert und beim Jazzdance die Gruppe so richtig zum Schwitzen bringt.

Stärken

Körperliches Engagement. Ohne Angst vor eigenem Schaden setzen diese Namensträgerinnen ihre ganze Körperkraft zur Betreuung und Hilfe bis hin zur Rettung anderer ein. Sie handeln dabei überlegt und erkennen instinktiv in jeder Situation die richtige Vorgehensweise.

Psychische Förderung durch diesen Vornamen

Es ist die größte Sorge der Namensträgerinnen, krank zu werden oder einen körperlichen Makel zu erleiden. Das kann sich mit zunehmendem Alter deutlich auf die Psyche auswirken. Je nach charakterlicher Ausgangslage kann sich das im Einzelfall relativieren; im Extrem jedoch nehmen diese Frauen, um den Zustand körperlicher Makellosigkeit zu erreichen, große Strapazen auf sich und überfordern sich.

Kein Licht ohne Schatten

Diese Namensträgerinnen wirken auf ihr Umfeld oft sehr unbeugsam und ernst. Sie stellen einfach Forderungen, ohne lange zu fragen.

Der Namenstyp in England und den USA

Dieser Vorname verleiht der Trägerin zusätzlich zu den ererbten charakterlichen Grundlagen folgende Eigenschaften:

- Sportlerin
- willensstark

In Filmen sieht man diese Frauen in den Rollen der sportlichen, figurbetonten Frau, des Aerobic-Typs. Häufig treten sie etwa als Extremsportlerin oder als Partnerin in einem Agenten- oder Detektivduo auf. Als Retterinnen liefern sie in missliche Lagen Geratene im Krankenhaus ab – und wenden sich prompt dem nächsten Fall zu.

Der Namenstyp in Frankreich

In Frankreich sieht man diesen Namenstyp ungemein gern. Sie ist die Art Frauen, die das Auge mit einem schönen Körper erfreut. Es ist auch der Wunschtyp für den Aktivurlaub am Meer.

In jeder Altersgruppe ist sie vertreten. Als junges Mädchen, sportliche Mutter und als aktive Großmutter, die alles tut, um für immer wie eine Fünfzigjährige auszusehen.

Die Kleider liegen eng an, das Röckchen ist kurz, der Ausschnitt tief. Motto: »Ich habe ja was zu zeigen.«

Adelberga	Erdmute	Klementine	Ricka	Thusnelda
Bea	Erlfriede	Kornelia	Rosaria	Tilli
Bernhilde	Fahrhild	Laure	Rowena	Tordis
Bonifatia	Freya	Liebegard	Rubina	Trude
Brig	Gieselinde	Loremaria	Sharon	Uljana
Caroline	Gundel	Mechthild	Siegburga	Verona
Caterina	Hilda	Nanna	Signe	Veruschka
Christa	Hortense	Odilia	Sonja	Waldhilde
Constanze	Ilga	Oriana	Stanzi	Walthild
Dele	Josefine	Rada	Sulamith	Wiberta
Dorofeja	June	Rea	Suse	Yvette
Ellinor	Jutta	Reintraud	Tanita	

Das ist eine Auswahl. In diese Rubrik gehören auch alle Namen, die im Index der Vornamen die Kapitelziffer 35 tragen.

ELEMENT Luft
STEIN Beryll, Türkis
PLANET Merkur
FARBE *Dunkelgrün*
beruhigt, *Hellgelb* regt an

MOTTO
Ehrlichkeit, Fairness,
Aufgeschlossenheit

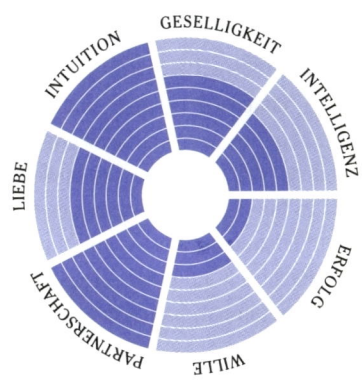

Charakterzüge, die der Vorname verstärkt

Der Vorname fördert das Rednertalent der Namensträgerinnen. Im Gespräch sind sie geistreich und humorvoll. Der Vorname fördert auch die Kreativität. Aber an erster Stelle steht bei den Namensträgerinnen die Objektivität. Für sie sind das Reale und die Wirklichkeit des Lebens die Messlatte, an der sie sich ausrichten.

Neues zu entdecken ist nicht das Wesentliche für sie. Entdeckungen machen sie eher durch Zufall, da sie nur durch ihre Neugierde darüber gestolpert sind.

Wille

Wille und Objektivität: Der Wille ist bei dieser Namensgruppe nicht auf das »Ich will« konzentriert, sondern mehr auf das »Ich will wissen, ob es wirklich so ist, wie es sich darstellt.« Im Vergleich mit anderen Gruppen verstärkt dieser Vorname nicht den Willen. Das hängt vermutlich mit den vielseitigen Interessen dieser Namensträgerinnen zusammen. Lässt man sie in Ruhe arbeiten und ihre Nachforschungen betreiben, sind sie mit sich und der Welt zufrieden. Nur wenn man sie auf den Arm zu nehmen versucht, erkennt man, welches Potenzial an Reaktionen in ihnen steckt.

Vorname und Beruf

Diese Namensträgerinnen sind sehr anpassungsfähig und kommen deshalb beruflich selten in Schwierigkeiten. Vielfach fördert der Vorname die Tendenz, sich einen Beruf zu suchen, der im weitesten Sinne mit der Wahrheit zu tun hat. Dabei handelt es sich nicht nur um Berufe, bei denen die Wahrheitsfindung offensichtlich im Mittelpunkt steht, wie bei Richterinnen und Rechtsanwältinnen. Alles, was mit Prüfung, Kontrolle und Überwachung zu tun hat, finden in diesen Namensträgern besonders zuverlässige Mitarbeiter.

Stärken

Ihre größte Stärke ist die Glaubwürdigkeit, die sich die Namensträgerinnen nach und nach erarbeiten. Durch dieses Image gewinnen sie an Macht, Einfluss sowie Ansehen im Beruf wie auch im Privatleben. Sie handeln gerecht und werden dadurch gewürdigt.

Psychische Förderung durch diesen Vornamen

Alles Tun sollte einen Sinn und Zweck haben. Nichts darf unklar und nebulös sein. Nur klare Fakten, die auch beweisbar sind, zählen. Hier wird sich der Kern ihrer seelischen Konflikte finden: Ihre allzu große Aufrichtigkeit führt oftmals zu Streit oder Bruch.

Ist die Marschrichtung abgesteckt, sind diese Frauen glücklich. In der zweiten Lebenshälfte kehren Ruhe und Beschaulichkeit in ihrem Leben ein. Sie müssen nicht mehr suchen, sie haben ihre Bildung und Kenntnis, und sie haben zu verstehen gelernt, dass es von allem etwas geben muss.

Kein Licht ohne Schatten

Wurden diese Namensträgerinnen in ihrer Jugend und Kindheit enttäuscht, entwickeln sie sich zu Nörglerinnen. Sie sehen dann alles schwarz, finden nichts gut und zweifeln alles an.

Der Namenstyp in England und den USA

Dieser Vorname verleiht der Trägerin zusätzlich zu den ererbten charakterlichen Grundlagen folgende Eigenschaften:

- die alles Anzweifelnde
- die Idealistin, die an Werte glaubt

In Hollywoodfilmen spielt sie Frauen, die gezwungen werden, der Wahrheit auf den Grund zu gehen, und dabei selbst in einen Strudel von Ereignissen geraten, die von ihren Gegenspielern inszeniert werden.

Leider ist die Wahrheit nicht immer gefragt. Wer sie trotzdem vehement verteidigt, ist nicht immer beliebt und bekommt so seine Schwierigkeiten. Doch am Ende siegt meist die Wahrheit – zumindest im Kino.

Der Namenstyp in Frankreich

Den Franzosen geht es bei diesen Namenstypen weniger um Wahrheitsliebe als um die Fähigkeit zum Einsatz der geschmeidigen französischen Sprache. Die Namensträgerinnen beherrschen zum Vergnügen der Franzosen die Kunst des mehrdeutigen Wortes.

Die Namensträgerinnen gehen mit der Mode. Sie wissen immer, was gerade angesagt ist. Ihre Kleidung im Beruf ist eher dezent und schlicht, jedoch nicht ohne Raffinesse, auch in der Freizeit verwendbar und bequem.

Annekatrin	Fulberta	Ingeburg	Recha	Theodosia
Balthilde	Georgina	Jeannette	Reglindis	Tinka
Carla	Gertrude	Jördis	Rhonda	Trina
Charitas	Gesina	Juliana	Robina	Valentina
Christabel	Godolewa	Kandida	Rolande	Viola
Clara	Gretel	Laila	Rufine	Waldburg
Diona	Hadburga	Loretta	Silia	Wiltrude
Edelberta	Hansi	Lu	Sonija	Wolfhilde
Ela	Hedwig	Meinhilde	Stéphanie	Xenia
Erlwine	Heidemarie	Octavia	Susan	Zölestine
Fedora	Heilgard	Oktavia	Sybille	
Feodosia	Hroswitha	Ottegebe	Tamara	
Frigga	Imelda	Phyllis	Tatjana	
Frogard	Inessa	Ragnhild	Theda	

Das ist eine Auswahl. In diese Rubrik gehören auch alle Namen, die im Index der Vornamen die Kapitelziffer 36 tragen.

ELEMENT Wasser
STEIN Smaragd
PLANET Mond
FARBE *Violett* und *Grün*
beruhigen, *Grau* regt an

MOTTO
Glück im eigenen
Heim

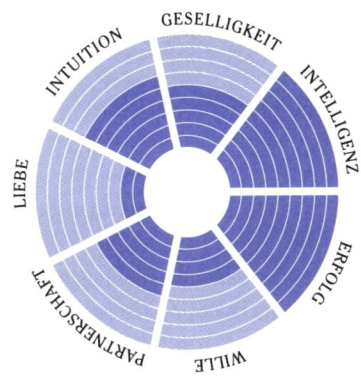

INTUITION · GESELLIGKEIT · INTELLIGENZ · ERFOLG · WILLE · PARTNERSCHAFT · LIEBE

Charakterzüge, die der Vorname verstärkt

Diese Namensträgerinnen haben das Bedürfnis, in einer heilen Welt zu leben. Sie sehnen sich danach, nur mit rechtschaffenen Menschen Umgang zu haben. Bei Menschen, die ehrlich sind und Pflichttreue besitzen, fühlen sie sich wohl. In ihrem eigenen Leben versuchen sie diesen Zustand so weit wie möglich zu verwirklichen. Schließlich sind sie bereit, sich mit dem unter den gegebenen Umständen bestmöglichen Ergebnis zufrieden zu geben.

Dieser Vorname fördert auch eine Unbeständigkeit in der Wahl des Wohnorts und der Wohnung. Die Frauen brauchen hier eine Abwechslung oder mehrere Ausweichmöglichkeiten. Haben sie diese Möglichkeiten aus finanziellen Gründen nicht, wird die Wohnung verändert, es werden neue Vorhänge aufgehängt, neue Tapeten angeklebt oder einfach die Möbel umgestellt.

Wille

■ Wille und Beharrlichkeit: Der Wille, den der Vorname bei diesen Namensträgerinnen fördert, kann in Starrsinn münden. Die Umgebung reagiert auf dieses Besserwissen mit Heuchelei und kleinen Schwindeleien.

■ Wille und Wahrheitssuche: Die Namensträgerin fühlt sich ständig von Falschheit umgeben. Sie ist dauernd bestrebt, dies abzustellen und die Wahrheit zu fördern.

Vorname und Beruf

Diese Namensträgerinnen sind bei ihrer Berufswahl kaum eingeschränkt, sie fühlen sich fast überall wohl und sind überall gut einzusetzen. Sie verfügen über ein ausgezeichnetes Gedächtnis. Das macht sie überall dort zu geeigneten Mitarbeiterinnen, wo es auf Detailkenntnis ankommt. Zeigt man ihnen das Bonbon einer Beförderung, motiviert sie das ungemein.

Im Team beanspruchen sie keinen bestimmten Platz, sie werden auf allen Plätzen ihre volle Arbeitskraft einsetzen. Sie sind ihrem Teamleiter gegenüber loyal und plaudern keine Firmeninterna aus.

Stärken

Diese Frauen sind in allen Bereichen zuverlässig bzw. treu – in der Familie, ihrem erlernten Beruf, ihrer Firma, ihrer Heimat usw.

Psychische Förderung durch diesen Vornamen

Frauen dieses Namenstyps werden mit den Jahren immer empfindsamer. Sie suchen und brauchen Freunde. Der Vorname fördert die Suche nach Anerkennung und Liebe, aber auch nach Gemeinschaft. Gleichzeitig haben die Namensträgerinnen manche Schwierigkeit, mit Freundschaften umzugehen. Der Vorname fördert, durch das Hin und Her der Gefühle, mit der Zeit die Reife dieser Frauen.

Kein Licht ohne Schatten

Diese Namensträgerinnen werden Opfer von Heuchelei, wenn sie nicht lernen, die Gefühle ihrer Mitmenschen richtig zu erkennen.

Der Namenstyp in England und den USA

Dieser Vorname verleiht der Trägerin zusätzlich zu den ererbten charakterlichen Grundlagen folgende Eigenschaften:
- Glaube an Wahrheit und Recht
- Verteidigung von Heim und Land

Diese Frauen glauben an Recht und Ordnung, für sie gibt es keine Lügen. Sie lieben ihre Heimat und werden sie mit allen Mitteln, die ihnen zur Verfügung stehen, verteidigen.

Im Film verkörpern sie die Rolle der Frauen, die nie so recht zum Zuge kommen. Sie dürfen den Mann ihrer Träume nicht heiraten, sie bekommen ihr Erbe nicht, sie werden in Situationen gepresst, die sie nicht mögen.

Der Namenstyp in Frankreich

Alle Schlagworte der Französischen Revolution, wie Einigkeit, Gleichheit, Brüderlichkeit, sind für die Franzosen in diesem Frauentyp vereinigt. Die

Namensträgerin ist die Freundin, die Kameradin aus der Nachbarschaft. Man kann sich sehr gut mit ihr unterhalten, sie ist eine gute Zuhörerin.

Auf Kleidung legen diese Namensträgerinnen nicht so viel Wert. Sie sind nicht nach der neuesten Mode gekleidet, sondern tragen, was ihnen gefällt. Sie können es sich leisten, denn sie haben einen guten Geschmack. Sie lieben kleine Schmuckstücke.

Abraham	Augustus	Claas	Erno	Gerko
Adalbald	Basil	Clayton	Erwin	Gert
Adalger	Berti	Dan	Ewald	Gils
Adelhard	Billy	Dankmar	Falke	Gottbert
Ägidius	Boi	Debald	Feddo	Gregoire
Ämilius	Borchard	Didi	Fiete	Grimbert
Aldhelm	Boy	Dustin	Florenz	Gumpert
Alexis	Brecht	Edmund	Fred	Guy
Alhard	Burt	Egilo	Frerk	Heinzpeter
Ambros	Cäcilius	Elmer	Gard	Lucretius
Arbogast	Charlton	Engelmar	Gebbert	Morris
Arthur	Christopher	Erik	Georges	Rodebrecht

Das ist eine Auswahl. In diese Rubrik gehören auch alle Namen, die im Index der Vornamen die Kapitelziffer 37 tragen.

ELEMENT Erde
STEIN Saphir, Topas
PLANET Merkur
FARBE *Violett* beruhigt,
Gelb regt an

MOTTO
Ich will, also
kann ich

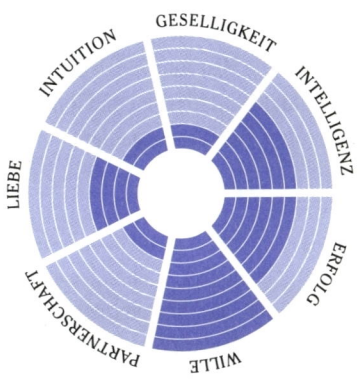

Charakterzüge, die der Vorname verstärkt

Personen, die diesen Vornamen tragen, können sich in ihrer höchsten Form zum Herrscher und Beherrscher ihrer Umgebung entwickeln. »Der Staat, das bin ich«, sagte Ludwig XIV. einstmals von sich und meinte damit, dass sein Wille wie ein Gesetz in Frankreich herrsche.

Gleichzeitig beobachtet man bei diesen Namensträgern eine besondere Art von Empfindlichkeit, wenn sie sich aufgrund der äußeren Umstände nicht durchsetzen können. Ihr Vorname verstärkt ihre Vorliebe, im Mittelpunkt einer Gesellschaft zu stehen, sie aber auch dann noch im Griff zu behalten, wenn das gesellschaftliche Ereignis längst zu Ende ist.

Wille

■ Ich will: Seinen Willen zu bekommen, ist für ihn das erklärte Ziel im Leben. Der Namensträger setzt seine Meinung durch. Die Träger dieser Vornamensfamilie neigen dazu, gelegentlich den Pfad der Tugend zu verlassen, weil es einfach schön ist, mit dem eigenen Willen nicht die Ideallinie zu steuern. Dann setzen sie anschließend ihren starken Willen zur Rechtfertigung ein, was die Umgebung, die dieses Manöver durchschaut, schmunzeln lässt.

■ Ich kann: Sein Selbstvertrauen ist groß. Man beobachtet, dass es auf die individuelle Mischung durch die Erziehung ankommt, ob dieser Wille in Verbindung mit Klugheit und Ruhe auf ein bestimmtes Ziel ausgerichtet wird oder ob er zum Chaos tendiert.

Vorname und Beruf

Die Namensträger können, falls sie dafür ausgebildet wurden, gut verkaufen und argumentieren. Sollten Sie einen Anwalt mit diesem Vornamenstyp kennen, dürfen Sie ihm getrost Ihre hoffnungslosen juristischen Fälle übertragen. Er macht für Sie noch etwas daraus.

Stärken

Als kleine oder große Finder oder auch Erfinder von Problemlösungen spielen diese Männer ihre Stärken aus. Heute sind sie oft in der Elektronik, in der Hard- und Softwarebranche anzutreffen. Oder sie wurden Techniker, Ingenieure und Pioniere, falls das Umfeld dies zuließ. Leider gibt es heute keine Erdteile mehr zu entdecken, aber es ist die Eigenart dieser Namensträger, dass sie im Kleinen dennoch zu Entdeckern werden. Zum Beispiel sieht man häufig, dass die Kräfte aus dem Vornamen in das eigene Haus oder in das Hobby (weniger Sammler, mehr Bastler) umgelenkt werden.

Psychische Förderung durch diesen Vornamen
Der Vorname verstärkt alles Ichbetonte im seelischen Bereich des Namensträgers.

Kein Licht ohne Schatten
Viel Erfolg macht leichtsinnig. Zu viele Unternehmungen gleichzeitig zersplittern und machen aufgeregt und vergesslich.

Der Namenstyp in England und den USA
Dieser Vorname verleiht dem Träger zusätzlich zu den ererbten charakterlichen Grundlagen folgende Eigenschaften:
- Energie
- Wille
- Tatkraft
- Lebenskraft
- rhetorisches Geschick
- Begeisterungsfähigkeit
- Geistesgegenwart

Mit Energie und Willen schafft er selbst Unmögliches. Jedoch ist er nicht besonders teamfähig.

Der Namenstyp in Frankreich
Er gilt als Kopftyp. Bei Trägern dieses Vornamens findet man gehäuft Verstand, Intellekt, Vernunft, Denken, Anpassung zum eigenen Vorteil.

Mittlere Figur. Er kann gut eng geschnittene modische Kleidung tragen. Hat sehr geschickte Hände und setzt sie während des Gesprächs gern ein. In geschäftlichen Dingen entscheidet er rasch und gewitzt, weil er fähig ist, seinen Geschäftspartner zu durchschauen und ihm seinen Glauben zu lassen.

Adalhelm	Benito	Dorian	Evangelos	Giovanni
Ago	Bernhard	Eberhard	Fidelio	Grazian
Aimé	Billfried	Eckehard	Fips	Grischa
Alard	Bodo	Eginhard	Fortunat	Günther
Aldemar	Brian	Ekkehard	François	Mortemer
Alexondre	Clint	Elton	Franziskus	Nikólaos
Amalfried	Conni	Emmo	Frederic	Pankratius
Andi	Constantin	Ephraim	Frederik	Rodolfo
Anshelm	Cyprianus	Erkengard	Friedbert	Wernfried
Aristidês	Dedo	Ermanno	Frodewin	
Athanasius	Désiré	Ernest	Gedeon	
Baptiste	Diego	Etzel	Gerbald	
Béla	Dietger	Eugéne	German	

Das ist eine Auswahl. In diese Rubrik gehören auch alle Namen, die im Index der Vornamen die Kapitelziffer 38 tragen.

ELEMENT Erde
STEIN Jaspis, Karneol
PLANET Merkur
FARBE *Hellgelb* beruhigt, *Weiß* regt an

MOTTO
Der Wissende siegt

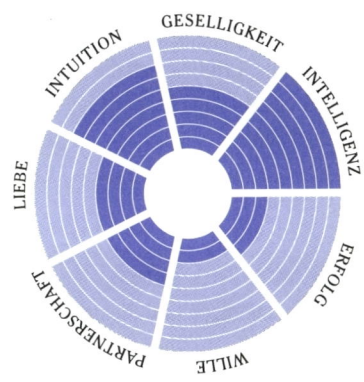

GESELLIGKEIT
INTUITION
INTELLIGENZ
LIEBE
ERFOLG
PARTNERSCHAFT
WILLE

Charakterzüge, die der Vorname verstärkt

Der Name verstärkt Neugier und Wissensdrang. Diese Männer wollen das Verborgene entdecken und ziehen die großen und kleinen Geheimnisse des Lebens geradezu an. Im Berufsleben hat man sie gern um sich, weil man ihnen die ungeklärten Fälle übertragen kann. Die Namensträger gelten als hochintelligent. Sie sonnen sich in dem Image, Intellektuelle zu sein.

Problematisch wird es für die Namensträger, wenn sie von der Umgebung, in der sie leben, nicht anerkannt werden. Der Name verstärkt offenbar die Neigung zu Nörgeleien, wenn der Namensträger sich unverstanden fühlt oder in seiner Leistung nicht anerkannt wird.

Wille

■ Wille und Logik: Der Namensträger will nur das, was für ihn logisch und richtig ist. Er versucht sich in langwierigen Diskussionen durchzusetzen. Ihm kommt es nicht auf das Wollen an, sondern darauf, dass die anderen seinen Willen als einzig logische Konsequenz anerkennen.

■ Wille und Wissen: Der Namensträger findet seine Selbstsicherheit im Reservoir seines Wissens, das er ständig mit sich herumträgt.

■ Wille und Zerrissenheit: Man beobachtet, dass die Namensträger zwischen Genialität und Verstrickung in die Kleinlichkeiten des Lebens hin- und hergerissen werden. Das gilt besonders für die ersten Jahrzehnte des Lebens. Erfüllen sich die in das Leben gesetzten Erwartungen nicht, kränkeln sie – ohne körperliche Ursache – dahin. In der zweiten Lebenshälfte, wenn sie sich auf das bereits Erreichte stützen können, gilt für sie, dass durch permanente Analyse das Errungene gesichert werden kann.

Vorname und Beruf

Die Namensträger sind ideale Lehrer, Ausbilder, Professoren und Forscher. Sie sind als Kontrolleure für den Auftraggeber unbezahlbar, denn sie decken rasch die Schwachstellen auf. Innerhalb des Berufs, den sie ausüben, werden sie immer diejenigen sein, die aus Ideen und Vorgaben noch mehr herausholen können. Kurz: Sie können einfach mehr als die anderen.

Stärken

Ihre Stärke liegt in ihrer Zurückhaltung, wenn sie ihr Wissen nicht ausspielen. Bei der Ausführung von Aufträgen sind sie sehr ausdauernd, aber sie brauchen stets einen konkreten Auftraggeber, sei es in der Familie oder im Beruf.

Psychische Förderung durch diesen Vornamen

Der Vorname verstärkt alles, was mit dem Sicherheitsbedürfnis des Namensträgers zusammenhängt. Dieser stillt sein Bedürfnis durch Wissen und ist damit zufrieden.

Kein Licht ohne Schatten

Wenn sich der Durchblick mit Übereifer paart, bereiten die ansonsten positiven Förderungen dem Namensträger großen Kummer: Die Reaktion auf seine schmerzhafte Kritik kann hart ausfallen.

Der Namenstyp in England und den USA

Dieser Vorname verleiht dem Träger zusätzlich zu den ererbten charakterlichen Grundlagen folgende Eigenschaften:

- geistige Regsamkeit
- intellektuell kühles Auftreten
- guter Riecher
- fähig, Neues als Erster zu erkennen

Die Namensträger gelten oft als Systemkritiker innerhalb von Teams.

Der Namenstyp in Frankreich

Er gilt als Bistrotyp. Diskutiert gern über alles und jeden. Bei Trägern dieses Vornamens sehen die Franzosen gehäuft den Hang zur nörgelnden Kritik.

Die Namensträger kleiden sich eher bescheiden und unauffällig. Sie gelten als ideale Diskussionspartner. Die letzte Entscheidung in geschäftlichen Dingen überlassen sie gern dem Partner, von dem sie wissen, dass er ihrer Meinung ist. Er beeinflusst Entscheidungen, stimmt aber selbst nicht ab.

Ado	Bernard	Diethelm	Firmin	Jago
Adriano	Bertrand	Dionys	Freddo	Jean
Albin	Boleslaw	Dolfes	Friedger	Kyrillus
Alexei	Botwin	Edoardo	Gandulf	Pál
Alf	Bronislaw	Egil	Geoffrey	Sidonius
Ammon	Bürk	Egilbert	Gerfried	Täve
Anselm	Camillo	Egino	Germo	Thorsten
Aristid	Claude	Ehrhard	Giselher	Wjatscheslâw
Arndt	Carolus	Engelbert	Giuseppe	
Barthel	Cyrill	Ermenbert	Godo	
Batiste	Cyrillus	Fabius	Gotthilf	
Beda	Demetrius	Falko	Gus	
Bent	Diemo	Felipe	Honorius	

Das ist eine Auswahl. In diese Rubrik gehören auch alle Namen, die im Index der Vornamen die Kapitelziffer 39 tragen.

ELEMENT Luft
STEIN Chrysolith, Hyazinthstein
PLANET Merkur
FARBE *Blau* beruhigt, *Grün* regt an

MOTTO
Gemeinsam genießen

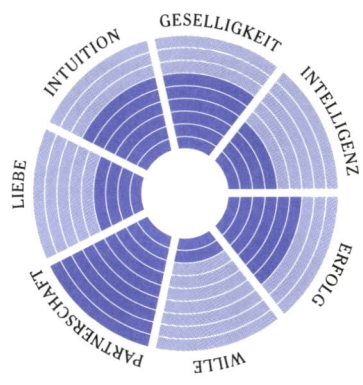

Charakterzüge, die der Vorname verstärkt

Der Name verstärkt die Sehnsucht nach der Zwillingsseele. Diese Männer sind ständig auf der Suche nach dem anderen Teil, der zu ihnen gehört. Das kann in der Partnerschaft sein, aber ebenso stark im Beruf und im Alltag. Sobald die Namensträger von einem »Wir« ausgehen können, sind sie glücklich.

Diese stark ausgeprägte Betonung des Gemeinschaftssinns leben die Namensträger auch außer Haus in Vereinen oder Sportclubs aus. Problematisch wird es, wenn gegen das Gemeinschaftsprinzip verstoßen wird. Zu schnell ist der Namensträger bereit, die Gemeinschaft aufzukündigen.

Wille

■ Wille und Demokratie: Der Namensträger versucht nicht, seinen Willen durchzusetzen, sonst würde er gegen seine eigenen Gemeinschaftsprinzipien verstoßen. Lieber sucht er sich eine neue Gemeinschaft, als sich der bisherigen mit seinem Willen und seinen Vorstellungen anzupassen.

■ Wille und Gemeinschaft: »In der Gemeinschaft bin ich stark. In der Gemeinschaft wirkt mein Wille, in Absprache mit den anderen.«

Der Namensträger ist somit ein idealer Demokrat. Diese Männer wollen die Gemeinschaft und werden sehr böse, wenn sie von innen oder außen gestört wird. Man beobachtet, dass die Namensträger nach Harmonie in allen Lebenssituationen suchen. Sie sind der ideale Partner, dadurch aber auch leicht zu beeinflussen. Wer an sie glaubt, für den sind sie da. Hierin liegt die Gefahr, von anderen ausgenutzt zu werden.

Vorname und Beruf

Die Namensträger können sich überall dort beruflich entwickeln, wo in einer Gemeinschaft gearbeitet wird. Das reicht von der Arbeit am Fließband über das Flugzeugcockpit bis hin zu einem Orchester- oder Bühnenensemble. Wo man im Team arbeitet, sind sie am richtigen Ort.

Stärken

Die Stärke der Namensträger liegt in ihrem ausgeprägten Gemeinschaftssinn. Das schafft viele Freunde. Die Freude an Freundschaften sieht man ihnen geradezu an. Das macht sie so sympathisch. Beruflich haben sie durch Teamwork echte Vorteile.

Psychische Förderung durch diesen Vornamen

Der Vorname fördert die Fähigkeit zum harmonischen Umgang mit anderen Menschen. Das ist besonders wichtig, wenn die angeborenen Charakterzüge dem konträr sind. Der Name dämpft einen unangenehmen Drang zu Aktionen jeder Art. Eine angeborene Streitsucht mildert dieser Vorname ins Erträgliche.

Kein Licht ohne Schatten

Die fehlende Bereitschaft, entschieden für eine Sache zu kämpfen, kann den Namensträgern Nachteile bringen. Ihre Opferbereitschaft wird unter Umständen ständig ausgenutzt.

Der Namenstyp in England und den USA

Dieser Vorname verleiht dem Träger zusätzlich zu den ererbten charakterlichen Grundlagen folgende Eigenschaften:

- Familiensinn
- Willen, idealistische Ziele zu erreichen
- Teamgeist
- Kollegialität
- sportliche Fairness

Die Namensträger gelten als ideale Teamarbeiter.

Der Namenstyp in Frankreich

Er gilt als der Voilà-Typ. »Da bin ich.« Er sucht in der Pause sein Bistro auf, um in einer Zufalls- oder Stammgemeinschaft einen Kaffee oder ein Glas Rotwein zu trinken. Diskutiert über alles und jeden, nicht um ein bestimmtes Ergebnis zu erzielen, sondern um mit anderen zu sprechen. Daher gibt er auch viel Geld aus, um in Gemeinschaft zu sein.

Die Namensträger kleiden sich eher leger. Sie haben Spaß daran, im Partnerlook aufzutreten, und freuen sich an einer einheitlichen Kleidung, zum Beispiel eines Clubs, mit der sie Zusammengehörigkeit öffentlich dokumentieren können. Falls dies aus beruflichen Gründen nicht möglich ist, lieben sie es, ihre Zugehörigkeit zu einer Gemeinschaft unauffällig zu zeigen, etwa durch eine besondere Uhr, eine Krawatte oder Anstecknadel.

Adelbert	Bennet	Charley	Friedemann	Len
Adolf	Bernald	Crispin	Hagen	Peregrinus
Alfi	Bertil	Dagomar	Hauke	Reimbrecht
Almarich	Börries	Derk	Ibi	Rudi
Amadeo	Bogdan	Dwight	Ivan	Ture
Amalrich	Bohumil	Edvard	Jacob	Uto
Aribert	Bonifaz	Egid	Joe	Uz
Arnold	Broder	Elmi	Kai	Welf
Baldwin	Bruno	Firminius	Knut	Willibrord
Bartolo	Cecil	Fridolin	Krispinus	

Das ist eine Auswahl. In diese Rubrik gehören auch alle Namen, die im Index der Vornamen die Kapitelziffer 40 tragen.

ELEMENT Wasser
STEIN Beryll, Topas
PLANET Pluto
FARBE *Grün* beruhigt,
Dunkelrot regt an

MOTTO
Packen wir es an

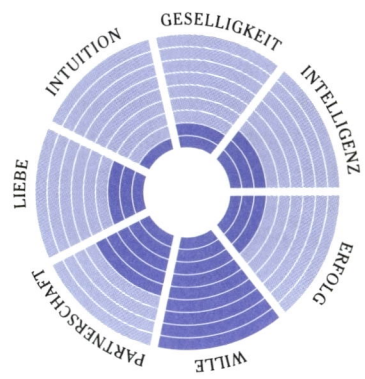

Charakterzüge, die der Vorname verstärkt

Der Name verstärkt die Fähigkeit zur Menschenführung im weitesten Sinn. Also die Begabung, anderen Menschen voranzugehen, den anderen vormachen, wie etwas gemacht wird. In einem Zeitalter, in dem Durchsetzungskraft verlangt wird, um ein vorgegebenes Ziel zu erreichen, ist diese Förderung durch den Vornamen wünschenswert – allerdings nur dann, wenn man auch innerlich dazu bereit ist. Daher leiden Menschen, die einer solchen Förderung ausgesetzt sind, oft unter innerer Zerrissenheit. Ihrer Umgebung erscheinen sie unruhig, man unterstellt ihnen fehlendes Selbstbewusstsein. In Wahrheit verleiht der Vorname geradezu revolutionäre Kräfte.

Wille

■ Wille und Tat: Der Namensträger lenkt seinen Willen in schöpferische Kanäle. Er hat ein Bild vor Augen und sieht voraus, wie sich seine Idee um- und durchsetzt. Würde man Vorname und Charaktereigenschaften gleichsetzen, dann wäre der Namensträger ein idealer »Macher«. Er ist der große Verwirklicher in seiner Umgebung, Familie oder Firma.

■ Wille und Ehrgeiz: Kann der Namensträger diese Förderung durch seinen Vornamen nicht beherrschen, dann leidet seine Umgebung unter seinem Ehrgeiz. Je nach charakterlicher Grundveranlagung muss er den Hang zum Koste-es-was-es-wolle im eigenen Interesse mildern. Bei voller Auswirkung hat der Vorname ihm ein wenig zu viel des Guten bereitgestellt.

Vorname und Beruf

Dieser Namensträger ist besonders glücklich, wenn er in einem Unternehmen Menschen führen darf. So gesehen ist er auch beim Militär glücklich, ebenso als höherer Beamter. Die Erfüllung aller ihrer Wünsche gelingt, wenn diese Männer als Unternehmer für sich und nur für sich Erfolge erarbeiten können.

Das Team schätzt diese Namensträger wegen ihres kämpferischen Einsatzes. Vorgesetzte bevorzugen sie wegen ihrer Arbeitskraft.

Stärken

Die Stärke der Namensträger liegt in der Kombination aus Willens- und Tatkraft. Für die Selbstbehauptung kann es keine bessere Voraussetzung geben.

Psychische Förderung durch diesen Vornamen

Der Vorname fördert eher die Dinge, die mit Muskelkraft, Willen und Tat zu tun haben. Die psychische Förderung durch den Vornamen scheint hingegen minimal zu sein. Wenn nicht schon von Geburt an ererbt, bleibt das Mitgefühl für andere auf der Strecke. In den Sturm-und-Drang-Jahren des Lebens fällt das dem Namensträger kaum auf. Im Alter leidet er unter der von ihm verursachten Gefühlskälte in seiner Umgebung.

Kein Licht ohne Schatten

Falls das Leben dem Namensträger die Verwirklichung seiner Fähigkeiten versagt, weil er zum Beispiel in eine Situation hineingeboren wurden, in der es keine Möglichkeit zu einem persönlichen Engagement gibt, wird er sarkastisch und bitter.

Der Namenstyp in England und den USA

Dieser Vorname verleiht dem Träger zusätzlich zu den ererbten charakterlichen Grundlagen folgende Eigenschaften:

- Selfmademan
- Rodeo-Gewinner
- temperamentvoll bis hitzig

Es sind alles Eigenschaften, die zu Pioniertaten befähigen, weshalb sie häufig in US-Filmen gepriesen werden. Diese Männer debattieren nur kurz, streiten gern und handeln prompt.

Heute werden sie häufig auch als Teamleader oder Trainer gesehen. Die Namensträger gelten als starke, aber nicht dauernd belastbare Teamarbeiter.

Der Namenstyp in Frankreich

Er gilt als der temperamentvolle, körperbetonte und sehr eifersüchtige Liebhaber. Er erhebt gern Besitzansprüche auf Dinge, die ihm nicht eindeutig gehören. Eine typische Eigenschaft soll sein Geschick beim Ausfragen, Beobachten und Analysieren sein, mit dem er seine Eifersucht pflegt.

Die Namensträger bevorzugen sportlich-legere Kleidung, bis hin zum Trainingsanzug. Ihr Körperbau ist muskulös, woran sie im Fitnessstudio noch besonders arbeiten.

Aldeger	Falk	Jupp	Neal	Sandy
Arvid	Geoffroy	Justinianus	Neil	Sigo
Bendix	Gerd	Klausdieter	Normann	Teddy
Bobby	Gregorius	Kristof	Odwin	Tim
Christian	Hakon	Laurentius	Olli	Unno
Detlev	Hansjoachim	Lew	Otto	Wally
Diddi	Heiko	Ludger	Paavo	Wiard
Ebo	Illo	Ludwig	Piet	Willy
Ede	Iwo	Marek	Rik	Wito
Eitel	Jens	Muck	Ron	Wulf

Das ist eine Auswahl. In diese Rubrik gehören auch alle Namen, die im Index der Vornamen die Kapitelziffer 41 tragen.

ELEMENT Feuer
TIERKREIS Fische
STEIN Lapislazuli, Karneol
PLANET Jupiter
FARBE *Blau/Blauviolett* beruhigt, *Gelb* regt an

MOTTO
Macht über das Schicksal

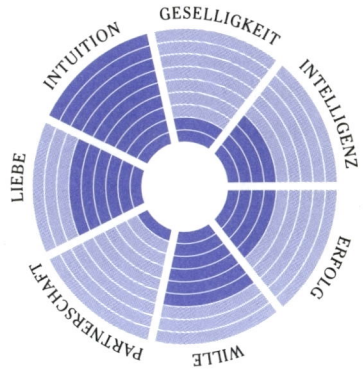

Charakterzüge, die der Vorname verstärkt

Der Name verstärkt die Fähigkeit, klug und weise zu sein und zu handeln. Er fördert den Namensträger und verleiht ihm Kraft durch Sicherheit. Namensträger dieses Typs handeln möglichst so, dass sie sich jederzeit selbst ins Gesicht sehen können. Geradliniges, korrektes Verhalten in kritischen Momenten ist für sie bezeichnend.

Im Laufe des Lebens entwickeln viele von ihnen Vorbildfunktionen. Das Spektrum der Möglichkeiten ist breit. Sie alle streben vor allem an, in Würde ihre Arbeit zu tun. Daher sind sie auch ideale Vermittler bei Streitigkeiten.

Wille

■ Wille und Weisheit: Der Namensträger setzt seinen Willen nur ungern unter Ausübung von Druck durch. Er ist mehr der weitherzige Mitmensch, der seinen Willen zum Kompromiss voll in seinen Beruf und in sein tägliches Leben einbringt. Im höheren Alter entwickelt er sich zu einem milden, gütigen Partner, dessen Wille es ist, alle Geschöpfe in Harmonie leben zu lassen.

■ Wille und Kompromiss: Der Namensträger gibt nicht unbedingt bedingungslos nach, sondern sucht den Kompromiss, auch im geschäftlichen Alltag. Daher findet man in dieser Gruppe vielfach Menschen, die besonders geschäftstüchtig und erfolgreich sind, weil sie unauffällig zu ihrem Vorteil agieren.

■ Wille und Wohlstand: Das harmonische, ausgeglichene Wachstum des eigenen Vermögens ist ihr erklärter Wille. Reißerisch errungene Erfolge sind ihnen zuwider. Sie sind die Aristokraten unter den Wollenden.

Vorname und Beruf

Diese Namensträger sind besonders glücklich, wenn sie in ihrer Umgebung oder ihrem Beruf für Ausgleich sorgen können. Sie fühlen sich wohl, wenn sie als Richter, Sachverständiger, Interpreten alle Seiten zufrieden stellen können. In einem Unternehmen müsste man sie zur Entgegennahme der Reklamationen aufgebrachter Kunden einteilen.

Im Team wird man diesen Namensträger einsetzen, um die unterschiedlichen Interessen auf einen Nenner zu bringen und die Streithähne zu reharmonisieren.

Stärken

Die Stärke der Namensträger liegt in ihrer Geselligkeit und ihrem Image, geduldige Zuhörer zu sein, die nicht den Konflikt suchen. Sie sind prüfend und kritisch und verfügen über eine gute Rednergabe.

Psychische Förderung durch diesen Vornamen

Der Vorname fördert das Feinsinnige des Seelenlebens: taktvolles Empfinden, intuitives Erfassen der seelischen Vorgänge im Partner. Es wird oft eine große Neigung zur Menschenliebe und zur Umwelt beobachtet. Mit zunehmendem Alter gewinnt die Einstellung zur Religion und Weltanschauung an Bedeutung.

Kein Licht ohne Schatten

Hat der Namensträger in den ersten Lebensjahren schlechte Erfahrungen gesammelt, dann versucht er mit Heuchelei, Scheinheiligkeit, Heimlichkeit und in verstecktem Handeln (Intrige) die von ihm erträumte Harmonie in seiner Umgebung künstlich zu schaffen.

Der Namenstyp in England und den USA

Dieser Vorname verleiht dem Träger zusätzlich zu den ererbten charakterlichen Grundlagen folgende Eigenschaften:

- Schiedsrichter
- Sunnyboy
- der gute Nachbar von nebenan
- verständnisvoll

Es sind Eigenschaften, die man in den TV-Serien dem Problemlöser in Familie, in Schule und Nachbarschaft zuschreibt.

Gerade in Großbritannien wird der unauffällige, höflich-aristokratische Typ sehr geschätzt.

Der Namenstyp in Frankreich

Er gilt als der Schwarm der Mädchen. Sie schätzen die nette Art, wie er die Dinge mit Esprit und einer gewissen Nonchalance angeht. Sein Verständnis und Einfühlungsvermögen machen ihn zum idealen Partner.

In modischen Belangen toleriert er auch extravagante Kleidung oder das aufsehenerregende Auftreten seiner Partnerin, auch wenn er selbst diese Mode nicht mitmacht. Er zeigt nicht, dass ihm dies Unbehagen bereitet.

Die Vornamensträger gelten als sehr gesellige, optimistische und sympathische Partygäste.

Cord	Felice	Irvin	Michael	Sacha
Dagobert	Focke	Jim	Mitch	Seraphinus
Dean	Friedrich	Jörn	Mucki	Steven
Dietwald	Gábor	Karol	Nat	Sulpicius
Donald	Geo	Klaus	Niko	Thomé
Ebergard	Gerwald	Lajos	Ole	Tjark
Edgar	Gustave	Leo	Onno	Trutz
Eiko	Harm	Lucas	Patricius	Velten
Elard	Helge	Luther	Pelle	Wichard
Enzo	Hilar	Manuel	Poul	Yannic
Ernestino	Hughes	Mario	Raimo	Zeno
Ezra	Hunold	Matti	Rino	

Das ist eine Auswahl. In diese Rubrik gehören auch alle Namen, die im Index der Vornamen die Kapitelziffer 42 tragen.

ELEMENT Erde
STEIN Chrysolith, Achat
PLANET Venus
FARBE *Orange* beruhigt,
Gelb regt an

MOTTO
Und das alles mit
viel Gefühl

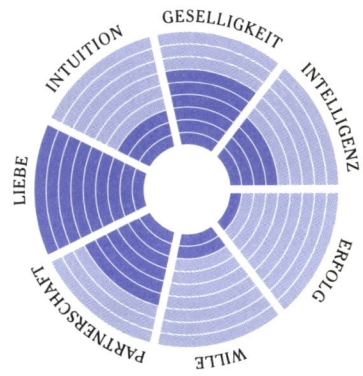

195

Charakterzüge, die der Vorname verstärkt

Der Name verstärkt die Gefühlsebene. Rein geistig würde man von der »großen Seele« sprechen, die für jede Regung Verständnis hat. Auf die Person des Namensträgers bezogen, beobachtet man, dass sie sehr stark von ihrem Gefühlsleben gesteuert wird und glücklich ist, Gefühle ausleben zu können. Ständig befindet sich der Namensträger auf der Suche nach Seelenverwandtschaften, Gleichgesinnten, Gleichfühlenden. Und er scheint sie instinktiv zu finden.

Wille

■ Wille und Gefühl: Der Namensträger setzt seinen ganzen Willen ein, um sich gefühlsmäßig erleben zu können. Er will länger jung bleiben, körperlich, geistig und seelisch immer topfit und obenauf sein.

■ Wille und Fitness: Der Name fördert alles, was mit Fitness und fitnesssteigerndem Sport zu tun hat. Der Wille dieser Männer ist es nicht zu siegen, sondern topfit zu sein. Sie scharen gern topfite Freunde, Kollegen, ja sogar Geschäftspartner um sich, damit sie ständig Vergleichsmöglichkeiten vor Augen haben.

Vorname und Beruf

Der Namensträger wird stark in Versuchung geführt, nur das Körperliche zu sehen. Daher sind Berufe, die mit schönen Menschen zu tun haben, bei diesen Männern besonders beliebt. Nicht jeder kann als Friseur, Modemacher oder in einem Fitnessstudio arbeiten. Deshalb findet sich bei den meisten Namensträgern eine Spaltung in Berufsleben und außerberufliche Interessen, die dem Trend des Vornamens folgen. Der Vorname beeinflusst also den Beruf des Namensträgers weniger als seine Freizeit.

Im Team hat dieser Namensträger keine dominierende Rolle. Er sorgt eher für Unruhe. Man hat ihn aber gern um sich und toleriert ihn deshalb, solange er seine Aufgabe erfüllt.

Stärken

Die Stärke des Namensträgers liegt in der Eröffnung von Möglichkeiten. Die Fähigkeit zur Anbahnung von Kontakten wird durch den Vornamen gefördert. Er hat einen Sinn für alles Körperliche, und das spürt seine Umgebung. Er hat einen guten Geschmack und wird ohne Mühe zum Trendsetter.

Psychische Förderung durch diesen Vornamen

Der Vorname fördert in der Jugend den Hang zur Ausschweifung, der sich im Alter zur Häuslichkeit hin verlagert. Der Drang, mit großem Aufwand in den eigenen vier Wänden ein Paradies für die Seele zu schaffen, nimmt im Laufe des Lebens zu.

Kein Licht ohne Schatten

Namensträger dieses Typs leiden, wenn die Äußerlichkeiten für ihr Auge nicht mehr stimmen. Da bekanntlich alles Schöne vergänglich ist, wachsen die Probleme mit zunehmendem Alter.

Der Namenstyp in England und den USA

Dieser Vorname verleiht dem Träger zusätzlich zu den ererbten charakterlichen Grundlagen folgende Eigenschaften:

- großer Sportler
- Lover
- Bay-Watch-Typ

Im Film spielt er die Rolle des Tennislehrers oder des Typs, der den offenen Sportwagen fährt.

Im Team setzt man ihn ein, um das Ergebnis einer Sitzung mit einem Zahnpasta-Lächeln vor laufenden Kameras zu verkünden.

Der Namenstyp in Frankreich

In Frankreich sieht man diesen Typ in der Kategorie des Playboys, der sich bis ins höhere Alter beweisen will. Man akzeptiert durchaus, dass er in seinem Leben durch Äußeres Erfolg zu haben scheint und sehr liebesbedürftig ist.

Er kleidet sich betont sportlich und umgibt sich mit Dingen, die von Designern stammen.

Die Vornamensträger gelten als Männer, die trotz aller Amouren einen praktischen, realistischen Sinn für Geld haben. Daher verbindet man mit diesem Typ auch den erfolgreichen, braungebrannten Geschäftsmann, der den Sommer an der Côte d'Azur verbringt.

Géza	Hugh	Landwin	Radolf	Urbanus
Gideon	Ian	Leone	Rambert	Valerio
Gilbert	Ingmar	Lion	Ratbod	Virgil
Giselbrecht	Ingram	Luciano	Rick	Volbert
Godehard	István	Luither	Romeo	Volker
Gotthard	Janko	Lutter	Seibold	Volkrad
Hadwin	Jascha	Mac	Siegbod	Weigand
Hänsel	Joakim	Marko	Stano	Werner
Hardy	Jöran	Maxim	Stenka	Wibert
Harold	Jurek	Mikael	Tebbo	Wieland
Heimo	Kálmán	Mirko	Thiemo	Wignand
Helmold	Keith	Mortimer	Thornton	Woody
Herbald	Kim	Otbert	Timmo	Zyprianus
Hertwig	Kornelius	Pitter	Ugo	

Das ist eine Auswahl. In diese Rubrik gehören auch alle Namen, die im Index der Vornamen die Kapitelziffer 43 tragen.

ELEMENT Feuer
STEIN Blauer Saphir, Karbunkel
PLANET Jupiter
FARBE *Blau* beruhigt, *Rot* und *Purpur* regen an

MOTTO
Mein ist der Sieg

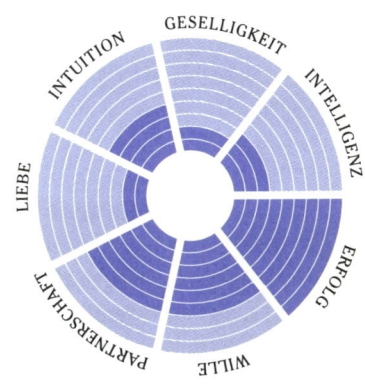

GESELLIGKEIT
INTUITION
INTELLIGENZ
LIEBE
ERFOLG
PARTNERSCHAFT
WILLE

Charakterzüge, die der Vorname verstärkt

Der Name mobilisiert bei diesem Namensträger alle seine Anlagen, für einen Sieg zu kämpfen. Dadurch gewinnen diese Namensträger oft und häufig unerwartet. Der Vorname verstärkt in diesem Fall die Fähigkeit zum Siegen im täglichen Lebenskampf.

Was sich auf den ersten Blick so positiv ausnimmt, hat aber eine Kehrseite. Bei Siegen gibt es Verlierer oder Unterlegene. Aus vielen Siegen erwachsen also viele Feinde. Von kleinauf sollten die Namensträger daher lernen, ihren Drang zum Sieg zu beherrschen und zu steuern. Das ist besonders schwierig, wenn charakterliche Eigenheiten durch den Vornamen gefördert werden. Man kann die Namensträger weder von Wettkämpfen im Schulsport noch von schulischen Höchstleistungen abhalten. Diese Erfahrungen scheinen das Leben des Namensträgers zu prägen.

Wille

■ Wille zum Sieg: Der Namensträger setzt seinen ganzen Willen ein, um zu siegen. Er will das ganze Leben als eine Herausforderung ansehen, die es zu meistern gilt. Etwas weniger von dieser Eigenschaft würde ihm nicht schaden und allen nutzen. Der Wille zur unmenschlichen Anstrengung ist gegeben.

■ Wille zur Übertreibung: Der Name fördert auch den Willen zur Rechthaberei, die der Namensträger durch seine Siege legitimiert wähnt. Die Namensträger dulden keinen Menschen gleicher Güte in ihrer Umgebung.

Vorname und Beruf

Alle Berufe, in denen Rangfolgen oder Bestenlisten eine Rolle spielen, finden die Namensträger optimal. Vorgesetzte, die mehrere Mitarbeiter dieses Typs in ihrem Team haben, tun gut daran, ständig Wettbewerbe auszuschreiben. Als selbstständig Tätige werden die durch diesen Vornamen geprägten Männer immer sehr erfolgreich sein und selbst auf steinigem Boden noch ernten können. Bei extremen Rettungsaktionen findet man oft erfolgreiche Helfer, die durch diesen Namen vorgeprägt sind.

Im Team erkämpft sich dieser Namensträger eine dominierende Rolle. Er arbeitet sich innerhalb der Gruppe über kurz oder lang zum Teamchef hoch oder wird zumindest der entscheidende Meinungsbildner der Gruppe.

Stärken
Die Stärke des Namensträgers liegt in der Leistung, die er erbringt. Er ist oft der Mann fürs Grobe. Auf seine Weise erobert er Neuland und schafft neue Bewertungsgrundlagen und Normen, an denen sich die anderen messen lassen müssen. Er wächst durch seine Siege.

Psychische Förderung durch diesen Vornamen
Der Vorname fördert Ängste, nicht siegreich zu sein. Mit zunehmendem Alter rückt diese Vorstellung in den Mittelpunkt und schwächt die Stützstreben des seelischen Korsetts. Die seelische Stimmungslage hängt davon ab, wie gut es dem Namensträger gelingt, eine erkämpfte Stellung zu sichern und auszubauen. Irgendwann wird er durch einen jüngeren Nachfolger übertrumpft werden – und diese unvermeidliche Niederlage steht ihm ständig vor Augen.

Kein Licht ohne Schatten
Namensträger, die – aus welchen Gründen auch immer – von Anfang an nicht siegen konnten oder durften, entfalten Energien in Richtung Fanatismus und Zerstörungssucht.

Der Namenstyp in England und den USA
Dieser Vorname verleiht dem Träger zusätzlich zu den ererbten charakterlichen Grundlagen folgende Eigenschaften:
- großer Siegertyp
- brillanter Überflieger
- kann eine Idee gegen den Rest der Welt durchsetzen

Im Film spielt er die Rolle des Selfmademan, in Kriegsfilmen die Rolle des Helden. In Actionfilmen rettet er allein die Geiseln, während eine Division schwer bewaffneter Kollegen verlegen danebensteht.

Im Team setzt man ihn ein, um die beschlossene Arbeit zu tun und ein positives Ergebnis zu erzielen.

Der Namenstyp in Frankreich

Frankreich vermisst bei diesem Siegertyp das Feinsinnige und Geistvolle. Hierzulande schätzt man mehr das Savoir-vivre. Man liebt sie nicht, diese Siegertypen, aber ohne sie könnte man nicht so leben, wie man lebt.

Der Namensträger dieses Typs kleidet sich betont sachlich und stets so, dass er in der Umgebung, in der er sich befindet, nicht auffällt.

Gilbrecht	Hildefons	Märten	Prosper	Thieß
Gordy	Hugbert	Maik	Rainier	Tiedo
Gunar	Ignaz	Marius	Rappo	Timofej
Guntwin	Ismael	Mats	René	Torbjörn
György	Jo	Mickel	Ricci	Ubbo
Hajo	Julian	Milko	Ricky	Ulf
Hans	Kaspar	Mommo	Roald	Uriel
Hayo	Klaudius	Niels	Rumold	Valentin
Heilmuth	Lambert	Octavius	Sasso	Walram
Heiner	Landrich	Ortulf	Siegwald	Waltram
Heino	Leonhard	Otger	Sigi	Wigmar
Helmut	Linnart	Paolo	Stanislaus	Wilmar
Hilbrand	Luiz	Pepe	Theodosius	Yannick

Das ist eine Auswahl. In diese Rubrik gehören auch alle Namen, die im Index der Vornamen die Kapitelziffer 44 tragen.

ELEMENT Erde
STEIN Onyx, Amethyst
PLANET Saturn
FARBE *Indigo* beruhigt, *Braun* regt an

MOTTO
Und Friede sei in meiner Umgebung

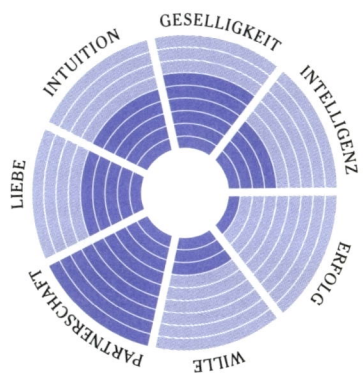

Charakterzüge, die der Vorname verstärkt

Der Name fördert die Wunschvorstellung des Namensträgers, in einer Atmosphäre von Freude und Schönheit, Gesundheit, Friede und Glück zu leben. Diese Männer versuchen ihren Wunsch zu verwirklichen. Dafür arbeiten sie und nehmen viele Mühen in Kauf.

Namensträger dieses Typs sind sehr ehrgeizig und vorwärtsstrebend und scheuen sich nicht, für ihre Ziele hart zu arbeiten. Sie sind geduldig, nachdenklich und misstrauisch. Alles, was sie unternehmen, erledigen sie mit System. Das ist die Stärke, die ihnen ihr Vorname verleiht.

Wille

■ Wille zum Ideal: Der Namensträger kann seinen starken Willen für die Erlangung seines eigenen Himmels einsetzen. Auf dem Weg dorthin begegnet er anderen, deren Himmel sich aber von seinen Vorstellungen unterscheidet. Hier liegt der Schlüssel zu seinen Problemen.

■ Wille zur Harmonie: Der Vorname verleiht dem Namensträger den festen Willen zum Ausgleich und zur Harmonie. Gleichzeitig verstärkt er den Willen, keine Vielfalt zuzulassen. Gern verbietet der Namensträger seiner Umgebung, einen Weg zu betreten, den er nicht freigegeben hat.

■ Wille und Recht: Der Wille zur Gerechtigkeit macht ihn zum Fanatiker, wenn es darum geht, Sühne für Unrecht jeder Art zu verlangen.

Vorname und Beruf

Die Namensträger fühlen sich besonders wohl in Berufen, in denen eine normierte Gerechtigkeit vorgegeben ist. Zum Beispiel in allen öffentlichen Berufen, in denen das Handeln durch schriftliche Vorgaben geregelt wird. Zu ihnen passen auch Berufe wie Statiker oder technischer Zeichner, bei denen anhand von Zahlen, Maßen und Formeln entschieden werden kann, was richtig und was falsch ist. Im Grunde können die Namensträger in allen Berufen arbeiten, nur werden sie stets in eine Abteilung streben, in der alles bis ins Detail geregelt ist.

Vorgesetzte, die in ihrem Team einen Mitarbeiter benötigen, der die Einhaltung von Vorschriften überwacht, fahren mit diesem Namenstyp besonders gut. Daher sind auch Kontrolleure oder Budgetüberwacher in dieser Gruppe häufig zu finden.

Stärken

Die Stärke der Namensträger liegt in ihrem lebhaften und kraftvollen Temperament. Sie sind vielseitig, weil sie alles erproben, was in den Himmel ihrer Vorstellungen führen könnte. Oft wiederholen sie einen Weg, in der Hoffnung, dass es dann besser klappt.

Psychische Förderung durch diesen Vornamen

Der Vorname fördert den Ausgleich. Dieser wird zwischen Körper und Seele nicht ohne weiteres errungen. Anzeichen für einen solchen Konflikt sind Argwohn, überzogene Ansprüche und Rachsucht.

Kein Licht ohne Schatten

Der Wille zur Harmonie kann in Selbstzweifel und Resignation umschlagen.

Der Namenstyp in England und den USA

Dieser Vorname verleiht dem Träger zusätzlich zu den ererbten charakterlichen Grundlagen folgende Eigenschaften:

- Anwalt der Entrechteten
- Verteidiger der Schwachen

Im Film spielt er die Rolle des Einzelkämpfers, der sich für die Sklaven einsetzt oder für die arme Witwe, die vom reichen Rancher erpresst wird. Auch als Detektiv oder Anwalt engagiert er sich für die Underdogs.

Im Team ist ihm die Rolle des loyalen Mitglieds zugewiesen, auf dessen Arbeit man vertraut.

Der Namenstyp in Frankreich

In Frankreich fühlt sich dieser Typ besonders wohl. Dort huldigt man dem Wunschbild des schönen, gerechten und guten Lebens. Die Vorstellungen der

meisten Menschen in diesem Land entsprechen dem Lebensziel des Namensträgers.

Den Träger dieses Vornamens macht es glücklich, das anzuziehen, was gerade en vogue ist. Sein Essverhalten stimmt er auf die gesunde Küche ab, die
gerade in Mode ist. Er lebt gesund, allerdings ohne sich sonderlich zu bemühen.

Zu seinem Glück gehört es auch, verdrossen zu sein, wenn alle anderen
verdrossen sind. Sein Himmel ist der Welt der Mehrheit angepasst. Das
macht ihn glücklich.

Jeremy	Levis	Nino	Rathard	Tage
Jochem	Linus	Nys	Reinold	Ted
Johnny	Lorenzo	Oleg	Rickmer	Theodemar
Jorge	Lude	Omke	Ringo	Thibaut
Jourdain	Ludovico	Otfried	Rodebert	Torolf
Julio	Manolo	Owe	Romuald	Vicco
Karsten	Marcello	Pascal	Sascha	Viktor
Klemens	Mark	Paul	Sebaldus	Volkbert
Lambrecht	Markus	Peet	Serge	Wassily
Larry	Matthias	Percy	Severinus	Wido
Laurin	Meijer	Perry	Sieghard	Winni
Leonard	Mikosch	Pit	Sigfried	Wolfgang
Lester	Niccolò	Pius	Stanley	Zymund

Das ist eine Auswahl. In diese Rubrik gehören auch alle Namen, die im Index der Vornamen die Kapitelziffer 45 tragen.

ELEMENT Luft
STEIN Blauer Saphir
PLANET Uranus
FARBE *Hellblau* beruhigt, *Lila* und *Gelb* regen an

MOTTO
Wissen ist Macht

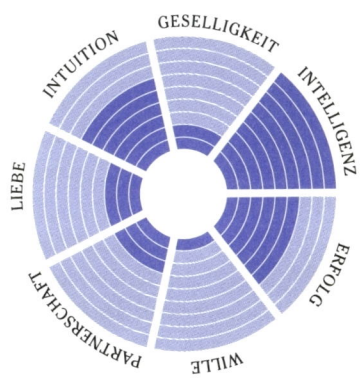

Charakterzüge, die der Vorname verstärkt

Der Name fördert den Wunsch des Namensträgers nach Wissen und Informationen. Der Drang ist so stark, dass viele Namensträger mit dem, was ihnen angeboten wird, nicht zufrieden sind. Daher versuchen sie, sich als Autodidakten zusätzliches Wissen anzueignen. Sie entwickeln sich über kurz oder lang zu reinen Verstandestypen. Ein Beispiel: Sie geben sich nicht damit ab, Software perfekt handhaben zu können, bald schon müssen sie ihre eigene Software perfekt schreiben können.

Namensträger dieses Typs zeigen die Neigung, zurückhaltend zu kommunizieren. Bei ihnen muss man sehr genau auf die Wahl ihrer Worte achten. In dem Satz, den sie formulieren, steckt meist mehr als nur eine Information. Erkennt man dieses Spiel nicht, sind sie schnell beleidigt und ziehen sich zurück.

Wille

■ Wille zum Gespräch: Der Namensträger setzt seinen Willen durch, indem er durch Argumentation und Logik überzeugt. Sein Wille beginnt zu wirken, wenn das Thema für ihn ausdiskutiert ist. Es ist die sanfte Art, den Willen zu äußern, aber trotzdem fest und unbeugbar zu bleiben.

■ Der sanfte Wille: Der Vorname verleiht dem Namensträger auch die Fähigkeit, seinen Willen sanft durchzusetzen. Sein Wille kommt aus dem Herzen.

Vorname und Beruf

Die Namensträger fühlen sich besonders wohl in Berufen, in denen weniger das Handwerkliche als das Theoretische gefordert wird. Als Verstandestypen behagt es ihnen, wenn sie mental bis zu ihrer Belastungsgrenze gefordert werden. Danach schalten sie für jedermann sichtbar ab und suchen Erholung im Nachgespräch außerhalb der Arbeit, wobei sie ihre Arbeit immer wieder neu durchdenken und auf mögliche Fehler durchsuchen.

Der Namenstyp fördert den Drang zu Reisen und Veränderungen. Diese Männer begeistern sich schnell, wenden sich aber auch rasch wieder einem anderen Objekt des Interesses zu. In eintönigen Berufen leiden sie.

Stärken

Die Stärke der Namensträger liegt in ihrer Begeisterungsfähigkeit und der Flexibilität im Denken. Gesellschaftlich sind sie wegen ihrer geistvollen Beiträge gern gesehene Gäste. Im Privaten zelebriert dieser Namenstyp das Image eines Lebenskünstlers mit sympathischer Lebensphilosophie.

Psychische Förderung durch diesen Vornamen

Der Name lässt die Seele träumen: von der Harmonie zwischen Körper und Geist, von einem Paradies, in dem alle Menschen einander in Herzlichkeit verbunden sind.

Kein Licht ohne Schatten

Namensträger, die von der Welt enttäuscht wurden, leiden mit Herz und Verstand. Manchmal ist dies etwas zu viel.

Der Namenstyp in England und den USA

Dieser Vorname verleiht dem Träger zusätzlich zu den ererbten charakterlichen Grundlagen folgende Eigenschaften:

- smarter Partylöwe
- Mittelpunkt der studentischen Fete
- der Unverheiratete

Im Film spielt er die Rolle des genialen Planers, Denkers, Werbestrategen oder Autors, der anfänglich verkannt und später von aller Welt beklatscht wird.

Vorgesetzte setzen diesen Typ im Team als Vordenker ein und beachten seine Beiträge während des Brainstormings. Er hat die Idee, nach der die anderen mühselig suchen.

Der Namenstyp in Frankreich

In Frankreich findet man diesen Typ häufig in Paris vor. Von der Kleidung her signalisiert er den Intellektuellen. Schal, Mütze, Brille sind unter anderem Zeichen, mit denen er seinen Typ gern herausstellt. Erst im Gespräch entfaltet er sein volles Repertoire und überzeugt sein Gegenüber durch enormes Wissen.

Man sieht, dass in ihm etwas von einem Revolutionär, zumindest des Geistes, steckt. Das macht ihn glücklich.

Hansgeorg	Justus	Ortger	Roy	Traugott
Heimbrecht	Kevin	Otthermann	Salvatore	Václav
Heinko	Klaas	Otwin	Siegbold	Viktorius
Henne	Lenhard	Placidus	Siegmar	Wadislaus
Herward	Lenny	Quintinus	Silvan	Waldebert
Hilmar	Lodewik	Rando	Silvester	Wassilij
Holger	Luitbert	Raphael	Sixtus	Wendel
Howard	Manolito	Ratbold	Stenzel	Werni
Ibo	Marwin	Reimer	Suitbert	Wilbert
Isidoros	Meinhold	Reinhard	Sven	William
Iwar	Miloslav	Reno	Sylvester	Wulfila
Job	Narziß	Ricardo	Thierri	Yvon
Jonathan	Nepomuk	Rochbert	Thilo	
Joschua	Nicola	Roger	Timmy	
Juri	Nikolaus	Romanus	Tjerk	

Das ist eine Auswahl. In diese Rubrik gehören auch alle Namen, die im Index der Vornamen die Kapitelziffer 46 tragen.

ELEMENT Luft
STEIN Bernstein
PLANET Uranus
FARBE *Weiß* beruhigt, *Gelb* und *Rot* regen an

MOTTO
Abwechslung ist das halbe Leben

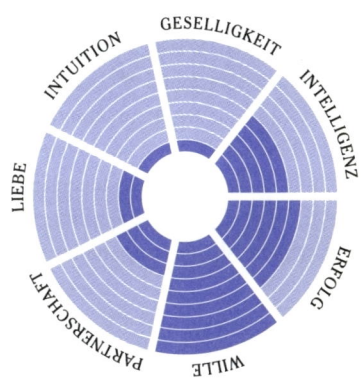

Charakterzüge, die der Vorname verstärkt

Der Name fördert den Wechsel im Allgemeinen. Durch den ständigen Wechsel bildet sich bei diesen Namensträgern die Fähigkeit zur Intuition besonders stark aus. Zu einem großen Teil sind sie aber auch selbst an der Unbeständigkeit in ihrem Leben schuld.

Mit der Zeit akzeptieren die Namensträger das Abenteuer des ständigen Auf und Ab in ihrem Leben. Dann wird auch ihre Fähigkeit zu überlegtem Handeln, besonnenen Reagieren und ruhiger Erwartung der Zukunft sichtbar. Darin liegt ihre Stärke.

Namensträger dieses Typs lieben das Exzentrische, Unerwartete, das sie mit leichter Hand bewältigen.

Wille

■ Wille, Ruhe und Geschick: Der Namensträger setzt seinen Willen in erster Linie ein, um ein Mindestmaß an Beständigkeit für sich und in seiner Umgebung zu gewährleisten. Es ist zu beobachten, dass die Durchsetzung des Willens plötzlich, für die Umgebung unvermittelt, kommt. Widerstände bewältigt der Namensträger mit viel Geschick, immer ist er bemüht, keine unnötigen Nachbeben zu erzeugen.

■ Wille und Beharrlichkeit: Die Namensträger entpuppen sich als verbissene Fighter, die aus jeder Lage noch etwas Besseres machen wollen.

Vorname und Beruf

Die Namensträger sind am liebsten in Berufen tätig, in denen etwas aufgebaut wird. Dazu gehören natürlich die Bauberufe. Wer anderweitig tätig ist, sucht seine Erfüllung im Bauen oder Umbauen des eigenen Heims. Aber auch Menschen, die Maschinen aufstellen oder vor Ort montieren, finden sich in dieser Gruppe. Gleichzeitig trifft man bei diesem Namenstyp auch die Tüftler und Erfinder an, die Bestehendes immer wieder verbessern wollen.

Stärken

Die Namensträger sind im Handumdrehen »von null auf hundert«. Wo andere noch umständlich überlegen müssen, haben sie schon die Lösung parat; bis andere in den zweiten Gang schalten, sind sie schon im vierten. Mit diesem rasanten Tempo verblüffen sie ihre Umwelt immer wieder.

Psychische Förderung durch diesen Vornamen

Der Name verleiht der Seele die Stärke, sich in guten wie in schlechten Zeiten zu behaupten. Gleichmut und Selbstvertrauen verleihen das nötige innere Gleichgewicht, um im Auf und Ab der Ereignisse zu bestehen.

Kein Licht ohne Schatten

Namensträger, die im Leben nur schlechte Erfahrungen gemacht haben, reagieren oftmals kopflos, wenn sie herausgefordert werden. Sie erleiden Nachteile durch überstürztes Handeln und sind launisch.

Der Namenstyp in England und den USA

Dieser Vorname verleiht dem Träger zusätzlich zu den ererbten charakterlichen Grundlagen folgende Eigenschaften:

- Lebenskünstler
- Kämpfer für die Familie

Im Film spielt er die Rolle des zeitweiligen Pechvogels, der alles verliert und für den sich am Ende das Schicksal wieder zum Guten wendet.

Vorgesetzte setzen diesen Typ im Team als Außendienstler ein, der vor Ort selbstständig Probleme lösen soll. Er hat das Image eines Machertyps im Kleinen.

Der Namenstyp in Frankreich

In Frankreich findet man diesen Typ oft als geschickten Helfer, der die vielen kleinen und großen Reparaturen ausführt, die in diesem Lebensraum anfallen. Das gilt nicht nur für Handwerkliches, sondern auch für den zwischenmenschlichen Bereich. Bei einem Gläschen Wein renkt dieser »C'est-la-vie«-Typ als hilfsbereiter Nachbar viele kleine Probleme wieder ein.

Gunthard	Koloman	Ludo	Phil	Sixten
Hado	Konny	Luitbrecht	Pinkas	Stefano
Hariulf	Kort	Manfred	Rabanus	Tetje
Heimfried	Kuno	Maurizio	Raimar	Theo
Helmwart	Landolin	Meinold	Randulf	Theodore
Herold	Laurenz	Merlin	Reiner	Thoralf
Horst	Lauritz	Miklós	Rembert	Tilo
Idris	Lenard	Montgomery	Renato	Tonio
Immanuel	Leon	Nathanael	Richmar	Uffo
Iso	Leonidas	Nicolai	Rob	Urs
Jasper	Levin	Omko	Rolando	Veltin
Jimmy	Lienhard	Orlando	Romain	Warwick
Jordan	Lorenz	Osmund	Ruben	Widukind
Josip	Lovis	Parzival	Serenus	Wigbrecht
Julius	Luc	Pepito	Siggi	Wiland

Das ist eine Auswahl. In diese Rubrik gehören auch alle Namen, die im Index der Vornamen die Kapitelziffer 47 tragen.

ELEMENT Wasser
STEIN Jaspis, Amethyst
PLANET Neptun
FARBE *alle Farben* bis auf
Schwarz und Grau

MOTTO
Leben und leben
lassen

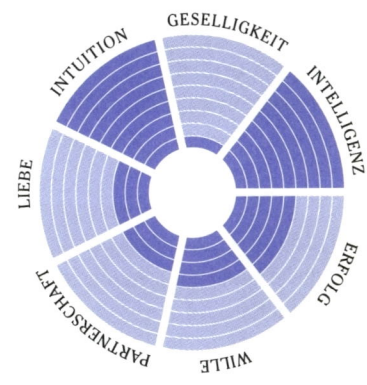

Charakterzüge, die der Vorname verstärkt

Der Name fördert das geistige Schaffen der Namensträger. Ihre Neigung zu allem Mystischen ist deutlich auszumachen. Der Namensträger neigt dazu, sich zwischen den Extremen der geistigen Schärfe und des Spekulierens hin und her zu bewegen. Spirituelles Nachdenken und Gespräche darüber im Freundeskreis werden bei ihm zum Hobby. Seine Erkenntnisfähigkeit ist der vieler anderer Menschen überlegen. Er wird oft als Träumer angesehen, weil seine Erkenntnisse nicht von praktischem Nutzen sind.

Geschätzt werden der scharfe Verstand dieses Typs und seine Fähigkeit, eine Entwicklung vorauszusehen. Er hat einen guten Riecher. Mit zunehmendem Alter wächst seine Selbstsicherheit. Diese Männer verfolgen ihre Pläne zäh und haben großen Erfolg damit.

Wille

■ Wille und Verstand: Der Namensträger setzt seinen Willen mit Verstand ein. Er verfolgt beharrlich sein Ziel, versucht aber nur selten, seinen Willen mit Gewalt durchzusetzen.

■ Wille und Gemüt: Der Wille wird je nach Gemütslage einmal offen, einmal versteckt ins Spiel gebracht. Diese Besonderheit verwirrt die Umgebung. Die Kombination von Gemüt und Wille bringt für Träger dieses Namenstyps, die künstlerisch tätig sind, große Vorteile.

Vorname und Beruf

Die Namensträger fühlen sich besonders wohl, wenn sie sich einem kreativen oder künstlerischen Beruf hingeben können. Auch Musiker, Fotografen, Tänzer gehören in diese Gruppe. Ebenso Kopfarbeiter, etwa Psychologen, die im Nebel der Gedanken anderer stochern. Wer aufmerksam beobachtet, stellt fest, dass viele dieser Namensträger auf ihre Umgebung eher ungewollt eine spirituelle Macht ausüben. Auch erfolgreiche Prediger oder Priester gehören zu diesem Namenstyp.

Stärken

Die Stärke dieser Namensträger liegt in ihrer Inspiration. Mühelos sind sie in der Lage, mit einem einzigen Wort eine ganze Gruppe in eine neue Richtung zu lenken.

Psychische Förderung durch diesen Vornamen

Der Name fördert das Verlangen nach Einsamkeit. Das resultiert aus der Erfahrung, dass die schöpferische Kraft immer dann am stärksten wird, wenn die Namensträger keine Rücksicht auf andere nehmen müssen und sich ganz ihrer Inspiration hingeben können. Je ungestörter ihre Seele, desto größer ihr Werk.

Kein Licht ohne Schatten

Namensträger, die durch ihre Umgebung sehr stark behindert und eingeschränkt werden, neigen dazu, in Träume zu verfallen – natürliche und künstlich herbeigeführte Träume.

Der Namenstyp in England und den USA

Dieser Vorname verleiht dem Träger zusätzlich zu den ererbten charakterlichen Grundlagen folgende Eigenschaften:

- Weitblick des großen Häuptlings
- König-Artus-Typ

Der amerikanische Film kombiniert diesen Typ eines Weisen meist mit einem jugendlichen Helden, der fernöstliche Weisheit erlernen will.

Vorgesetzte setzen diesen Typ im Team sowohl als Ideenfinder wie auch als Querdenker ein. Oft ist er bei der Vorbesprechung zu einem Teamtreffen dabei.

Der Namenstyp in Frankreich

Mit diesem Namenstyp kommen die Franzosen gesellschaftlich nicht so recht klar. Daher zieht er sich zusammen mit Freunden, die eine Art kleinen Zirkel bilden, gern in den privaten Bereich zurück. Es ist jene fast im verborgenen blühende Pariser Intelligenz, ein Mix aus Künstlern, Studenten und Intellektuellen. Meist erfährt man von ihrer Existenz erst, wenn sie nach einigen Jahren Paris wieder verlassen. Viele große Maler und Chansonniers sollen aus solchen Zirkeln hervorgegangen sein.

Gregorio	Hermann	Luitfried	Ratbert	Tibor
Gunter	Hildebert	Mäthes	Reimbert	Timothée
Guntmar	Huldreich	Manfredi	Reinulf	Tobby
Gustaf	Imre	Marquard	Riklef	Tristan
Hadewin	Ingwin	Meinhard	Rodrigue	Vilmer
Hanke	Jaime	Merten	Rudolf	Vlado
Haribert	Jodok	Moritz	Salomon	Volkwin
Hartmut	John	Neidhard	Sebastian	Walfried
Hasko	Jürg	Niklaus	Servaas	Wasja
Heike	Kenneth	Nils	Siegbert	Wilhelm
Heinzjakob	Kyrill	Notker	Silvio	Witold
Hellfried	Landulf	Ottomar	Stephan	Woodrow
Henner	Lennart	Pablo	Stuart	Xavier
Henri	Lothar	Pirmin	Theodebald	Zdenko

Das ist eine Auswahl. In diese Rubrik gehören auch alle Namen, die im Index der Vornamen die Kapitelziffer 48 tragen.

ELEMENT Wasser
STEIN Periodot, Chrysolith
PLANET Neptun
FARBE *Purpur* regt an,
Blau beruhigt

MOTTO
Steter Tropfen höhlt
den Stein

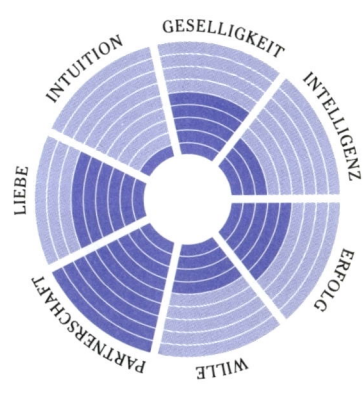

Charakterzüge, die der Vorname verstärkt

Der Name fördert die Bereitschaft zum Einsatz für andere Menschen. Dieses Engagement kann die Unterhaltung eines Publikums sein, das durch Darbietungen für einige Stunden aus seinen Alltagssorgen gerissen wird, oder auch die direkte Pflege von Bedürftigen. Alle Einsatzgebiete, die eine gewisse Selbstlosigkeit und mehr oder minder konkrete Dienstleistungen erfordern, gehören hierher.

Eine weitere Eigenschaft dieser Namensträger ist, dass sie praktisch und kompromisslos Ideen umsetzen. Sie sprechen nicht nur, sie legen selbst Hand an.

Wille

■ Wille und Sanftmut: Der Namensträger setzt seinen Willen mit Güte und Barmherzigkeit durch. Er gehört nicht zu den Menschen, die durch einen deutlich spürbaren Willen auffallen. Vielmehr legt er bei der Umsetzung seiner Ziele ein menschenfreundliches Verhalten an den Tag.

■ Wille und Geduld: Hinsichtlich ihres Willens werden diese Männer von ihrer Umgebung oft missverstanden oder missdeutet, denn sie lassen sich bei der Durchsetzung ihres Willens viel Zeit. Überblickt man jedoch einen größeren Zeitraum, dann erkennt man, dass in dieser Sanftmut System steckt. Steter Tropfen höhlt den Stein. Der Namensträger verfolgt beharrlich sein Ziel, versucht aber seinen Willen nur selten mit Gewalt durchzusetzen.

Vorname und Beruf

Bei keinem anderen Vornamenstyp ist die Bereitschaft zum Dienst an der Gesellschaft so ausgeprägt wie hier. Die Beschreibung ist kurz und bündig: Engagement und Aufopferung.

Stärken

Diese Namensträger sehen, wo Not am Mann ist. Ihr Instinkt, auch für andere, macht sie zu Männern, die jede nur denkbare Situation erkennen. Sie können sich rasch einen Überblick verschaffen und den Überblick behalten.

Psychische Förderung durch diesen Vornamen

Der Name fördert Ängstlichkeit und Furchtsamkeit. In Zeiten, in denen sie nicht gefordert werden, leiden die Vornamensträger an Bedenken gegenüber allem und jeden. Sie sind oft überängstlich gegenüber der Umwelt, der eigenen Firma und der Familie. In solchen Zeiten agieren sie kaum noch und warten ab, um dann bei der nächsten Herausforderung wieder ein völlig verwandeltes Wesen zu sein. Wer sie deshalb für launisch und unentschlossen hält, missversteht sie.

Kein Licht ohne Schatten

Namensträger, die durch eine schwierige Jugend gegangen sind, betäuben oft ihre Ängste.

Der Namenstyp in England und den USA

Dieser Vorname verleiht dem Träger zusätzlich zu den ererbten charakterlichen Grundlagen folgende Eigenschaften:

- aufopfernd
- weitblickend

Vorgesetzte setzen diesen Typ im Team ein, wenn es darum geht, einen Scherbenhaufen zu beseitigen. Er ist der Reharmonisierer.

Der Namenstyp in Frankreich

Die Eigenschaften, die durch diesen Typus gefördert werden, verbindet man mit dem Mann aus der Provinz, der nach Paris kommt. Ihm muss geholfen werden, aber er hilft den anderen auch viel mit seinen Kenntnissen vom Landleben.

Auf Kleidung legt dieser Typ keinen großen Wert. Interessanterweise sind es auch die Köche, die man mit diesem Typ in Verbindung bringt.

Dolf	Gorch	Isbert	Martinus	Richbert
Eginald	Gottlob	Jakobus	Maurus	Rochwin
Elias	Gratian	Jeremias	Meinrad	Roderich
Emeran	Gregor	Jorg	Miguel	Rodolf
Engelbrecht	Gunnar	Jorrit	Montague	Rollo
Enrico	Hadrian	Jürgen	Mustapha	Ronald
Erhard	Hanns	Karel	Nestor	Rufinus
Eusebius	Hanswilli	Kersten	Nicolás	Rurik
Farfried	Hartlieb	Kraft	Odilo	Sammy
Fidelius	Heimeran	Landolf	Osborne	Sándor
Francis	Heinzwilli	Laurent	Othmar	Saulus
Friedhelm	Hennes	Lotar	Quint	Sibo
Gabriele	Hero	Ludolf	Ralph	Siegmund
Geórgios	Hildeger	Luitwin	Reimbald	Sievert
Gerrit	Hilger	Marinus	Reinolf	Sören
Giselmar	Hyazinth	Marlon	Renatus	Thasso

Das ist eine Auswahl. In diese Rubrik gehören auch alle Namen, die im Index der Vornamen die Kapitelziffer 49 tragen.

ELEMENT Feuer
STEIN Beryll, Amethyst
PLANET Mars
FARBE *Rot* regt an,
Grün beruhigt

MOTTO
Alles wandelt sich

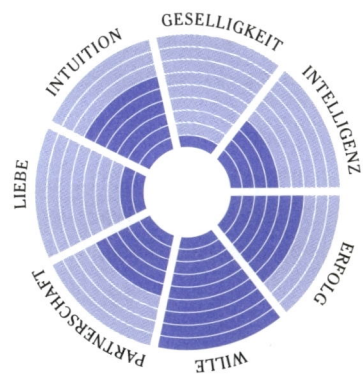

Charakterzüge, die der Vorname verstärkt

Der Name fördert Eigenschaften, die im Zusammenhang mit der Ausführung von Aufträgen stehen. Müheloser als andere können die Namensträger Aufgaben erfüllen und darüber hinaus auch Verbesserungsmöglichkeiten erkennen. Sie sind die idealen Reformer, diejenigen, die für den Fortschritt im Sinne der Arbeitserleichterung eintreten.

Bei Namensträgern dieses Typs fällt auf, dass sie jedes Mittel einsetzen, um eine Veränderung zu erreichen. Sie verwandeln sich, passen sich an, um dem zu gleichen, was sie verwandeln wollen. Dieser Vornamenstyp fördert Eigenschaften, die als Widerspruch und Opposition gedeutet werden. Sie lieben das unabhängige Handeln. Das macht sie oft unvorsichtig. Schwierigkeiten in ihrem Leben können nicht ausbleiben, wenn sie in untergeordneter Stellung »dienen« müssen. Sie sind die klassischen Rebellen.

Wille

■ Wille und Unabhängigkeit: Der Namensträger setzt seinen Willen mit Begeisterung, Ehrgeiz und Idealismus durch. In erster Linie ist es der Freiheitsdrang in ihm, der ihn unerbittlich macht. Der Wille zur Veränderung, selbst dort, wo es eigentlich nichts zu verändern gibt, macht ihn oft zum Außenseiter.

■ Wille und Fanatismus: Diese Namensträger neigen zum Fanatismus, weil sie Wille und Begeisterung verknüpfen. Sie überwinden dadurch leicht Hindernisse, vor denen andere kapitulieren müssen. Es ist jener Wille, der an Pionieren so bewundert wird.

Vorname und Beruf

Überall dort, wo es Neuland zu entdecken gilt oder die Dinge zurechtgerückt werden müssen, ist der Typ dieses Namensträgers gefragt. Er möchte keine Schreibtischaufgaben lösen, sondern durch Tatkraft scheinbar unüberwindliche Probleme meistern. Im praktischen Einsatz tut er dies, indem er ohne Wenn und Aber handelt.

Stärken

Ihre Tatkraft ist ihre Stärke. In deren positivster Auswirkung sind sich diese Namensträger für keine Aufgabe zu schade. Sie verstehen es, anderen ihre Meinung aufzudrängen.

Psychische Förderung durch diesen Vornamen

Ihre seelische Unzufriedenheit zwingt sie ständig, nach Verbesserungen zu streben. Je öfter sie ihre Tatkraft einsetzen können, desto hastiger werden die Aktivitäten. Die Misserfolge, die sich daraus ergeben, machen sie krank. Man kann demnach nur bedingt von einer psychischen Förderung durch den Vornamen sprechen.

Kein Licht ohne Schatten

Namensträger, die sich auf keine Ziele ihres Wollens festgelegt haben, gelten oft als Wirrköpfe. Überhaupt sind ihre Aktivitäten für viele Mitmenschen eher unangenehm. Oft toleriert man sie, weil man sie braucht, aber man liebt sie nicht.

Der Namenstyp in England und den USA

Dieser Vorname verleiht dem Träger zusätzlich zu den ererbten charakterlichen Grundlagen folgende Eigenschaften:

- Pionier, Entdecker, Weltraumheld
- der Rebell, der für ein Ideal kämpft

Im Film wird der Namenstyp etwa durch die Charaktere verkörpert, die eine Eisenbahn durch den Wilden Westen bauen. In Kriegsfilmen sind es diejenigen, die den Panzer wieder flott machen oder mit körperlichem Einsatz ein Hindernis beseitigen.

Vorgesetzte setzen diesen Typ im Team ein, wenn es darum geht, die Gruppe in den gemeinsamen Kampf zu führen. Er ist derjenige, der als erster aufsteht und sagt: »Lasst uns gehen und die Aufgabe erledigen.«

Der Namenstyp in Frankreich

Die Franzosen verbinden diese Eigenschaften mit dem Militär, von Napoleon bis hin zur Fremdenlegion. Man jubelt ihnen zu, weil sie Siege erringen oder Pionierleistungen erbringen.

Ihre Kleidung ist korrekt, aber kleine Auszeichnungen, Ehrennadeln etc. heben diese Namensträger häufig aus der Masse der »Zivilisten« hervor. Man verbindet mit diesem Outfit auch den höheren Beamten oder Notar. Den Typ, auf den man sich verlassen kann, da er im Sinne der Gesellschaft handelt.

Adalbrand	Frantek	Karlmann	Ossi	Silvius
Adelbrecht	Fredrich	Kermit	Ottmar	Sisto
Ailbert	Gasparé	Landolt	Piero	Steffel
Alexander	Gismar	Lazarus	Pietro	Tasso
Anastas	Gotthold	Liebwin	Quentin	Theodulf
Bertold	Guillaume	Luidolf	Raimund	Tobias
Brandolf	Harry	Marian	Ratfried	Udalbert
Casimir	Heinrich	Matthäus	Reinbald	Wedekind
Corvin	Henning	Meinald	Rickard	Willibert
Dietrich	Henrik	Melchior	Rocky	Winibald
Dimitrij	Hoimar	Mischa	Rüdiger	Wiprecht
Eberolf	Ingold	Modestus	Ruthard	Wolrad
Eginolf	Isger	Mustafa	Samson	Xander
Eugenio	Joris	Nantwin	Seraphim	Zyriak
Fons	Joubert	Octavian	Servazio	

Das ist eine Auswahl. In diese Rubrik gehören auch alle Namen, die im Index der Vornamen die Kapitelziffer 50 tragen.

ELEMENT Erde
STEIN Topas, Achat
PLANET Venus
FARBE *Gelb* regt an,
Blau und *Grün* beruhigen

MOTTO
In mir ist die
Energie

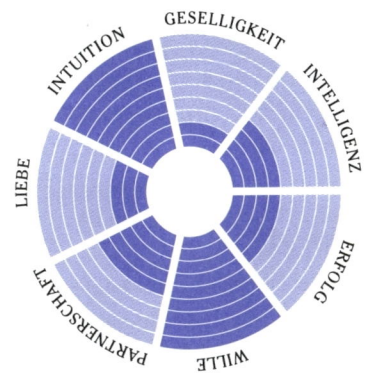

227

Charakterzüge, die der Vorname verstärkt

Der Name fördert Eigenschaften, die im Zusammenhang mit der Selbstbeherrschung stehen. Die Namensträger können genügsam sein, wenn dies nötig ist, um ein Ziel zu erreichen. Diese Haltung ist ihr Erfolgsrezept, mit dieser Eigenschaft erreichen sie viel im Leben. Es ist zu beobachten, dass so beeinflusste Namensträger sehr viel Energie sparen, die sie dann zielgerichtet auslösen. Sie reagieren nicht sofort auf eine Situation, sondern warten ab. Wenn es aber zu einer Reaktion kommt, dann mit durchschlagender Energie. Der Vorname fördert Festigkeit, physische Stärke, Konzentration und verhaltene Kraft.

Wille

■ Wille ohne Worte: Der Wille des Namensträgers ist oft nur an seinen Handlungen zu erkennen. Diese Männer müssen vorher nichts ausdiskutieren. Oft irritieren sie ihre Umwelt durch die Maske, die sie tragen. Wenn überhaupt, bringen sie ihren Willen kurz und prägnant zum Ausdruck.

■ Wille und Lebensenergie: Der Wille dieser Namensträger konzentriert sich auf die Lebenskraft. Sie erleben sich oft als Batterie, die aufgeladen sein muss. Dann warten sie in Ruhe auf den Einsatz.

Vorname und Beruf

Diese Namensträger sind die Sprinter unter den Sportlern. Alle Berufe, in denen es auf einen kurzen, kraftvollen Einsatz ankommt, sind für sie ideal. Am besten kann man es mit dem Bild eines Feuerwehrmanns vergleichen: ein relativ kurzes, aber eindrucksvolles Engagement und dann Rückkehr in die Warteposition. Troubleshooter nennt man heute diesen Typ. Er ist überall anzutreffen.

Stärken

Die Genügsamkeit ist ihre Stärke. Durch diese Eigenschaft verschaffen sich die Vornamensträger im Laufe ihres Lebens ein kleines Vermögen. Ein weiterer Aspekt, der sich aus ihrem Rückzug in Wartepositionen ergibt, ist ihre Häuslichkeit.

Psychische Förderung durch diesen Vornamen

In seelischer Hinsicht tendiert dieser Vornamenstyp zur Zufriedenheit mit sich selbst und im häuslichen Bereich. Die Seele will Ruhe, Harmonie, Schönheit oder Vollkommenheit. Dieses Nest hat man nur kurzzeitig zu verlassen, um seine Aufgabe zu erfüllen. Da dies in der täglichen Praxis des Lebens nur ein Idealbild sein kann, baut sich mit den Jahren eine Hemmschwelle gegenüber den Mitmenschen auf, die nur durch Selbstüberwindung gemeistert werden kann. Aus diesem Konflikt entsteht seelischer Schmerz.

Kein Licht ohne Schatten

Namensträger, die sich aufgrund ihrer Erziehung nicht zu Genügsamkeit aufraffen können, bilden Affekte wie Hass, Zorn und vor allem Nervosität aus.

Der Namenstyp in England und den USA

Dieser Vorname verleiht dem Träger zusätzlich zu den ererbten charakterlichen Grundlagen folgende Eigenschaften:

- Fighter
- Red-Adair-Typ

Im Film wird der Namenstyp durch Charaktere verkörpert, die wenig reden, dafür aber eindrucksvoll handeln.

Vorgesetzte setzen diesen Typ im Team ein, wenn dieses einen zusätzlichen Kämpfer braucht. Er ist der Mann fürs Grobe.

Der Namenstyp in Frankreich

Die Franzosen sehen diesen »unfranzösischen« Typ mit gemischten Gefühlen. Sie freuen sich insgeheim, nicht so zu sein wie er.

Seine Kleidung ist karg. An ihm findet sich nichts Verspieltes. Man verbindet mit diesem Outfit den Polizeibeamten oder Bodyguard, der ein Einzelgänger ist und kaum Freunde im Bistro hat.

Adalhard	Benedetto	Endres	Lamprecht	Sachso
Adalmann	Benedikt	Erkenwald	Lavrentij	Sikko
Adi	Benno	Feodor	Luitbrand	Theodolf
Agimund	Berni	Firmus	Malcolm	Trudwin
Alberich	Billhard	Fredrik	Mauritius	Ulfert
Alex	Boie	Giselbert	Mombert	Valentino
Amadeus	Botho	Guntbrecht	Norman	Valerianus
Amatus	Brun	Hektor	Ortnit	Vincent
Anastasius	Burkart	Herbert	Oskar	Vittorio
Ansgar	Carol	Innozenz	Petrus	Volkher
Antoine	Charles	Isfried	Raimer	Wernher
Armando	Claudio	Jérôme	Reginald	Wittekind
Aron	Cosimo	Joschka	Rigbert	
Auguste	Dominic	Kastor	Rochwald	
Baldebert	Ebermund	Kosimo	Rother	

Das ist eine Auswahl. In diese Rubrik gehören auch alle Namen, die im Index der Vornamen die Kapitelziffer 51 tragen.

ELEMENT Erde
STEIN Onyx, Smaragd
PLANET Saturn
FARBE *Hellblau* und
Türkis beruhigen,
Gelb regt an

MOTTO
Der Chef bin ich

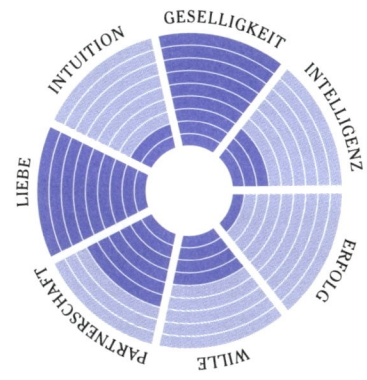

Charakterzüge, die der Vorname verstärkt

Der Name fördert Eigenschaften, die mit Würde, Vorbildfiguren und Vorgesetzten in Verbindung gebracht werden. Die Namensträger erreichen in ihrem Leben nach und nach das Image einer Vaterfigur, die für jeden ein offenes Ohr hat. Sie arbeiten methodisch und systematisch. Sie vergleichen, wägen ab und urteilen erst dann.

Ihr Image bauen sie durch feste Lebensführung und charismatische Ausstrahlung aus. Schlagwörter wie »tiefes Denken«, »sorgfältiges Überlegen«, »verantwortungsbewusstes Handeln« können mit diesem Namensträger ab dem mittleren Lebensalter in Verbindung gebracht werden. Die jüngeren Namensträger hingegen scheinen wahre Schelme zu sein. Auf sie trifft genau das Gegenteil zu. Wahrscheinlich ist es der Lernprozess im ersten Lebensdrittel, der diese Namensträger später zu Vaterfiguren reifen lässt.

Wille

■ Mein Wille zählt: Die Umgebung hat sich dem Willen dieser Namensträger unterzuordnen. Das Ziel ist klar, der Weg dorthin jedoch bei diesen Namensträgern sehr verschieden. Es kann keine eindeutige Beschreibung für diese Willensäußerung geben. Sie reicht vom Einschmeicheln bis zum durchdringenden strafenden Blick.

■ Wille und Einfluss: Die Durchsetzung des Willens dieser Namensträger wird durch ihre Kraft gefördert, andere Menschen zu beeinflussen. Sie haben es leichter als alle anderen, ihren Willen durchzusetzen.

Vorname und Beruf

Es sind die seriösen, ernsten Berufe, die von diesen Namensträgern bevorzugt werden – im Alter, wohlgemerkt. Hier liegt auch das Problem für viele. In der zweiten Lebenshälfte sind sie mit dem in der Sturm-und-Drang-Zeit gewählten Beruf oft nicht mehr einverstanden. Man merkt dies daran, dass sie den ungeliebten Beruf nur noch unzuverlässig, gleichgültig und launisch ausüben. Alle Berufe, bei denen Menschen zu ihm kommen, um Hilfe im weitesten Sinne zu erbitten, sind ideal für den Namensträger. Das Spektrum reicht vom Schalterbeamten bis zum Arzt.

Stärken

Gerecht über andere urteilen zu können, ist die Stärke dieser Namensträger. Die Gründlichkeit, mit der sie sich über den Sachverhalt informieren, und ihre Ausstrahlung schaffen Vertrauen.

Psychische Förderung durch diesen Vornamen

Die seelische Prägung dieses Vornamenstyps scheint in Richtung innerer Einsamkeit zu zeigen. Es kann eben nur einen Vater in der Familie geben. Ein zweiter Aspekt weist in Richtung Fürsorge für andere. Nichts belastet diese Männer mehr als eine unklare Lage, daher analysieren sie sich ständig selbst. Es ist wie ein täglicher, ja stündlicher »Wer bin ich«-Check.

Kein Licht ohne Schatten

Namensträger im ersten Lebensdrittel haben von allem zu wenig und sind unbeständig. Bei mangelnder Selbstbeherrschung verursachen sie sogar Leid.

Der Namenstyp in England und den USA

Dieser Vorname verleiht dem Träger zusätzlich zu den ererbten charakterlichen Grundlagen folgende Eigenschaften:

- Vaterfigur
- Richter
- fürsorglicher Geschworener
- Firmengründer
- Konzernchef

Im Film wird der Namenstyp durch Charaktere verkörpert, die – eher gesetzt und mit gütigem Naturell – sich für die Belange anderer Menschen einsetzen oder deren Probleme lösen.

Für die Arbeit im Team sind diese Männer nicht unbedingt geeignet, allenfalls als Leiter des Teams.

Der Namenstyp in Frankreich

Die Franzosen haben diesen Typ sehr gern um sich. Er ist liebenswürdiger Clochard genauso wie schrulliger Gärtner.

Mit seiner Kleiderordnung steht er außerhalb jeglicher Vorgabe. Das Glas Rotwein und ein Baguette sind seine typischen Attribute. Der Schauspieler Jean Gabin war der klassische Vertreter dieses Charaktertyps.

Achim	Chris	Fabiano	Helfgott	Rolland
Adalbold	Damian	Federico	Hilarius	Semjon
Addo	Danny	Fidelis	Honoré	Simeon
Adelwin	David	Franko	Ingobert	Stephen
Agilulf	Detlef	Frankobert	Justinus	Timotheus
Aloisius	Diethard	Friedewart	Ladislaus	Volkert
Alwin	Diktus	Frowein	Laurits	Waldfried
Audomar	Dominique	Gary	Liborius	Warrick
Augustinus	Don	Gaudentius	Mombrecht	Wilson
Bardo	Drewes	Gebhard	Patrick	Winrich
Berto	Eckehart	Geraldo	Quirin	Zyprian
Birk	Eilard	Glorius	Reichard	
Bonifatius	Eilmar	Guillermo	Richart	
Calman	Eustach	Guntfried	Roberto	

Das ist eine Auswahl. In diese Rubrik gehören auch alle Namen, die im Index der Vornamen die Kapitelziffer 52 tragen.

ELEMENT Feuer
STEIN Topas, Blutstein
PLANET Mars
FARBE *Violett* beruhigt, *Rot* regt an

MOTTO
Ich schaffe es

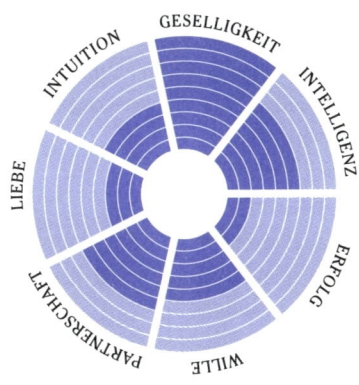

INTUITION · GESELLIGKEIT · INTELLIGENZ · ERFOLG · WILLE · PARTNERSCHAFT · LIEBE

Charakterzüge, die der Vorname verstärkt

Der Name fördert die körperliche Fitness der Namensträger. Man beobachtet, dass sie sich sehr um gute Gesundheit, starke Kondition und körperliche Ausdauer bemühen. Der Name verleiht ihnen Selbstvertrauen und verleitet sie, aus dieser Sicherheit heraus, zu einer fast schon übertriebenen Zurschaustellung ihrer Entschlossenheit. Die Umgebung hat oft Mühe, sie ernst zu nehmen, denn sie neigen dazu, eine Sache zu beschließen, um dann im Ansatz stecken zu bleiben. Zum Beispiel beobachtet man, dass sich die Träger dieses Namens mutig und unerschrocken für andere Menschen einsetzen. Sie sind wie neuzeitliche Ritter, allerdings immer auf einen Knappen angewiesen, der ihre Arbeit zu Ende führt.

Wenn ihnen Dinge nicht gelingen, reagieren sie impulsiv und werden oft widerspenstig, sodass sie in einem Team als schwer zu führen gelten, zumal sie individuelle Ehre und Interessen der Mitglieder höher stellen als das Teaminteresse.

Wille

■ Wille und Kondition: Der Wille dieser Namensträger konzentriert sich in erster Linie auf ihren eigenen Körper. Sie sind der Ansicht, dass sie aus der körperlichen Stärke heraus ihren Willen gegenüber anderen am besten durchsetzen können.

■ Wille ist Kraft: Diese Fehleinschätzung führt zu Reaktionen der Betroffenen, die meist in Konflikten enden. Den Willen richtig einzusetzen ist die Aufgabe, nicht von sich auf andere schließen die Pflicht des Namensträgers.

Vorname und Beruf

Ideal sind Berufe, in denen Körperkult und Sportlichkeit eine bedeutende Rolle spielen. Dazu gehören, neben Sportlern jeden Typs, auch Heilberufe. Wer seine Aufträge auf dem Golf- oder Tennisplatz oder in der Nachsitzung des Sportvereins bekommt, findet sich oft unter diesem Vornamenstyp. Der Vorname fördert auch die Bereitschaft, sich rhythmisch-koordiniert zu bewegen. Daher findet man häufig sehr gute Tänzer unter diesen Vornamensträgern.

Stärken

Ihr Stärke liegt im unerschrocknen Einsatz ihres Körpers bei Gefahr für andere. Sie sind schlau im Kampf, scharfsinnig in der Einschätzung der Situation.

Psychische Förderung durch diesen Vornamen

Die seelische Prägung dieses Vornamenstyps liegt im Verlangen nach körperlicher Harmonie und Anerkennung des Erreichten. Daher ist die Seele ständig vor Krankheit und vor Unvollkommenheit des Körpers auf der Hut.

Kein Licht ohne Schatten

In allem fordernd, nicht lange fragend und impulsiv reagierend, wirken diese Namensträger in vielen Situationen hart und streng.

Der Namenstyp in England und den USA

Dieser Vorname verleiht dem Träger zusätzlich zu den ererbten charakterlichen Grundlagen folgende Eigenschaften:

- Retter in der Not
- Leistungssportler
- genießt die Bewunderung, die man seinem Äußeren zollt

Im Film wird der Namenstyp durch mehrere Charaktere verkörpert. James Bond ist eine Mischung, in der alle drei Untertypen vereinigt sind. Bruce Willis in »Stirb langsam« verkörpert den Retter. Silvester Stallone gibt in »Rocky« den Körper- und Höchstleistungstyp.

Der Namenstyp in Frankreich

Die Franzosen haben diesen Typ sehr gern. Er ist für sie in erster Linie der Liebhaber, ein Abenteuer für das Auge und für mehr. Frankreich ist das Land für diese Männer. Körper und Mode gehören in Frankreich einfach zum gesellschaftlichen Leben. Der junge Belmondo hat diesen Typ sehr erfolgreich dargestellt, und der ältere Belmondo ist ein gutes Beispiel dafür, wie man dieses Image noch im höheren Alter pflegen kann. Stets sind Männer dieses Namenstyps topmodisch und körperbetont gekleidet.

Adelrich	Bartho-	Didier	Fedor	Gawrila
Agilolf	lomäus	Dietmar	Feodosi	Gerbold
Ahasver	Battista	Dietz	Ferfried	Germar
Alderich	Beatus	Domenico	Florinus	Grigorio
Allen	Bertel	Donat	Focko	Johannes
Amelrich	Björn	Drago	Folkher	Pantaleon
Anatol	Bogumil	Edelbert	Fredo	Reinhold
Angel	Bruce	Egolf	Friddo	Rodrigo
Antonio	Carl	Einhard	Friedemund	Thassilo
Arend	Claudius	Elko	Frithjof	Tönnies
Asmus	Cölestin	Erdmann	Frodebert	Valentinus
Aurel	Cölestinus	Erwino	Fulko	Volbrecht
Bardulf	Dag	Ezzo	Garlieb	Wolfhart

Das ist eine Auswahl. In diese Rubrik gehören auch alle Namen, die im Index der Vornamen die Kapitelziffer 53 tragen.

ELEMENT Luft
STEIN Beryll, Türkis
PLANET Merkur
FARBE *Dunkelgrün*
beruhigt, *Hellgelb* regt an

MOTTO
Leben und leben
lassen

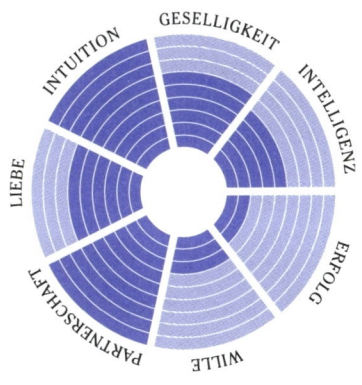

Charakterzüge, die der Vorname verstärkt

Der Name fördert die Liebe zur Wahrheit. Hieraus wird für die Namensträger eine Lebensaufgabe, da sie einen Orientierungspunkt für ihre geistige Beweglichkeit und die Vielseitigkeit ihres Intellekts benötigen. Die Liebe zur Wahrheit treibt sie zur Suche nach Antworten auf wissenschaftlich gestellte Fragen. Die Namensträger werden somit von ihrem Vornamen in Richtung einer Forschertätigkeit beeinflusst. Sind sie nicht in dieser Richtung tätig, etwa auch als Ermittler oder Rechercheure, so nerven sie ihre Berufskollegen, indem sie ständig misstrauisch hinterfragen. Im privaten Bereich beobachtet man an ihnen einen Hang zur Neugier über den eigenen Haushalt hinaus.

Sie sind gute Redner, die sich gewandt unterhalten können. Sie sind nicht besonders kreativ, erforschen also nicht in erster Linie Neuland. Dafür sind sie jedoch daran interessiert, die ungeklärten Fragen auf dem bisherigen Terrain zu beantworten.

Wille

■ Jedem sein Wille: Der Drang, seinen Willen gegenüber anderen auszuüben, ist bei diesem Namensträger nicht stark ausgeprägt. Vielleicht hängt das mit den vielseitigen Interessen zusammen. Alles von allem zu wissen, zersplittert den Willen und belastet nur. Man beobachtet aber bei Namensträgern dieses Typs, dass sie sehr empfindlich reagieren, wenn sie merken, dass man ihnen ein X für ein U vormachen will.

■ Wille zur Wahrheit: Sie wollen die Wahrheit wissen. Sie wollen glauben, dass es die Wahrheit ist, und hoffen, dass es die ganze Wahrheit ist. Wer ihnen dies nicht bieten kann, an dem rächen sie sich, indem sie mit ihm sehr schlau und listig umgehen.

Vorname und Beruf

Ideal sind Berufe, in denen es darum geht, die Wahrheit zu ergründen. Neben der Forschung bieten sich den Namensträgern sehr viele Berufsfelder, in denen sie glücklich sein können. Das reicht von Qualitätskontrollen am Fließband, Überwachung und Einhaltung von Budgets in

Betrieben, einer Tätigkeit bei der Polizei oder im Umweltschutz bis hin zur Steuerfahndung und der Arbeit als Anwalt oder Richter. Die Wahrheit hat viele Facetten.

Das Anpassungsvermögen dieser Vornamensträger ist stark ausgeprägt. Sie können sich in jede vorgefundene Lebenslage gut einbinden, daher üben sie ihren Beruf sehr erfolgreich aus.

Stärken

Ihre Stärke liegt in ihrer Glaubwürdigkeit. Dieses Image bauen sie sich besondern im zweiten Lebensdrittel zunehmend aus. Sie handeln gerecht und werden dadurch anerkannt.

Psychische Förderung durch diesen Vornamen

Seelisch geprägt wird dieser Vornamenstyp in erster Linie durch die Ruhelosigkeit des Geistes. Menschen dieses Typs suchen seelischen Halt bei begründbaren und beweisbaren Fakten. Falls dies nicht möglich ist, wird dieser seelische Halt im begründbaren Glauben gesucht und schließlich in einer auf Logik aufgebauten Hoffnung. Man beobachtet, dass bei diesem Typ durch das Streben nach Weisheit oder durch Besitz von Weisheit im letzten Lebensdrittel seelische Ausgeglichenheit und Ruhe einkehren.

Kein Licht ohne Schatten

Werden diese Namensträger im Laufe ihres Lebens ständig enttäuscht, dann entwickeln sie sich zu Heuchlern, Schwarzsehern und Pessimisten. Sie bauen sich eine Welt auf, in der alles philosophisch verneint wird.

Der Namenstyp in England und den USA

Dieser Vorname verleiht dem Träger zusätzlich zu den ererbten charakterlichen Grundlagen folgende Eigenschaften:

- Anwalt für die Wahrheit
- fanatischer Wahrheitssucher
- unschuldig verfolgt

Im Film wird der Namenstyp durch Charaktere verkörpert, die Menschen helfen, die Wahrheit zu ergründen. Es sind Detektive oder Anwälte wie zum Beispiel Perry Mason. Auch die Rolle des Arztes Richard Kimble, der sich ständig auf der Flucht befindet, gehört dazu.

Der Namenstyp in Frankreich

Die Franzosen haben diesen Typ weniger wegen seines Gerechtigkeitssinns, sondern mehr wegen seinen umfassenden Wissens ins Herz geschlossen. Er wird dem Typ des Intellektuellen zugeordnet, der in allen Zusammenkünften rege mitdiskutiert. Franzosen gefällt es, in einem Meer von Wissen zu schwimmen, daher wird dieser Typ in seiner beruflichen Karriere gefördert. In Chefetagen bevorzugt man ihn als Assistenten.

Die Namensträger kleiden sich den Modetrends entsprechend. Im Beruf eher dezent und in der Freizeit leger.

Man erlebt sie weniger im Bistro, dafür mehr im häuslichen Bereich, immer umgeben von möglichst vielen Freunden.

Adelbrand	Bernward	Elger	Garrit	Horstmar
Adrien	Bertolf	Emerich	Gereon	Humbert
Albrand	Bodomar	Engelhard	Goran	Ildefons
Albwin	Brett	Ermenhard	Gundolf	Ingolf
Alfons	Burkhard	Fabian	Hannes	Ingwar
Amalbert	Carsten	Fédéric	Harms	Isidor
Andrei	Cesare	Ferry	Haug	Jaromir
Angus	Colin	Florentinus	Heilwig	Maximilian
Ansbert	Cyriacus	Florianus	Helfried	Sebastino
Araldo	Derek	Folko	Helmo	Sóphos
Arwed	Dirk	Frank	Hendricus	
Baldur	Eckbert	Franklin	Hennig	
Barthold	Egbrecht	Fritz	Hilpert	
Bernd	Ehrenfried	Frogard	Hiob	

Das ist eine Auswahl. In diese Rubrik gehören auch alle Namen, die im Index der Vornamen die Kapitelziffer 54 tragen.

ELEMENT Erde
STEIN Smaragd
PLANET Mond
FARBE *Violett* und *Grün*
beruhigen, *Grau* regt an

MOTTO
Mein Haus ist
meine Burg

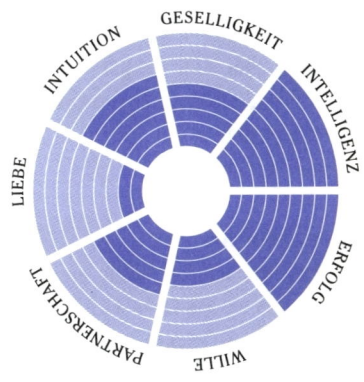

Charakterzüge, die der Vorname verstärkt

Der Name fördert die Lust, in einer heilen Welt zu leben. Er beeinflusst auch den Drang, den Wohnsitz verlegen zu können, also mehrere Wohnungen oder sogar ein Schiff zu besitzen. Falls dies nicht möglich ist, beobachtet man bei den Vornamensträgern dieses Typs, dass sie gern ihre Wohnung verändern, andere Möbel kaufen, umräumen, renovieren oder zumindest umdekorieren.

Der Schwerpunkt liegt auf »My Home is my castle«. Sie geben sich ruhig, zurückhaltend, sind etwas unbeständig, was Freundschaften angeht, nicht nachtragend und lieben würdevolles Auftreten.

Sie werden durch ihren Vornamenstyp gedrängt, von ehrlichen Menschen mit reinem Gewissen und Verantwortungsbewusstsein zu träumen. Für sich selbst versuchen sie dies zu verwirklichen, so gut es geht. Zuletzt schließen sie einen Kompromiss mit ihrer Erwartungshaltung.

Wille

■ Wille und Beharrlichkeit: Der Wille ist stark. In vielen schwierigen Situationen erweist sich dies als die gute Gabe einer Schicksalsfee.
Je nach charakterlicher Grundveranlagung kann die Beharrlichkeit auch in Eigensinn umschlagen.

■ Wille und Aufrichtigkeit: Sein ungebremster Wille bringt dem Namensträger mehr Schwierigkeiten als Nutzen ein. Die Umgebung reagiert auf seinen Starrsinn und passt sich seinem Willen an. Das ist kein Grund zum Jubel, denn dadurch provoziert er eine Art Falschheit sich selbst gegenüber. Seinen Ruf nach mehr Ehrlichkeit wird er ein Leben lang erschallen lassen.

Vorname und Beruf

Dieser Vornamenstyp macht seine Träger für alle Berufe offen. Verschwiegen und tüchtig tun sie ihren Job. Im Beruf kommt ihnen vor allem ihr vorzügliches Gedächtnis zugute. Daher eignen sie sich für Aufgaben, bei denen es auf Detailkenntnis ankommt. Sie lieben Titel und sind mit Aussicht auf Beförderung zu motivieren.

Im Team kann man sie auf allen Posten einsetzen. Sie gelten geradezu als Allroundkräfte.

Stärken
Die Stärke liegt in ihrer Treue: zum Heim, zum Beruf, zur Firma, zur Heimat usw.

Psychische Förderung durch diesen Vornamen
Menschen dieses Vornamenstyps werden mit zunehmendem Alter immer sensibler. Sie sollten sich ihre Freunde sehr genau ansehen, mit denen sie auf Dauer verkehren, denn die Enttäuschungen aus falscher Freundschaft hinterlassen in ihrer Seele tiefe Spuren. Ihre Seele schreit geradezu nach Freundschaften und Zuneigung, sie selbst wissen damit nicht so gut umzugehen. Die Konsequenzen aus diesem Zwiespalt lassen die Namensträger mit den Jahren reifen.

Kein Licht ohne Schatten
Wer von diesen Namensträgern nicht von Anfang an seine Menschenkenntnis ausbaut, wird Opfer der Falschheit.

Der Namenstyp in England und den USA
Dieser Vorname verleiht dem Träger zusätzlich zu den ererbten charakterlichen Grundlagen folgende Eigenschaften:
- Glaube an Wahrheit und das Recht
- Verteidiger von Heim und Heimat

Im Film wird der Namenstyp durch Charaktere verkörpert, die ein Unrecht erleiden, beispielsweise Farmer oder Claim-Besitzer, also all jene, die von einem Mächtigeren beraubt oder um ihre Rechte gebracht werden.

Der Namenstyp in Frankreich
Er ist der Typ der Französischen Revolution. »Freiheit, Gleichheit, Brüderlichkeit!« Die Franzosen sehen in ihm den guten Kumpel, den Kameraden von

nebenan. Man trifft ihn gern im Bistro oder im Café, wo er als guter Zuhörer geschätzt wird.

Den Namensträgern ist die Kleidung nebensächlich. Wenn sie es sich leisten können, kleiden sie sich gut, aber nicht dem neuesten Modetrend entsprechend. Ihre Orden jedoch zeigen und tragen sie bei jeder sich bietenden Gelegenheit. In Mantel-und-Degenfilmen nach Art der »Drei Musketiere« ist dieser Typ nicht der Draufgänger, sondern der Zurückhaltende, der wenig spricht, aber sofort in das Motto »Alle für einen – einer für alle« einstimmt.

Abo	Bernold	Daniel	Fernando	Guide
Achaz	Bertolt	Dankrad	Flavius	Gustav
Adalbrecht	Blasius	Degenhard	Frans	Haiko
Adam	Börge	Dietbert	Frederich	Harald
Adelmann	Bolo	Eddie	Frerich	Hein
Alboin	Branko	Edzart	Friedel	Hellmuth
Aldiger	Burghard	Elliot	Gaston	Jörnjakob
Alfrad	Busse	Elmo	Gebbo	Lukretius
Alessandro	Cassius	Eric	Gerbert	Nikodemus
Amédé	Christoffer	Erkenbert	Gerolf	Sebastiano
Antony	Chrysosto-	Errol	Gian	
Arnfried	mus	Ettore	Gordon	
August	Clark	Fabio	Graham	
Baldus	Curt	Fedder	Grigori	

Das ist eine Auswahl. In diese Rubrik gehören auch alle Namen, die im Index der Vornamen die Kapitelziffer 55 tragen.

ELEMENT Erde
STEIN Saphir, Topas
PLANET Merkur
FARBE *Violett* beruhigt,
Gelb regt an

MOTTO
Ich erreiche alles,
wenn ich es will

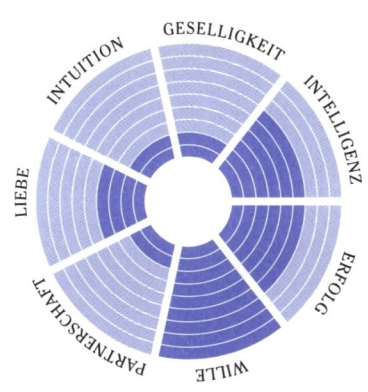

Charakterzüge, die der Vorname verstärkt

Macht zu haben ist für diese Vornamensträger wie ein Paradies. Aber ihnen geht es weniger darum, Macht auszunutzen, sondern eher darum, sie sinnvoll einzusetzen. Herrschen liegt ihnen im Blut, und die Menge sieht zu ihnen auf: die Erfüllung aller Träume.

Aber gerade das ist auch ihre Achillesferse: Sollte die Person einmal nicht im Zentrum des Interesses oder am Anfang der Entscheidungskette stehen, kann es schnell vorkommen, dass sie beleidigt ist und sich zurückzieht. Doch meistens dauert das nur bis zum nächsten Ereignis, bei dem man sich wieder hervortun kann.

Wille

■ Wille und Entschlusskraft: Wenn der Namensträger einmal eine Entscheidung getroffen hat, kann ihn nichts davon abhalten, sie durchzusetzen. Er wächst an dieser Aufgabe und geht gestärkt aus ihr hervor.

■ Wille und Engagement: Für seine Meinung geht er durchs Feuer, denn sie ist sein Leben. Das soll aber nicht heißen, dass alle Namensträger Dickköpfe sind. Es kommt immer auf die Mischung an.

■ Wille und Einsicht: Um aus ihnen Teamspieler zu machen, muss man den Namensträgern manchmal die Grenzen zeigen, ohne sie dabei zu sehr zu beengen. Hat man erst einmal diesen Zugang gefunden, sind sie aufgrund ihres hohen Selbstvertrauens durchaus in der Lage, ihren Platz in der Befehlskette sinnvoll auszufüllen.

■ Wille und Selbstvertrauen: Gerade das Selbstvertrauen ermöglicht es den Mitgliedern dieser Namensfamilie, eigene Fehler und Fehltritte zu rechtfertigen und auch mal ein gewagtes Abenteuer einzugehen. Das verteidigen sie dann nach außen hin, indem sie ihre Überzeugungskraft einsetzen.

Vorname und Beruf

Aufrund ihrer Überzeugungskraft können diese Namensträger besonders gut Berufe ausüben, bei denen es auf Redegewandtheit ankommt. Insbesondere

Vertreter, Verkäufer und Handeltreibende sind mit einem solchen Vornamen nahezu auf der sicheren Seite, aber auch Journalisten oder Werbefachleute.

Stärken

Dafür zu werben, Probleme zu lösen oder einfach nur Zusammenhänge zu erkennen, ist die Stärke dieser Namensträger. Sie sind der ideale Typ des Forschers und Entdeckers, zumal sie selbst durch Überzeugungskraft die nötigen Geldmittel für ihre Arbeit beschaffen können.

Psychische Förderung durch diesen Vornamen

Aufgrund der Charaktereigenschaften sticht besonders das Ichbetonte hervor. Niederlagen nehmen sie sehr persönlich und leiden noch lange Zeit darunter.

Kein Licht ohne Schatten

Das Schlimmste, was einem dieser Namensträger passieren kann, ist, dass sein erstes Projekt ohne Probleme abgewickelt wird. Denn das verführt ihn dazu, unachtsam zu werden und den Überblick über die einzelnen Unternehmungen zu verlieren, was zu Fehlern führen kann.

Der Namenstyp in England und den USA

Dieser Vorname verleiht dem Träger zusätzlich zu den ererbten charakterlichen Grundlagen folgende Eigenschaften:

- Power
- Lebenslust
- Durchsetzungsvermögen
- Lebenskraft
- Überzeugungs- und Begeisterungsfähigkeit
- Scharfblick

Am besten arbeitet er für sich allein. – Hollywood charakterisiert diese Namensträger als Männer, die eine Herausforderung annehmen, z. B. einen Berg zu besteigen oder ein unbekanntes Terrain zu erforschen.

Der Namenstyp in Frankreich

Er ist der intellektuelle Prototyp. Das Denken bestimmt ebenso wie sein Verständnis für Zusammenhänge sein Leben und er nutzt diesen Vorteil geschickt für sich aus.

Der Namensträger ist meist modisch gekleidet, was seine relativ gute Figur zur Geltung bringt. Seine Geschäftstüchtigkeit ist nahezu sprichwörtlich, kein Gegenüber kann ihm etwas vormachen. Die Namensträger haben die Gabe, ihre Geschäftspartner unauffällig zu beeinflussen. Außerdem zeichnen sie sich durch manuelles Geschick aus, das sie oft und gern in allen Bereichen des Lebens einsetzen.

Abel	Bartolomeo	Diebald	Ermerich	Friedwart
Adalfried	Basilius	Dietbald	Ernestus	Frowin
Adelmar	Bénoît	Dix	Esra	Georg
Alain	Bertfried	Earl	Eugene	Marcellus
Albero	Bob	Eberwolf	Eusebio	Nikódémos
Alec	Bodmar	Édouard	Ferdi	Ortfried
Almar	Bosse	Egon	Fietje	Patrizius
Ambrosius	Brunold	Eleasar	Fjodor	Sigisbert
Anders	Coloman	Emanuel	Fortunatus	
Andy	Conny	Enrice	Freddie	
Artur	Cyprian	Erkenbald	Frédéric	
Balte	Delf	Erland	Fried	

Das ist eine Auswahl. In diese Rubrik gehören auch alle Namen, die im Index der Vornamen die Kapitelziffer 56 tragen.

ELEMENT Erde
STEIN Jaspis, Karneol
PLANET Merkur
FARBE *Hellgelb* beruhigt,
Weiß regt an

MOTTO
Bildung ist mein
höchstes Gut

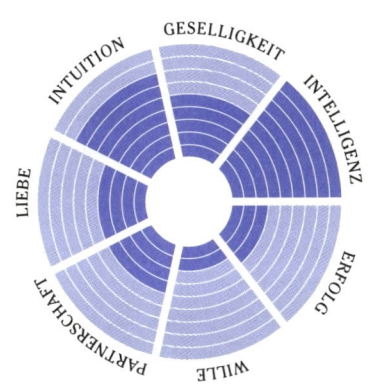

251

Charakterzüge, die der Vorname verstärkt

Beim Namensträger werden vor allem Wissbegier und Neugier verstärkt. Man kann sich eine solche Person als typischen Forscher vorstellen, der sein Leben in einem Labor verbringt, um auch noch das kleinste Geheimnis zu lüften. Doch nicht nur naturwissenschaftliche Erkenntnisse interessieren sie, sondern auch die Mysterien des alltäglichen Lebens.

Das macht diese Männer zu beliebten Mitarbeitern, da sie ohne weiteres allein mit Problemen betraut werden können. Die Namensträger sind sich ihrer Intelligenz bewusst, und das lässt sie manchmal etwas arrogant scheinen. Das Schlimmste, was ihnen passieren kann, ist, dass ihre Umwelt ihnen die Bestätigung versagt, die ihnen – zumindest ihrer Meinung nach – zusteht. Sie scheuen sich auch nicht, offen aufzubegehren, wenn sie sich falsch behandelt fühlen.

Wille

■ Wille und Plausibilität: Dieser Namensträger akzeptiert eine Tatsache nur, wenn er sie logisch erklären kann. Ein für ihn unlogisches Gesetz wird oft einfach ignoriert.

■ Wille und Informationsvorsprung: Seine Bildung trägt wesentlich dazu bei, seine Souveränität zu erhalten. In Diskussionen weicht er keinen Zentimeter von seiner Position ab, denn er hat sich lange mit seiner Meinung auseinander gesetzt und ist von ihrer Richtigkeit überzeugt. Es ist sein Ziel, die anderen von seiner Meinung zu überzeugen.

■ Wille und Realität: Die Banalitäten des Lebens machen diesem Namensträger zu schaffen, da die Erforschung von Neuem oftmals wegen einfacher, geistig anspruchsloser Arbeiten unterbrochen werden muss. Erst später lernt er durch Lebenserfahrung, zwischen beiden Ebenen hin und her zu schalten und sich durch ständige Reflexion des bisher Erreichten auf Neues vorzubereiten.

Vorname und Beruf

Entsprechend ihrer Begeisterung für Wissen und Forschung kann man sich diese Namensträger idealerweise als Dozenten und Wissenschaftler vorstellen. Doch auch in der Produktion tun sie sich hervor. Fehler innerhalb des Produktionsablaufes aufzuspüren und gnadenlos auszumerzen, liegt ihnen sozusagen im Blut. Sie sind innovationsfähig und -willig und sorgen durch ihr Engagement für ständige Verbesserungen, in welchem Beruf sie auch arbeiten. Ständig versuchen sie auch, durch harte Arbeit aufzusteigen, um schließlich an der Spitze zu stehen.

Stärken
Wenn ein Namensträger sich einer Sache nicht ganz sicher ist, bleibt er lieber ein wenig im Hintergrund. Bevor er sich auf zu dünnes Eis begibt, prüft er eine Sache wieder und wieder, damit er voll und ganz hinter seiner Entscheidung stehen kann. Diese Männer knien sich sehr in ihre Aufgaben hinein und benötigen ständigen Nachschub an Arbeit.

Psychische Förderung durch diesen Vornamen
Der Vorname verstärkt den Wunsch nach gesicherten Verhältnissen, die vor allem durch ständiges Lernen gefördert werden. Ist die materielle Sicherheit nicht gewährleistet, besteht die Gefahr, dass dieser Typ daran zerbricht. Krankheiten und Depressionen können die Folge sein.

Kein Licht ohne Schatten
Trotz aller Intelligenz und Begeisterung kann man mit seinen Vorschlägen auf taube Ohren stoßen oder auch mal selbst einen Fehler machen. Eine solche Situation trifft diesen Namensträger oft sehr schwer. Auch kann es vorkommen, dass von ihm – oft unüberlegt – geäußerte Kritik an anderen zu negativen Konsequenzen führt.

Der Namenstyp in England und den USA

Dieser Vorname verleiht dem Träger zusätzlich zu den ererbten charakter-lichen Grundlagen folgende Eigenschaften:

- distanziertes Auftreten
- geschickter Entscheider
- erkennt frühzeitig Trends

Im Team gelten die Namensträger als innere Kritiker, die aber durchaus auch konstruktiven Einfluss ausüben.

Der Namenstyp in Frankreich

Er gilt als derjenige, der in der Kneipe nebenan bei einem Glas Wein über Gott und die Welt spricht. Oft sind diese Männer als Querulanten ver-schrien.

Modisch sind sie eher zurückhaltend und unauffällig. Manchmal mangelt es ihnen an Entscheidungsfähigkeit, gerade im geschäftlichen Bereich.

Abbo	Bartholomé	Christoph	Eckart	Kit
Absalom	Baruch	Chrysanthus	Edwin	Ottheinrich
Agimar	Ben	Conrad	Egilolf	Paschalis
Alban	Beppo	Cristobal	Ehregott	Sigismund
Albinus	Berno	Danilo	Emilio	Teo
Alexej	Boleslav	Deno	Erkenfried	Veit
Andreas	Bolko	Dietfried	Erlfried	
Arbo	Bronislav	Dietleib	Hansjürgen	
Arnd	Burk	Dittmar	Ib	
Balthasar	Busso	Dudo	Jaroslow	

Das ist eine Auswahl. In diese Rubrik gehören auch alle Namen, die im Index der Vornamen die Kapitelziffer 57 tragen.

ELEMENT Luft
STEIN Chrysolith, Hyazinthstein
PLANET Venus
FARBE *Blau* beruhigt, *Grün* regt an

MOTTO
Partnerschaft ist die
Würze des Lebens

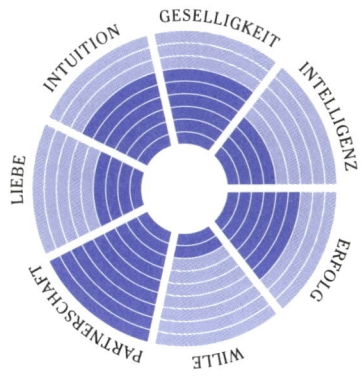

GESELLIGKEIT
INTUITION
INTELLIGENZ
LIEBE
ERFOLG
PARTNERSCHAFT
WILLE

Charakterzüge, die der Vorname verstärkt

Bei den Trägern dieses Namens ist der Gemeinschaftsinn sehr verstärkt. Allein zu sein behagt ihnen nicht, erst in der Gruppe fühlen sie sich wohl. Partnerschaft ist für diesen Typ in allen Bereichen des Lebens wichtig, sei es im Privatleben oder bei der Arbeit. Dabei ist diese Partnerschaft nicht einfach Mittel zum Zweck, sondern das Lebenselixier. Probleme löst er bevorzugt mit anderen zusammen.

Daher liegt es nahe, dass sich diese Männer besonders gern in Vereinen, Parteien oder Organisationen engagieren. Dabei spielen sie sich nie in den Vordergrund, sondern wirken am liebsten als gleichwertige Mitglieder mit den anderen zusammen. Geht es in ihrer Gemeinschaft aber nicht demokratisch zu, wenden sie sich verstört ab.

Wille

■ Wille und Toleranz: Der Namensträger kann seinen eigenen Willen zurückstellen, umso der Gemeinschaft zu dienen. Demokratie ist für ihn wichtiger als die Durchsetzung seiner Vorstellungen. Da er einen Bruch der gemeinschaftlichen Grundregeln als weit schlimmer ansehen würde, verlässt er lieber seine Gruppe, als ihr seinen Willen aufzuzwingen. Er ist bereit und fähig, seine Meinung mit anderen zu diskutieren und auch mal abzuändern, wenn es im Sinne der Gemeinschaft ist und nicht gegen seine Grundprinzipien verstößt.

■ Wille in der Gruppe: Die Namensträger leben nicht nur für die Gruppe, sie kämpfen auch für deren Erhaltung. Obwohl dieser Typus eine friedliche Situation vorziehen würde, ist er durchaus bereit, den Frieden für die Verteidigung gegen Feinde der gemeinschaftlichen Grundordnung zu opfern. Diese Treue macht ihn zu einem idealen Partner, auf den man sich verlassen kann.

■ Wille und Gutmütigkeit: Er ist durchaus bereit, andere Meinungen in der Gruppe anzunehmen, und dadurch gefährdet, sich beeinflussen zu lassen.

Vorname und Beruf

Bedingt durch seinen Gemeinschaftsinn, sind die idealen Jobs für ihn diejenigen, in denen er im Team spielen kann. Das kann man zum einen wörtlich nehmen und ihn als Teamsportler einsetzen, aber natürlich gilt das auch für alle anderen Arbeitsbereiche, in denen es auf enge Zusammenarbeit ankommt: von Fabriken oder Werkstätten bis hin zu Forschungsexpeditionen und Projektgruppen.

Überall bringt er seine Ideen ein, ohne sie mit Druck durchsetzen zu wollen. Dabei behagt ihm eine gleichgestellte Position wesentlich mehr als die Führung der Gruppe. Das kommt seinem Sinn für Demokratie näher.

Stärken

Wenn es um die Gruppe geht, kann man sich auf ihn verlassen. Er ist auch bereit, für das Wohl der Gemeinschaft Opfer zu bringen, und daher ein Freund, der mit einem durch gute und schlechte Zeiten geht. Er stellt sich nie in den Vordergrund, aber auch nicht unnötig zurück.

Psychische Förderung durch diesen Vornamen

Der Vorname fördert den Friedenssinn und schwächt damit eventuell bestehende aggressive Tendenzen ab.

Kein Licht ohne Schatten

Sein Gemeinschaftsinn wird oft ausgenutzt. Auch fehlt dem Namensträger ein wenig die Fähigkeit, für das Erreichen seiner persönlichen Ziele auch mal Leuten auf die Füße zu treten oder Opfer zu bringen.

Der Namenstyp in England und den USA

Dieser Vorname verleiht dem Träger zusätzlich zu den ererbten charakterlichen Grundlagen folgende Eigenschaften:

- Hobbysportler
- Teamspieler
- überzeugter Idealist

- guter Kumpel
- Familienmensch

Ein Stammplatz in fast allen TV-Serien ist diesem Namensträgertyp sicher. Im Berufsleben steht Teamwork für ihn im Vordergrund.

Der Namenstyp in Frankreich

Er ist einer von denen, die in eine Stammkneipe kommen, freundlich grüßen, von anderen freundlich begrüßt werden und sich an einen Tisch zu Freunden oder auch zu Fremden setzen, um mit diesen die Geschehnisse des Tages zu besprechen. Er genießt es, unter Menschen zu sein, mit ihnen zu sprechen. Das ist für ihn wie ein Hobby, und deswegen scheut er sich nicht, dafür auch mal ein paar Franc auszugeben.

In modischen Belangen sind die Namensträger eher salopp und haben manchmal einen Hang zu uniformiertem Auftreten, wie zum Beispiel in Trachtenvereinen. Sie zeigen gern, dass sie zu einer bestimmten Gemeinschaft gehören, sei es auffällig durch eine Uniform oder nur für Insider, durch bestimmte Zeichen wie Krawatten oder Anstecknadeln.

Adalrich	Boguslav	Edward	Fridtjof	Lee
Adolph	Bonaventura	Eike	Friedlieb	Malte
Ahmed	Bork	Eliano	Gandolf	Ray
Albert	Bosso	Eligius	Gaspard	Rex
Allan	Bror	Emil	Gaudenz	Saul
Alphonse	Cajus	Emmerich	Gernot	Ulli
Amery	César	Enno	Hansjoseph	Utz
Antek	Christof	Eraldo	Hias	Weerd
Armin	Cliff	Erlwin	Innocentius	Will
Balduin	Crispinus	Fabien	Iwan	Wini
Barthélemy	Dimitri	Ferdl	Jakob	
Bastian	Dionysius	Filibert	Juan	
Bennett	Domingo	Frederick	Kay	
Berthold	Eduard	Frido	Krispin	

Das ist eine Auswahl. In diese Rubrik gehören auch alle Namen, die im Index der Vornamen die Kapitelziffer 58 tragen.

ELEMENT Wasser
STEIN Beryll, Topas
PLANET Pluto
FARBE *Grün* beruhigt,
Dunkelrot regt an

MOTTO
Packen wir es an

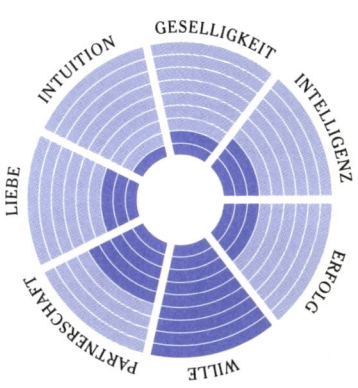

Charakterzüge, die der Vorname verstärkt

Durch diesen Vornamen wird die Fähigkeit verstärkt, an der Spitze einer Gruppe oder eines Unternehmens zu stehen. Dabei ist es von elementarer Wichtigkeit, dass die Person selber überzeugt ist von dem, was sie tut. Erst dann kann sie die anderen motivieren, ihr zu folgen. Eine Revolution kann ebenso Ergebnis dieses Dranges sein wie die Einführung neuer Arbeitsweisen in einer Fabrik. Gerade deswegen sollte man bei den Trägern dieses Namens immer darauf achten, dass sie einen gesunden Abstand zu ihren Vorstellungen finden, damit es nicht zu Fanatismus oder selbstzerstörerischer Enttäuschung kommt. Darin nämlich besteht die große Gefahr: dass sie in einen Extremzustand verfallen, an dem sie dann zerbrechen.

Wille

■ Wille und Elan: Aufgrund seiner Begeisterungsfähigkeit ist dieser Namensträger fähig, seine Vorstellungen an den Mann oder die Frau zu bringen. Gleichzeitig besitzt er große Fantasie und daher die Fähigkeit, neue Ideen zu kreieren und in die Tat umzusetzen. Das wiederum macht ihn zu einer Führungspersönlichkeit, der die Menschen gern folgen.

■ Wille und Fanatismus: Schafft es der Namensträger hingegen nicht, das gesunde Maß zu finden, leidet seine Umgebung unter seinem Fanatismus. Gerade auch die Eigenschaft, seine Meinung ohne Rücksicht auf Verluste durchsetzen zu wollen, birgt eine gewisse Gefahr.

Vorname und Beruf

Der Namensträger fühlt sich in einem Beruf wohl, in dem er Menschen oder Unternehmen führen kann. Das Betätigungsfeld reicht vom Vorarbeiter bis zum Vorstandsvorsitzenden. Dabei muss es sich nicht unbedingt um einen Industriekonzern handeln, auch ein kleines Geschäft mit wenigen Angestellten oder die Leitung einer Projektgruppe macht ihn glücklich. Aber auch in untergeordneter Position arbeiten diese Männer hart, um ein gewünschtes Ziel zu erreichen.

Daher kann man sich diesen Typus durchaus auch als Teamspieler vorstellen, obwohl er immer den Wunsch hegen wird, an die Spitze vorzurücken. Als kreative Führungspersönlichkeit kann dieser Namensträger auch Laufbahnen wie die des Regisseurs oder Theaterintendanten anstreben.

Stärken

Ein starker Wille und die Fähigkeit, diesen Willen durchzusetzen, sind die herausragenden Eigenschaften dieser Namensträger. Daher fällt es ihnen leicht, in der Gesellschaft zu bestehen.

Psychische Förderung durch diesen Vornamen

Die psychischen Förderungen fallen bei diesem Vornamen eher gering aus, der Schwerpunkt liegt in der Unterstützung der körperlichen Aspekte. Das Gefühlsleben bleibt ein wenig auf der Strecke, wenn es nicht durch andere Seiten gefördert wird. Darunter können die Namensträger im Alter leiden.

Kein Licht ohne Schatten

Wille und Tatendrang führen, wenn sie unverwirklicht bleiben, zu einer Resignation, die den Namensträger in die Rolle des Außenseiters abdrängen kann.

Der Namenstyp in England und den USA

Dieser Vorname verleiht dem Träger zusätzlich zu den ererbten charakterlichen Grundlagen folgende Eigenschaften:

- Cowboy
- manchmal ein Hitzkopf
- Selfmademan
- selbstbewusst

Typischerweise sind das die Eigenschaften, die man in den USA mit den frühen Siedlern verbindet, die allen Strapazen trotzten. Heute arbeiten diese Männer vielfach als Trainer und Manager, die zwar belastbar sind, aber nicht unter ständigem Stress stehen können.

Der Namenstyp in Frankreich

In Frankreich gilt der Namenstyp als temperamentvoll und als leidenschaftlicher Liebhaber. Er wird als guter Analytiker geschätzt, eine Begabung, die er aber gern zu eifersüchtigen Ausbrüchen missbraucht.

Die Namensträger sind nicht für aktuelle Mode zu begeistern, stattdessen möchten sie lieber ihre sportliche Seite zum Ausdruck bringen.

Adelger	Ermenfried	Jürn	Nies	Theophilius
Adrian	Fürchtegott	Kalle	Odysseus	Tore
Andrew	Gerbod	Kolja	Ödön	Vigil
Barnd	Giso	Ladewig	Omar	Wanja
Bernt	Gyula	Lazar	Owen	Willi
Brand	Hanko	Lex	Pawel	Wilm
Curd	Harvey	Ludvig	Ralf	Wolfdieter
Dewald	Hubert	Luigi	Robby	
Dierk	Ivo	Mat	Rupertus	
Eddy	James	Mumme	Sean	
Einar	Jiri	Ned	Svend	

Das ist eine Auswahl. In diese Rubrik gehören auch alle Namen, die im Index der Vornamen die Kapitelziffer 59 tragen

ELEMENT Feuer
TIERKREIS Fische
STEIN Lapislazuli, Karneol
PLANET Jupiter
FARBE *Blau/Blauviolett* beruhigt, *Gelb* regt an

MOTTO
Eins und eins muss zwei sein

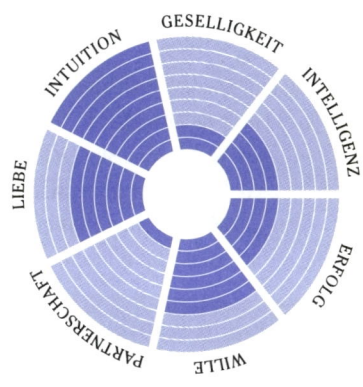

Charakterzüge, die der Vorname verstärkt

Die Neigung, überlegt und vorsichtig zu handeln, wird bei diesen Namensträgern verstärkt. Ihre Entscheidungen rechnen sie bis ins Kleinste durch. Außerdem müssen alle Aktionen mit dem eigenen Gewissen vereinbar sein, sonst würde sich dieser Namensträger sehr unwohl fühlen. Er ist gesetzestreu und unbestechlich, denn ein Fehlverhalten würde sofort dazu führen, dass er nicht mehr in den Spiegel sehen kann.

Diese Eigenschaft macht den Namensträger zu einem guten Vorbild. Seine Treue ist geradezu sprichwörtlich, und sein Gerechtigkeitssinn lässt ihn oftmals zwischen die Fronten geraten. Das eigene Ansehen ist ihm dabei aber immer wichtig, sodass er sich niemals zu unbedachten Handlungen oder Äußerungen hinreißen lässt.

Wille

■ Mein Wille für alle: Der Namensträger besitzt einen starken Willen, den er auch gern verwirklicht sehen würde. Doch zu diesem Zweck wendet er nur ungern Druck an, viel lieber geht er einen Kompromiss ein. In jungen Jahren bricht zwar ab und zu sein Temperament durch, doch im reifen Alter lernt er das zu kontrollieren und wirkt dadurch nach außen hin gutmütig.

■ Wille und Ausdauer: Dennoch ist der Namensträger nicht bereit, kampflos nachzugeben. Das macht ihn zu einem guten Geschäftsmann, der auch in zähen Verhandlungen noch seine Interessen wahrt.

■ Wille zum Wohlstand: Diese Männer sind durchaus geneigt, ein Vermögen anzuhäufen. Doch das muss mit legitimen Mitteln vonstatten gehen, da sich sonst das schlechte Gewissen einschalten würde.

Vorname und Beruf

Dinge abzuwägen und zu beurteilen liegt den Namensträgern im Blut. Daher sind für sie alle Berufe ideal, in denen sie diese Neigung ausleben können. Der Beruf des Richters oder Rechtsanwaltes bringt außerdem den Gerechtigkeitssinn zur Geltung, aber auch Gewerkschafter oder Politiker wären für sie befriedigende Berufe. Auch bei einem schwierigen Gegenüber bleibt dieser

Typus ruhig, daher kann man ihn sich auch in beratenden Berufen vorstellen, etwa als Psychologen.

Im Team gilt der Namensträger als Schlichter, der vermittelt und verschiedene Fraktionen zur Einigkeit führen kann.

Stärken

Die Stärke der Namensträger liegt in ihrer Fähigkeit, schnell Freunde zu gewinnen und sich in eine bestehende Gruppe leicht einzufinden. Ihr Verstand macht sie zu beliebten Gesprächspartnern. Man holt sich auch gern mal einen Rat bei ihnen, da sie fähig sind, Dinge von mehreren Standpunkten aus zu betrachten.

Psychische Förderung durch diesen Vornamen

Der Vorname fördert die Feinfühligkeit für das Gegenüber. Die Namensträger sind menschenfreundlich und fallen durch ihr gemeinschaftsförderndes Verhalten auf. In der Partnerschaft sind sie verständnisvoll und treu.

Es ist auch durchaus möglich, dass sie im Alter nach höheren Idealen streben.

Kein Licht ohne Schatten

Bei ungünstigen Verhältnissen in den frühen Lebensjahren besteht die Gefahr, dass die Namensträger durch Täuschung und Hinterlist Verhältnisse schaffen, die der erträumten Eintracht nahe kommen.

Der Namenstyp in England und den USA

Dieser Vorname verleiht dem Träger zusätzlich zu den ererbten charakterlichen Grundlagen folgende Eigenschaften:

- gerechter Richter
- einfühlsam
- netter Mann

Dem Vornamensträger werden die Eigenschaften eines Problemlösers zugeschrieben. Er ist derjenige, der in einem Liebesfilm durch geschicktes Taktieren das Pärchen zusammenbringt. Gerade in Großbritannien wird mit dem Vornamenstyp ein höflicher Aristokrat verbunden.

Der Namenstyp in Frankreich

Er gilt als der nette Mann und interessante Partygast, mit dem man sich über alles und jeden unterhalten kann, weil er ständig einen witzigen Kommentar parat hat. Er wird von Frauen umschwärmt und ist ein vertrauenswürdiger Partner, sowohl privat als auch in der Geschäftswelt.

Modisch ist er durchaus für Experimente zu haben. Zumindest aber toleriert er diese bei anderen, wenn er selbst nicht bereit ist, extravagante Kleidung zu tragen.

Corvinius	Florens	Jack	Miroslow	Sepp
Dario	Freddy	Jirij	Momme	Servaz
Deddo	Fulke	Kajetan	Nahum	Stoffer
Dominikus	Geert	Kjeld	Nico	Tanko
Dries	Gerold	Kord	Oldwig	Tiede
Edelmar	Gottwald	Lasse	Oluf	Tobin
Egmont	Hard	Levi	Oswald	Ueli
Eilhard	Heilo	Lukas	Peder	Vicente
Elmar	Hieronymus	Lux	Per	Wolf
Erlend	Hosea	Marald	Radulf	Yves
Eugen	Hugo	Mathew	Reinfried	Zenz
Faustinus	Ilja	Matty	Ruwen	

Das ist eine Auswahl. In diese Rubrik gehören auch alle Namen, die im Index der Vornamen die Kapitelziffer 60 tragen.

ELEMENT Erde
STEIN Chrysolith, Achat
PLANET Venus
FARBE *Orange* beruhigt,
Gelb regt an

MOTTO
Ich lebe, also
fühle ich

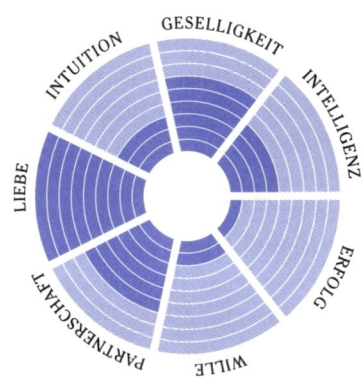

267

Charakterzüge, die der Vorname verstärkt

Eine Verstärkung des Gefühlslebens bei diesen Namensträgern sorgt dafür, dass sie ständig auf der Suche sind. Sie suchen nach körperlicher Perfektion, nach seelischer Harmonie und nach Freundschaft. Dabei werden besonders Entscheidungen aus dem Bauch heraus getroffen. Gleichzeitig ist dieser Typus sehr verständnisvoll, da er sich in andere einfühlen kann.

Wille

■ Wille und Gefühl: Der Namensträger benutzt seinen Willen nicht, um seine Meinung durchzusetzen, sondern um seine Gefühle so ausleben zu können, wie er sich das vorstellt.

■ Wille und Fitness: Er setzt seine Energie ein, um körperlich und geistig fit zu sein. Er ist begeistert vom Sport und übt ihn selbst gern aus. Er ist aber nicht der Kämpfer, der alles gibt, um zu siegen, ihm geht es um den körperlichen Aspekt des Trainings.

■ Wille und Selbstkontrolle: Der Namensträger umgibt sich gern mit gleichartigen Sportfreunden, um seine körperlichen Fortschritte abschätzen zu können.

Vorname und Beruf

Äußerlichkeiten sind für ihn wichtiger als alles andere. Er arbeitet daher gern mit schönen Menschen zusammen, etwa in der Modebranche. Es ist ihm aber auch möglich, Arbeit und Privates zu trennen, also einen Beruf zu ergreifen, der bodenständig ist, und stattdessen im Hobby den Ausgleich zu suchen. Dann ist er der typische Sportler, der jeden Abend auf dem Tennisplatz mit anderen sportlichen Typen zusammentrifft. Die Einflüsse auf den Beruf sind daher eher gering, trotzdem wäre eine entsprechende Beschäftigung die Erfüllung seiner beruflichen Träume.

Als Teamspieler ist er nicht dominierend, obwohl er sich durch seine lockere Art leicht störend auswirken kann. Da er aber meist sehr sympathisch wirkt, toleriert man ihn, solange er konzentriert bei seiner Arbeit bleibt.

Stärken

Aufgrund ihrer Kontaktfreudigkeit finden diese Namensträger schnell Freunde, die sie durch ihre sympathische Art auch begeistern können. Gleichzeitig stellt dieser Typus selber große Ansprüche, ist sportlich und durchaus bereit, Neues zu wagen. Er ist auch ein großer Genießer.

Psychische Förderung durch diesen Vornamen

In der Jugend fördert der Vorname den Hang zur Maßlosigkeit. Es besteht die Gefahr, dass man sich nicht auf wichtige Dinge konzentriert, sondern stattdessen von Party zu Party eilt. Später wird der Wunsch nach geordneten Verhältnissen stärker, und die Ausschweifungen lassen nach.

Kein Licht ohne Schatten

Da Äußerlichkeiten in den Vordergrund gerückt werden, kommt es zu Problemen, wenn diese Männer aus irgendwelchen Gründen nicht mehr so gut aussehen, wie sie sich das vorstellen. Depressionen und Resignation sind die Folge.

Der Namenstyp in England und den USA

Dieser Vorname verleiht dem Träger zusätzlich zu den ererbten charakterlichen Grundlagen folgende Eigenschaften:

- leidenschaftlicher Liebhaber
- sportlicher Sunnyboy
- Surfer, der am Strand rumhängt

In Filmen sieht man ihn als Sportler und Frauenhelden, der sich den Pullover lässig um die Hüften gebunden hat und in seinem Sportwagen Frauen hinterherpfeift.

Im Team setzt man ihn gern als Pressesprecher ein, da er mit seinem gewinnenden Lächeln die Anwesenden überzeugt.

Der Namenstyp in Frankreich

In Frankreich sieht man diesen Typ als den Frauenhelden, den alternden Playboy, der sich gern mit jüngeren Freundinnen umgibt. Er kleidet sich entsprechend sportlich und wirkt nach außen auch so.

Der Namensträger hat eine gute Nase für Geld, das er auch gern ausgibt, um seinen Status zu bestätigen. Gleichzeitig ist er einer jener Geschäftsmänner, die Abschlüsse lieber auf dem Golfplatz tätigen als in muffigen Konferenzräumen.

Gil	Immo	Leonid	Rambo	Vico
Gisbert	Ingo	Lou	Rathold	Vitus
Glen	Isenfried	Luithard	Rolli	Volkard
Goswin	Jan	Luke	Rufus	Volko
Hademar	Jarl	Lutz	Selim	Walther
Hansel	Jimi	Marco	Siegward	Wendelin
Hardi	Joel	Mathieu	Stef	Werno
Harmen	José	Micha	Stig	Wiegand
Hatto	Justin	Miles	Theódóros	Wighard
Heintje	Károly	Mitja	Thorbjörn	Wolfi
Helmuth	Kid	Odomar	Till	Zenobio
Herman	Kirk	Petar	Tommy	
Herwig	Landuin	Quirinus	Urban	
Huschke	Leander	Rainer	Valente	

Das ist eine Auswahl. In diese Rubrik gehören auch alle Namen, die im Index der Vornamen die Kapitelziffer 61 tragen.

ELEMENT Feuer
STEIN Blauer Saphir, Karbunkel
PLANET Jupiter
FARBE *Blau* beruhigt, *Rot* und *Purpur* regen an

MOTTO
Das Leben ist ein Wettkampf

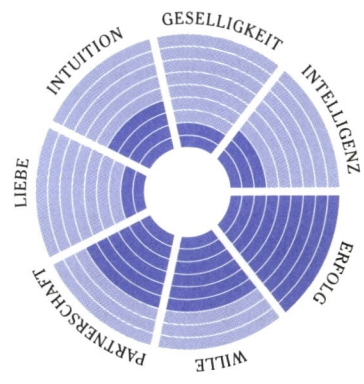

Charakterzüge, die der Vorname verstärkt

Der Vorname fördert die Kämpfernatur, die alles für den Sieg tut. Der Namensträger kämpft hart dafür, sodass er auch als Außenseiter zur Überraschung aller Beteiligten gewinnen kann. Diese Fähigkeit macht sich in der Beziehung wie im Beruf bezahlt.

Doch bei jedem Wettkampf gibt es auch Verlierer, die meist nicht glücklich über diesen Umstand sind. Wenn man überall als Matchwinner hervorgeht, macht man sich oft bei den anderen unbeliebt, nicht zuletzt dann, wenn man auch noch mit seiner Überlegenheit prahlt. Deshalb sollten diese Namensträger lernen, auch mal zurückzustecken und nicht überall der erste sein zu müssen, auch wenn es noch so schwer fällt.

Wille

■ Wille zur übermenschlichen Leistung: Der Namensträger ist mit seiner ganzen Energie dem Siegen verschrieben. Um einen Sieg zu erreichen, wächst er kurz vor der Ziellinie sogar über sich selbst hinaus. Dementsprechend will er auch in Diskussionen »siegen«, was ihn oft rechthaberisch wirken lässt.

■ Wille ohne Kompromiss: Konkurrenz wird nur so lange geduldet, wie sie schlechter ist als man selbst. Bei einer Gefahr für den eigenen Sieg können diese Namensträger sehr gereizt werden. Da dieser Typus das ganze Leben als Wettkampf sieht, erkennt er nicht immer, wann es besser wäre, einen Gang zurückzuschalten, um die anderen auch mal zum Zug kommen zu lassen.

Vorname und Beruf

Für diesen Vornamen sind Berufe ideal, in denen es eine Karriereleiter zu erklimmen gilt. Diese Männer brauchen den ständigen Konkurrenzkampf, um nicht einzurosten. Dabei möchte der Namensträger immer auch an der Spitze des Teams stehen oder zumindest wichtige Impulse geben. Aber auch als Einzelspieler kämpft er gegen alle Widrigkeiten des Arbeitslebens, und das mit Erfolg. Selbst in aussichtslosen Branchen fasst er Fuß und sichert sich damit zumindest einen kleinen Teil des Kuchens, ist aber immer bestrebt, die Vorherrschaft in diesem Bereich zu erreichen.

Stärken

Seine manchmal unglaublichen Leistungen sind das größte Gut dieses Namensträgers. Er gilt als Vorreiter auf seinem Gebiet und wird schnell zur Messlatte für andere. Seine Erfolge machen ihn noch stärker.

Psychische Förderung durch diesen Vornamen

Trotz aller Siege verspürt er die latente Furcht, nicht der Beste sein zu können. Entsprechend abhängig ist seine Stimmung von den momentanen Siegen. Die Angst zu verlieren kann im Alter so stark werden, dass sie den eigentlichen Siegeswillen überlagert und der Namensträger sich zurückzieht, weil er sich vor weiteren Konfrontationen fürchtet. Der ständige Kampf ist wie ein Glaubensbekenntnis, dass den Namensträger immer und überall begleitet.

Kein Licht ohne Schatten

Sollte es einem Namensträger mal nicht gelingen der Beste oder Erste zu sein, kratzt das sehr an seinem Selbstbewusstsein. Bei ständigen Niederlagen droht sogar das Abrutschen in Zorn und Zerstörung, wenn er seine Gefühle nicht ausreichend unter Kontrolle hat.

Der Namenstyp in England und den USA

Dieser Vorname verleiht dem Träger zusätzlich zu den ererbten charakterlichen Grundlagen folgende Eigenschaften:

- Gewinner
- Kämpfer für seine Ideen
- Selfmademan

Im Kino ist er der typische Held, der Sportler, der am Ende den großen Sieg erkämpft. Er ist derjenige, der es vom Taxifahrer zum Konzernboss schafft, indem er gegen alle Widerstände des Lebens kämpft, bis er sein Ziel erreicht hat.

Im Team kann man ihm Aufgaben anvertrauen, die auf jeden Fall gelöst werden müssen.

Der Namenstyp in Frankreich

In Frankreich begegnet man diesem Typus mit Vorbehalt. Es ist zwar durchaus faszinierend, wie er aus den aussichtslosesten Situationen noch Profit schlägt, jedoch vermisst man an ihm die Fähigkeit, sich auch mal zurückzulehnen, um das Erreichte zu genießen.

Die Namensträger kleiden sich eher sachlich und legen nicht unbedingt Wert darauf, durch ihr Äußeres aufzufallen. Wenn ein schwieriges Unternehmen bevorsteht, kann man sich diesem Typus anvertrauen, da er es gewöhnt ist, schwierige Dinge erfolgreich zu Ende zu bringen.

Gérard	Helwig	Luzius	Rainald	Tiemo
Gerke	Hildebrand	Marcel	Rambald	Tjard
Gero	Horatio	Marten	Reinward	Trautwein
Godwin	Igino	Mathis	Renzo	Udo
Götz	Isaak	Matteo	Ricki	Umberto
Gundobald	János	Mikula	Ridzart	Uwe
Gustavo	Jonas	Mitchell	Robin	Waldemar
Haio	Karl	Monty	Sam	Walter
Hanno	Kester	Nigel	Schorsch	Wendelmar
Hartmann	Knud	Olav	Siggo	Wigo
Heilko	Lancelot	Osmar	Sigmund	Xandi
Heimito	Leif	Pankraz	Stéphane	Zacharias
Heinke	Liebhard	Pedro	Thies	
Heinz	Loisl	Placido	Thor	

Das ist eine Auswahl. In diese Rubrik gehören auch alle Namen, die im Index der Vornamen die Kapitelziffer 62 tragen.

ELEMENT Erde
STEIN Onyx, Amethyst
PLANET Saturn
FARBE *Indigo* beruhigt,
Braun regt an

MOTTO
Hauptsache Frieden,
Harmonie und Eintracht

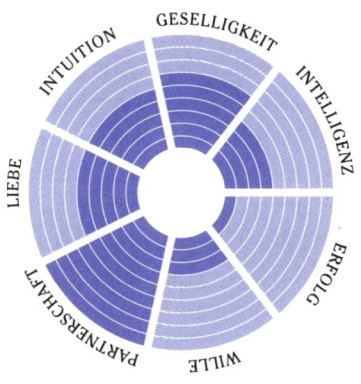

GESELLIGKEIT
INTUITION
INTELLIGENZ
LIEBE
ERFOLG
PARTNERSCHAFT
WILLE

Charakterzüge, die der Vorname verstärkt

Durch diesen Namen wird das Bedürfnis nach Frieden und Harmonie gefördert. Eintracht nach innen und nach außen ist das vornehmliche Ziel der Namensträger. Für das erklärte Ziel des Friedens sind sie auch bereit, Opfer zu bringen.

Die Namensträger sind sehr fleißig und arbeiten hart, um das Gewünschte zu erreichen. Dabei gehen sie sehr systematisch vor. Die Namensträger denken lieber zweimal über etwas nach, statt sich zu übereilen. Daher haben sie eine hohe Erfolgsquote, was auch immer sie anfangen.

Wille

■ Wille und Geschick: Mit seinem Willen kann der Namensträger alles erreichen. Er strebt einem persönlichen Ideal entgegen, das oft so weit entfernt liegt, dass er ein ganzes Leben benötigt, um es zu erreichen.

■ Wille und Einsicht: Der Namensträger investiert viel Energie, um Frieden zu stiften und zu erhalten, da er sich in dieser Harmonie am wohlsten fühlt. Aus diesem Streben kommt es dazu, dass er anderen vorzuschreiben versucht, wie sie sich verhalten sollen. Wenn sie sich nicht fügen, entsteht trotz aller Friedensbemühungen Streit. Außerdem besteht ein leichter Hang zum Fanatismus, mit all seinen negativen Auswirkungen.

Vorname und Beruf

Die Namensträger sind fasziniert von jedweder Ordnung und von Regeln. Also sollte auch ihr Beruf damit zu tun haben. Ebenso lieben sie vertraute Verhältnisse und können sich nur schwer auf völlig neue Situationen einstellen. Daher sind Berufe geeignet, die eine gewisse Routine bieten und sich mit logischen Abläufen befassen. Als Beispiel sei hier ein Informatiker genannt, der ein vorgegebenes Problem durch Nachdenken löst und in Formeln zu packen vermag.

Die Namensträger haben zwar nicht unbedingt ein Talent für Innovationen, sind dafür aber sehr geschickt darin, bestehende Arbeitsabläufe zu rationalisieren. Im Team bieten sich diese Personen als Kontrolleure an, vor allem, wenn es darum geht, bestimmte Regeln einzuhalten. Ansonsten arbeiten sie zuverlässig an den ihnen anvertrauten Aufgaben.

Stärken

Die Namensträger sind voller Energie, die sie gern auch für andere einsetzen. Für ihre Ziele sind sie auch bereit, größere Strapazen in Kauf zu nehmen. Hauptsache, sie kommen dem Ziel näher.

Psychische Förderung durch diesen Vornamen

Durch diesen Vornamen wird die Ausgeglichenheit gefördert. Doch dafür muss gearbeitet werden. Deshalb besteht die Gefahr, dass es bei Verfehlen des Zieles zu Aggression und Gemeinheit kommt.

Kein Licht ohne Schatten

Stellt sich die gewünschte Harmonie trotz aller Mühen nicht ein, führt dies zu starken Selbstzweifeln, die in einem totalen Rückzug enden können.

Der Namenstyp in England und den USA

Dieser Vorname verleiht dem Träger zusätzlich zu den ererbten charakterlichen Grundlagen folgende Eigenschaften:

- Rächer der Witwen und Waisen
- Kämpfer für Recht und Ordnung

Im Film ist er derjenige, der einem zum Tode Verurteilten durch intensive Recherche im letzten Moment das Leben rettet und stattdessen den Schurken hinter Schloss und Riegel bringt.

Im Team ist er der loyale Mitarbeiter, auf den man sich verlassen kann.

Der Namenstyp in Frankreich

In Frankreich mag man diesen Typus. Man bewundert seinen Hang zum ausgeglichenen Leben und wünscht sich selbst eine ebensolche Begeisterung für die eigenen Lebensziele.

Die Namensträger stehen auf modische Kleidung. Sie laufen geradezu jedem Trend hinterher. Sie achten auf ihre Gesundheit, ohne es zu übertreiben.

Dieser Typ fühlt sich besonders in einer Gruppe von Gleichdenkenden wohl, die alle dasselbe Ziel verfolgen wie er.

Jesko	Lewis	Nis	Reimund	Tassilo
Johann	Livio	Odo	Remo	Thaddäus
Joost	Lucianus	Olf	Rienzo	Theodósios
Josua	Lüde	Ortolf	Robert	Timm
Jürnjakob	Manfredo	Ove	Rolof	Valerius
Jules	Marc	Paddy	Saladin	Victor
Klas	Marcus	Pat	Sebald	Vinzenz
Konradin	Markolf	Paulus	Selmar	Volkwart
Landelin	Markwart	Peppo	Severin	Weert
Lars	Maximilianus	Perez	Siebo	Wienand
Lebrecht	Mihály	Philo	Siegher	Winston
Léonard	Neel	Pitt	Stan	Zenobius
Leupold	Nicol	Pjotr	Stu	

Das ist eine Auswahl. In diese Rubrik gehören auch alle Namen, die im Index der Vornamen die Kapitelziffer 63 tragen.

ELEMENT Luft
STEIN Blauer Saphir
PLANET Uranus
FARBE *Hellblau* beruhigt, *Lila* und *Gelb* regen an

MOTTO
Sieger über das Leben

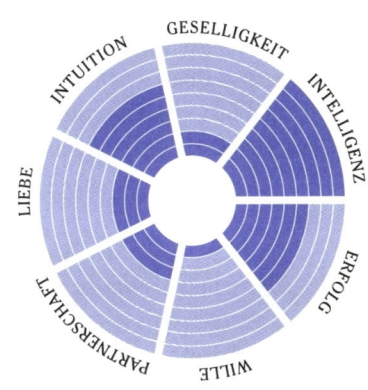

Charakterzüge, die der Vorname verstärkt

Der Vorname fördert den Wunsch, großes Wissen anzusammeln. Reichen dabei die üblichen Quellen nicht aus, dann bringt dieser Typus sich das Wissen selber aus Büchern bei. Nichts achten die Namensträger höher als den Verstand, manchmal zu Ungunsten des Gefühlslebens. Sie möchten alles verstehen, und wenn es nur die Funktion eines Haushaltsgerätes ist. Diese Männer versuchen, ihre Umwelt mit ihrem Verstand nicht nur zu erfassen, sondern auch in ihrem Sinne zu regeln und zu beeinflussen, was ihnen natürlich nicht immer gelingt.

Nach außen hin sind diese Namensträger eher unauffällig. Sie unterhalten sich lieber etwas leiser, anstatt die ganze Kneipe mit den neuesten Informationen zu versorgen. Dabei reden sie gern und überlegt. Den Zuhörern fällt es manchmal schwer, ihren teilweise verwickelten Gedankengängen zu folgen.

Wille

■ Wille und Argumentation: Der Namensträger möchte andere von seinem Willen überzeugen. Daher argumentiert er, was das Zeug hält.

■ Wille und Beharrlichkeit: Manchmal schießt der Namensträger über das Ziel hinaus. Hauptsache, es klingt für die anderen logisch und die Gegenargumente konnten entkräftet werden. Die Namensträger weichen nicht von ihrer Meinung ab und haben für jede Erwiderung ein Gegenargument parat.

■ Wille und Takt: Der Namensträger verfügt immer über genügend Feingefühl um zu spüren, wann er bei einer Diskussion aufzuhören hat.

Vorname und Beruf

Die Namensträger sind eher Theoretiker als Praktiker, daher liegen ihnen handwerkliche Berufe nicht so sehr. Doch sowenig sie körperliche Arbeit mögen, so gern gehen sie an ihre geistigen Grenzen. Die Namensträger lieben es, über ihre Arbeit zu sprechen, sei es mit Kollegen oder mit Außenstehenden. Sie sind sehr stolz auf das, was sie tun. Dieser Typus liebt die Veränderung und begeistert sich schnell für etwas Neues. Der Beruf muss ihm genug Abwechslung und Freiraum bieten, damit er sich nicht eingeengt fühlt.

Stärken

Die Namensträger sind sehr intelligent und können auch ohne weiteres gewundene Gedankenpfade beschreiten. Daher liebt man sie in Gesellschaften, weil sie immer etwas Interessantes zu erzählen haben.

Manchmal überraschen sie positiv durch ihre eigenartige Einstellung zum Leben.

Psychische Förderung durch diesen Vornamen

Der Namensträger strebt nach einem Zustand, in dem Körper und Geist auf der gleichen Welle schwingen. Das Paradies wäre für ihn eine Gesellschaft, in der alle Menschen ebenso beschaffen sind.

Kein Licht ohne Schatten

Die Namensträger nehmen Enttäuschungen sehr schwer und persönlich, was zu schwerwiegenden Problemen führen kann.

Der Namenstyp in England und den USA

Dieser Vorname verleiht dem Träger zusätzlich zu den ererbten charakterlichen Grundlagen folgende Eigenschaften:

- kreatives Genie
- interessanter Partygast

Im Film ist er der Wissenschaftler, der einen genialen Plan entwickelt, mit dem man das drohende Unheil abwenden kann. Er ist nicht unbedingt der Held, der die Menschheit rettet, sondern eher der intelligente Kopf im Hintergrund.

Im Team ist er der Vordenker, der für Probleme die Lösung findet, nach der alle anderen vergeblich suchen.

Der Namenstyp in Frankreich

In Frankreich entspricht dieser Namenstyp dem Intellektuellen. Bewusst unterstützt er dieses Image. Er sitzt in Bistros und liest ein gutes Buch oder redet mit anderen Gästen über alles Mögliche. Dabei zeigt sich seine wahre

Begabung, immer interessante Aspekte in ein Gespräch zu bringen, die seine Intelligenz beweisen.

Er wirkt immer ein wenig unangepasst, ein Individualist, den man manchmal auch gern als Revolutionär sieht, und er liebt dieses Image.

Hernando	Kurt	Ottokar	Rutlieb	Toby
Hildemar	Lenni	Philipp	Sergei	Uli
Hinnerk	Leopold	Quintin	Sieger	Vasco
Horatius	Lowik	Ramón	Sigurd	Volrat
Humbrecht	Luitolf	Raoul	Silvanus	Walbert
Ibrahim	Marvin	Rasmus	Sixt	Walt
Ivar	Maxwell	Reimbold	Stani	Welfhard
Jacques	Michele	Reimo	Steve	Wendelbert
Jochen	Miloslaw	Renárd	Sulpiz	Wigbert
Jonny	Nelson	Renz	Swen	Wilko
Józef	Nick	Ringulf	Tankred	Wladislaw
Just	Nikita	Rochus	Thierry	Wunibald
Keno	Olaf	Roman	Tilmann	Zachäus
Kirila	Osbert	Rowland	Titus	

Das ist eine Auswahl. In diese Rubrik gehören auch alle Namen, die im Index der Vornamen die Kapitelziffer 64 tragen.

ELEMENT Luft
STEIN Bernstein
PLANET Uranus
FARBE *Weiß* beruhigt,
Gelb regt an

MOTTO
Hoppla, jetzt
komme ich

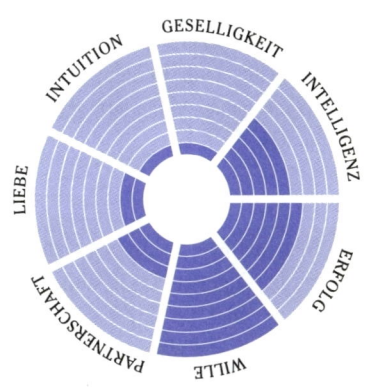

Charakterzüge, die der Vorname verstärkt

Durch diesen Vornamen werden Eigenschaften gefördert, die mit ständiger Änderung zu tun haben. Die Namensträger suchen die Abwechslung, was ihnen im Leben zugute kommt, da sie sich auf neue Situationen besser einstellen können. Dabei besteht aber die Gefahr, dass sie zu sprunghaft sind. Man kann sich dann manchmal nicht auf sie verlassen.

Ebenso können sich die Namensträger auf unfreiwilligen Wandel in ihrem Leben einstellen. Dabei ertragen sie auch negative Ereignisse besser als manch anderer. Dadurch können sie die Dinge auf sich zukommen lassen, um erst im letzen Moment zu entscheiden, wenn alle notwendigen Fakten zusammengetragen sind.

Die Namensträger neigen zu extravagantem und überraschendem Handeln, was ihrer Lebenseinstellung entspricht.

Wille

■ Wille und Konzentration: Der Namensträger setzt seinen Willen nach innen mit Ruhe und Geschick ein. Das bedeutet aber, dass seine Entscheidungen nach außen oft überraschend wirken, da er nie mit anderen darüber redet.

■ Wille zum Risiko: Der Namensträger setzt sich für das, was er will, bis zum Letzten ein. Hierbei huldigt er seinem Willen zum Risiko. Er hat in seinem Leben erfahren, dass er auch aus der aussichtslosesten Situation etwas machen kann. Er befindet sich in einem ständigen Zwiespalt zwischen dem Wunsch nach Veränderung und einer gewissen Neigung zur Beständigkeit.

Vorname und Beruf

Die Namensträger wünschen sich einen Beruf, in dem sie konstruktiv tätig werden können. Ideal sind Beschäftigungen in der Baubranche, als Ingenieure oder Techniker. Sollte der Beruf selber nicht diesen Wunsch erfüllen, kann der Namensträger seinen Ausgleich auch im Hobby suchen. Er setzt seine Kreativität gern ein, um Dinge weiterzuentwickeln und zu verbessern.

Stärken

Die Namensträger haben die Fähigkeit, wenn es drauf ankommt, schnell und richtig zu handeln. Trotzdem handeln sie nicht übereilt. Wenn es die Zeit erlaubt, wägen sie die Argumente auch ein wenig länger ab.

Psychische Förderung durch diesen Vornamen

Durch diesen Namen wird die Fähigkeit vermittelt, sich auch in widrigen Situationen über Wasser zu halten. Entsprechend groß sind das Selbstvertrauen der Namensträger und ihre innere Ausgeglichenheit, aus der heraus sie ihre Entscheidungen treffen.

Kein Licht ohne Schatten

Bei Namensträgern, denen das Leben ständig übel mitspielt, prägt sich ein Hang zum unüberlegten Handeln aus. Da man ständig enttäuscht wurde, wird man zu passiv und gleichgültig.

Der Namenstyp in England und den USA

Dieser Vorname verleiht dem Träger zusätzlich zu den ererbten charakterlichen Grundlagen folgende Eigenschaften:
- Kämpfer für Freunde und Verwandte
- Überlebenskünstler

Im Film ist er derjenige, der durch Schicksalsschläge alles verliert, sich aber nicht beeindrucken lässt, sondern sich schließlich alles wieder zurückholt.

Im Team wird dieser Namenstyp meist als Einzelkämpfer losgeschickt, der vor Ort eine bestimmte Schwierigkeit löst und damit für die Gruppe den Weg freimacht. Er arbeitet lieber alleine.

Der Namenstyp in Frankreich

In Frankreich schätzt man diesen Typus wegen seiner Fähigkeit, Probleme zu lösen. Das reicht von einer Reparatur im Haushalt bis zur Versöhnung eines zerstrittenen Paars.

Man trifft ihn bei einem Glas Wein, spricht mit ihm über seine Probleme und hört sich seine Ratschläge an. Er ist der Nachbar, der einem auch nachts um zwei Uhr noch zuhört, wenn man seine Seele erleichtern möchte.

Gerit	Jaro	Lewin	Ortlieb	Rudolph
Germanus	Jerrit	Livius	Pär	Sergeij
Golo	Jockel	Louis	Peer	Simon
Grigorij	Jorit	Lowis	Peter	Sjard
Gumprecht	Jost	Lüder	Philip	Stenz
Gunther	Jurij	Luitbald	Raban	Teut
Gustel	Konni	Luitger	Rafael	Theodebert
Harbert	Konstantin	Marbod	Randolph	Théodore
Harro	Kosmas	Max	Reinbold	Tiberius
Heini	Lando	Melcher	Reinmar	Tom
Helmko	Laurence	Michail	Remus	Tün
Hérauld	Laurids	Milton	Richard	Ulfried
Hjalmar	Lawrence	Nathan	Ringolf	Ursus
Humfried	Lenz	Nicki	Rocco	Vinzent
Ignatius	Léon	Noel	Rolf	Weikhard
Ismar	Leslie	Orell	Ronny	Wigand

Das ist eine Auswahl. In diese Rubrik gehören auch alle Namen, die im Index der Vornamen die Kapitelziffer 65 tragen.

ELEMENT Wasser
STEIN Jaspis, Amethyst
PLANET Neptun
FARBE *alle Farben* bis
auf Schwarz und Grau

MOTTO
Komm Kreativität
und küss mich

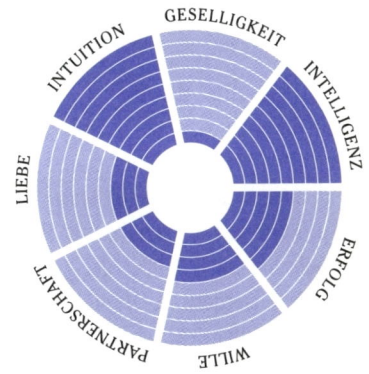

Charakterzüge, die der Vorname verstärkt

Durch diesen Vornamen werden Kreativität und Intelligenz gefördert. Dennoch ist der Namensträger auch den Dingen nicht verschlossen, die sich logisch nicht erklären lassen. Aus diesem Grund schwankt er immer zwischen rationalem Erklären und Spekulation. Aber gerade diese Eigenschaft macht ihn interessant, man unterhält sich gern mit ihm, da er auch mal einen ungewöhnlichen Lösungsansatz anbietet und so der Lösung oft näher ist als alle, die rein logisch vorzugehen versuchen. Manchmal fehlt ihm jedoch der Bezug zur Realität, weswegen er oft als geistesabwesend angesehen wird.

Dennoch besitzen diese Männer meistens einen guten Instinkt und man schätzt ihren Rat in bestimmten Situationen. Das macht sie, besonders wenn sie älter werden, sehr selbstsicher und zuverlässig. Sie geben nicht so leicht auf und versuchen ein Ziel auch mal über Umwege zu erreichen.

Wille

■ Wille und Bedächtigkeit: Der Namensträger setzt seinen Willen nicht einfach durch, sondern überlegt, bevor er handelt. Er überzeugt andere lieber von seinen Vorstellungen, als ihnen seinen Willen aufzuzwingen.

■ Wille und Polarität: Das Handeln dieser Personen ist manchmal etwas undurchsichtig und sorgt für Konfusion. Das liegt an den beiden Extremen Logik und Spekulation, zwischen denen sich die Entscheidungskraft dieser Namensträger hin und her bewegt. Doch eben diese Eigenschaft bringt sie oft weiter, da sie so zu ungewöhnlichen Problemlösungen angeregt werden.

Vorname und Beruf

Kreativität ist diesen Namensträgern sehr wichtig, daher sollte ihr Beruf auch einen gewissen Freiraum lassen. Natürlich wäre ein künstlerischer Beruf ideal, doch nicht jeder kann Maler oder Regisseur werden. Aber auch in anderen Berufen kann man seiner Fantasie mal freien Lauf lassen, etwa als Werbefachmann. Weniger geeignet wären Berufe, die den Namensträger nicht herausfordern, sondern durch ständige Routine nur belasten. Ein weiteres Betätigungsfeld wird durch ihre ungewöhnliche Denkweise eröffnet. Gut geeignet sind alle Berufe, in denen sowohl Logik als auch Spekulation wichtig sind. Ärzte und Psychologen, Sozialarbeiter oder Geistliche etwa brauchen von beidem etwas.

Stärken
Die Stärke dieser Namensträger liegt in ihren Eingebungen und ihrem Einfallsreichtum. Sie schaffen es, andere von ihren Ideen zu überzeugen.

Psychische Förderung durch diesen Vornamen
Durch diesen Vornamen wird ein gewisser Hang zum Alleinsein gefördert. Das liegt zumeist daran, dass die Kreativität am ergiebigsten ist, wenn die Namensträger nicht durch andere gestört werden. Daher kommt es, dass die besten und größten Visionen dann entstehen, wenn die Namensträger wochenlang an einer einsamen Stätte über einem Problem grübeln.

Kein Licht ohne Schatten
Werden die Namensträger in ihrem Ideenreichtum beschränkt, sei es durch andere Menschen oder durch andere Aufgaben, so flüchten sie in ihre Traumwelt, manchmal auch mit Hilfe von Alkohol oder anderen Drogen.

Der Namenstyp in England und den USA
Dieser Vorname verleiht dem Träger zusätzlich zu den ererbten charakterlichen Grundlagen folgende Eigenschaften:
- weiser Herrscher
- Mensch mit Durchblick

Im Film zieht er durch die Lande, um Weisheit zu erlangen.

Im Team wird dieser Typ von Vorgesetzten besonders gern als kreativer Kopf eingesetzt, der durch ungewöhnliche Gedankengänge der Lösung auf die Spur kommen kann.

Der Namenstyp in Frankreich
In Frankreich werden die Träger dieses Vornamens eher als Einzelgänger gesehen. Höchstens mit ein paar Freunden und Verbündeten trifft dieser Typus

sich an privaten Orten, um zu reden. Es sind Künstler, die einen abgeschiedenen Zirkel bilden und sich kaum der Öffentlichkeit stellen wollen. Manchmal wissen die Außenstehenden noch nicht einmal, dass diese Gruppe existiert, dadurch gehen leider auch manche großen Ideen unter, da sie niemals den Kreis verlassen und mit dem Ausscheiden der Mitglieder sterben.

Ethelbert	Guido	Ingemar	Neidhardt	Servais
Falco	Guntram	Isenmar	Nikolaij	Siegerich
Farmund	Hadamar	Jeffrey	Noah	Söhnke
Fidel	Haimo	Jodokus	Ortwin	Theobald
Flori	Hansjörg	Julien	Otwald	Timo
Friedewald	Hariolf	Kamillo	Pieter	Timothy
Friso	Hartwig	Konrad	Randolf	Toralf
Gangolf	Haymo	Landewin	Raúl	Trudbert
Géraud	Heinfried	Lázló	Reinald	Vitali
Gerhart	Heio	Lionardo	Riccardo	Volkrat
Giraldo	Helmbrecht	Lucius	Rodegang	Wilfried
Giulio	Henno	Luitprand	Roux	Wolfhard
Glenn	Henry	Manfried	Salim	Xaverius
Gottfried	Hilbert	Marwald	Scott	York
Günter	Hinz	Maurice	Sergio	Zygmund

Das ist eine Auswahl. In diese Rubrik gehören auch alle Namen, die im Index der Vornamen die Kapitelziffer 66 tragen.

ELEMENT Wasser
STEIN Periodot, Chrysolith
PLANET Neptun
FARBE *Purpur* regt an,
Blau beruhigt

MOTTO
Kommt zu mir,
ich helfe euch

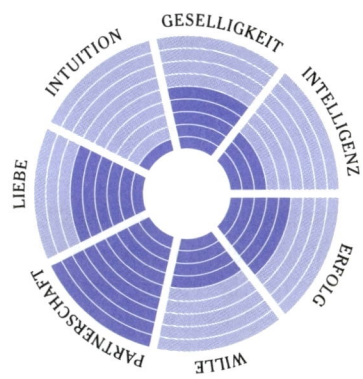

INTUITION GESELLIGKEIT INTELLIGENZ LIEBE ERFOLG PARTNERSCHAFT WILLE

Charakterzüge, die der Vorname verstärkt

Durch diesen Vornamen wird das zwischenmenschliche Verständnis gefördert. Die Namensträger opfern sich auch gern mal für ihre Mitmenschen auf,
denn das macht sie glücklich. Die Hilfe reicht vom verständnisvollen Zuhören
bis zu einer pflegerischen Tätigkeit. Menschen zu führen, ohne sie zu befehli-
gen, ist ebenfalls eine Eigenschaft dieser Vornamensträger. Dabei geht es
darum, den anderen den rechten Weg zu zeigen oder ihnen zu helfen, diesen
Weg zu beschreiten.

Diese Namensträger handeln, ohne allzu viel zu reden. Es sind Aktivisten,
die lieber eine Aktion starten, anstatt endlos darüber zu debattieren. Dabei
kommt es aber vor, dass sie über das Ziel hinausschießen.

Wille

■ Wille zur Hilfsbereitschaft: Die Namensträger zwingen anderen nicht
ihren Willen auf. Vielmehr nutzen sie ihre Energien, um anderen zu helfen
und sie zu unterstützen. Niemals würden sie jemandem Schaden zufügen,
um ihre eigenen Vorstellungen verwirklicht zu sehen.

■ Wille mit Bedacht: Daher gehen sie sehr langsam vor, wenn sie ein
persönliches Ziel erreichen wollen. Die Umwelt deutet das manchmal falsch,
da sie das eigentliche Ziel nicht erkennen kann.

■ Wille und Taktik: Die Namensträger sind sehr gutmütig und wirken eher
beeinflussbar, was aber nicht stimmt. Es ist vielmehr so, dass sie auch mal
einen Schritt zurückgehen, um anschließend einen Satz nach vorne machen
zu können.

Vorname und Beruf

Entsprechend der hervorstechenden Charaktereigenschaft fühlen sich die
Vornamensträger in Berufen wohl, in denen sie anderen helfen können. Das
Betätigungsfeld ist vielseitig: Vom Dienstleister bis zum Erfinder von Dingen,
die das tägliche Leben erleichtern, ist hier vieles möglich. Dabei sind sie auch
bereit, ein Opfer zu bringen.

Stärken

Die Namensträger greifen ein, wenn sie sehen, dass jemand ihre Hilfe braucht. Es sind nicht die Typen Mensch, die bei einem Unfall gaffen, sondern jene, die den Verletzten helfen, und sei es nur durch Betreuung. Doch auch kaum wahrnehmbare Zwangslagen spüren sie auf. So kommt es vor, dass sie einem helfen, bevor man selber begreift, dass man in einer Notsituation ist.

Psychische Förderung durch diesen Vornamen

Die Namensträger sind zwar opferbereit, wirken aber manchmal etwas ängstlich und zurückhaltend, wenn kein konkreter Einsatz bevorsteht. Oft plagen sie Selbstzweifel, ob sie auch wirklich alles richtig gemacht haben. Sie handeln eigentlich nur unter Druck und sind nicht bereit, ein Risiko einzugehen, wenn kein Anlass dazu besteht. Das heißt aber nicht, dass diese Personen unentschlossen sind, denn wenn es drauf ankommt, kann man sich auf sie verlassen.

Kein Licht ohne Schatten

Wenn mit den Ängsten nicht richtig umgegangen wird, drohen Drogenmissbrauch und Alkoholismus.

Der Namenstyp in England und den USA

Dieser Vorname verleiht dem Träger zusätzlich zu den ererbten charakterlichen Grundlagen folgende Eigenschaften:
- opferbereiter Helfer
- weiser Ratgeber
- König Salomon

Im Film ist er derjenige, der für andere alles opfert, was er besitzt. Er ist der reiche Mann, der plötzlich erkennt, welches Elend um ihn herum herrscht, und dann sein Vermögen einsetzt, um diese Zustände zu ändern.

Im Team wird dieser Typ Mensch eingesetzt, um interne Konflikte und Probleme zu beseitigen.

Der Namenstyp in Frankreich

Die Franzosen sehen in diesem Typus einen Menschen, dem man selber helfen muss, damit er anderen helfen kann. Schließlich benötigt jeder Mensch von Zeit zu Zeit Unterstützung. Er ist wegen seines selbstlosen Einsatzes sehr beliebt und überrascht einen als Gast auch mal damit, dass er das Kochen übernimmt.

Die Vornamensträger legen keinen großen Wert auf Mode. Hauptsache, die Kleidung ist bequem und zweckmäßig.

Gerwin	Igor	Martin	Remmert	Sönke
Gontard	Isenbert	Mattes	Renault	Stefan
Gratianus	Jeff	Meino	Rigobert	Tebaldo
Guilbert	Jobst	Mies	Rock	Theophil
Guiskard	Jörg	Momo	Rodlof	Thore
Gusti	Joscha	Morgan	Roland	Tillmann
Hanjo	Kajus	Nando	Romulus	Tjalf
Hansgerd	Karlludwig	Nicolas	Rouven	Tony
Hardo	Kilian	Notger	Ruppert	Torsten
Hasso	Landerich	Ommo	Russel	Urias
Helmfried	Lanzelot	Osgood	Samuel	Vollrat
Herms	Liebfried	Oswin	Sandro	Wenzel
Hildebrecht	Lucien	Peregrin	Sczepan	Winand
Hildemut	Luis	Quintus	Siegbald	Wipert
Holm	Magnus	Randy	Sierk	Wolfrad
Hugues	Markward	Reinbert	Silvus	Zölestin

Das ist eine Auswahl. In diese Rubrik gehören auch alle Namen, die im Index
der Vornamen die Kapitelziffer 67 tragen.

ELEMENT Feuer
STEIN Beryll, Amethyst
PLANET Mars
FARBE *Rot* regt an,
Grün beruhigt

MOTTO
Das Bessere ist des
Guten Feind

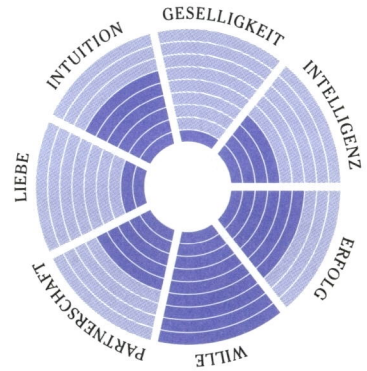

Charakterzüge, die der Vorname verstärkt

Durch diesen Namen werden diejenigen Eigenschaften gefördert, die mit der Erfüllung von Pflichten zusammenhängen. Auf diese Weise fällt es den Namensträgern leichter, ihre Aufgaben zu erledigen. Sie optimieren jeden Schritt auf dem Weg zur Lösung. Dadurch werden sie zu Reformern, die es auch schaffen, eine völlig neue Denkungsweise in Umlauf zu bringen, in der Politik oder auch in der Arbeitswelt.

Zur Erreichung ihres Zieles setzten sie oft jedes verfügbare Mittel ein. Das geht teilweise so weit, dass sie rücksichtslos wirken. Sie möchten nicht nur Dinge ändern, sondern sind auch in einem gewissen Umfang bereit, sich selber zu ändern, um sich ihrem Ziel zu nähern. Sie lieben die eigene Unabhängigkeit und neigen dazu, gegen das, was nicht zu ihrer Meinung passt, vorzugehen. Diese Einstellung führt natürlich zu Problemen mit ihren Mitmenschen. Sie sind Rebellen in allen Bereichen des Lebens.

Wille

■ Wille und Idealismus: Der Wille dieser Namensträger ist sehr stark. Dieser Typus setzt durch seinen Idealismus auch gegen Widerstand seinen Willen durch. Da er Dinge manchmal um jeden Preis ändern will, stempelt er sich selber zum Außenseiter.

■ Wille über das Ziel hinaus: Außerdem besteht eine gewisse Gefahr, dass die Begeisterung der Namensträger zu Fanatismus wird, wenn sie den Überblick über die Auswirkungen verlieren. Dennoch meistern sie jedes Hindernis.

Vorname und Beruf

Die Namensträger fühlen sich in Berufen wohl, in denen sie eine Herausforderung zu meistern haben. Ein neues Land zu entdecken oder eine drohende Katastrophe abzuwenden, das sind ihre idealen Betätigungsfelder. Sie sind die typischen Pioniere. Diese Männer sind keine Theoretiker, die in Büros Pläne aushecken, sondern Praktiker, die vor Ort handeln möchten. Je größer die Herausforderung, desto tiefer knien sie sich in die Arbeit, um das Ziel zu erreichen.

Im Team möchten sie immer die Leitfiguren sein, die den anderen sagen, wo es entlanggeht.

Stärken

Ihre Stärke liegt in ihrer Energie. Diese setzen sie für alle möglichen Aufgaben ein, auch wenn sie noch so unbedeutend erscheinen. Es liegt ihnen im Blut, andere von ihrer Meinung zu überzeugen.

Psychische Förderung durch diesen Vornamen

Seelisch leiden diese Namensträger ständig an einer gewissen Unzufriedenheit, die sie dazu veranlasst, neue Wege zu suchen. Es gibt keinen Ruhepunkt und keinen Stillstand, ständig muss irgendetwas verändert werden. Das führt dazu, dass sie oft vorschnell handeln, ohne die Konsequenzen hinreichend abgeschätzt zu haben. Dadurch kommt es zu Fehlern, die sie schwer belasten.

Kein Licht ohne Schatten

Die Namensträger benötigen immer ein festes Ziel, sonst scheinen sie unentschlossen umherzuirren. Es kommt auch vor, dass man ihre Begeisterung als unangenehm empfindet, da die Trennlinie zum Fanatismus sehr dünn ist. Dadurch sind sie nicht gerade beliebt.

Der Namenstyp in England und den USA

Dieser Vorname verleiht dem Träger zusätzlich zu den ererbten charakterlichen Grundlagen folgende Eigenschaften:

- der Mann, der die Herausforderung liebt
- der Hasardeur, der sich auch aus hoffnungsloser Lage befreit

Im Film ist er der Spartakus, der Anführer der aufständischen Sklaven, der gegen die Herrscher kämpft. In anderen Rollen spielt er Männer, die Kutschen voller Gold von einem Ort zum anderen bringen und alle Schurken abwehren, die sich des Goldes bemächtigen wollen. Oder sie verteidigen eine Brücke gegen eine Übermacht des Feindes.

Vorgesetzte benutzen diesen Typ, um die Gruppe in eine Schlacht zu führen, die es zu gewinnen gilt. Er ist derjenige, der die anderen anspornt, alles zu geben.

Der Namenstyp in Frankreich

In Frankreich verbindet man mit diesem Typ den Kämpfer, den Militär. Etwa den General oder den Söldner, der ohne zu fragen gegen einen Feind kämpft.

Die Namensträger kleiden sich korrekt und schmücken sich gern mit den Auszeichnungen, die sie im Laufe ihres Lebens erhalten haben.

Achilleus	Franek	Justinian	Odemar	Siegfried
Adalwulf	Franz	Kasimir	Otmar	Simson
Aigolf	Friedemar	Kunibert	Pascale	Stachus
Albrecht	Gherardo	Lawrenti	Pierre	Swidbert
Alfred	Glaubrecht	Leberecht	Poldi	Thankmar
Arminius	Gregory	Lois	Ragnar	Thomas
Bodowin	Guntbert	Luitpold	Rambold	Torwald
Caesar	Hartwin	Massimo	Régnier	Volmar
Clinton	Helmar	Maximo	Ricco	Wiggerl
Dennis	Henricus	Meinulf	Rinaldo	Winfried
Dietward	Hippo	Michel	Rodewald	Winibrecht
Dodo	Hubertus	Modest	Rupert	Woldemar
Egidius	Ingomar	Morten	Salvator	Wolter
Engelfried	Jörgen	Nanno	Seppel	Zoltán
Felix	Joseph	Norbert	Sergius	Zyriakus

Das ist eine Auswahl. In diese Rubrik gehören auch alle Namen, die im Index der Vornamen die Kapitelziffer 68 tragen.

ELEMENT Erde
STEIN Topas, Achat
PLANET Venus
FARBE *Gelb* regt an,
Blau und *Grün* beruhigen

MOTTO
Wille und Spaß
am Leben

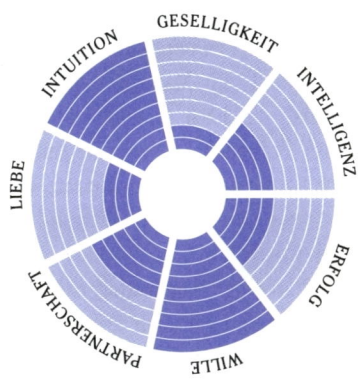

Charakterzüge, die der Vorname verstärkt

Der Name fördert die Eigenschaft, sparsam mit dem umzugehen, was man zur Verfügung hat. Diese Männer setzen ihre Ressourcen – Geld, Kraft, Energie – so ein, dass sie mit minimalem Einsatz maximale Wirkung erzielen. Zu diesem Zweck müssen sie über eine große Selbstbeherrschung verfügen, die ihnen auch in anderen Lebensbereichen zugute kommt. Da sie immer noch Reserven für ungeplante Ereignisse besitzen, kommen sie im Endeffekt trotzdem ans Ziel. Sie reagieren schnell und beherrscht, ohne sich zu übereilten Taten hinreißen zu lassen. Bei ihren Arbeiten gehen sie konzentriert und geradlinig vor, das Ziel immer fest vor Augen. Zu ihren geistigen Anforderungen gehört auch ein starker Körper, auf den sie sich verlassen können.

Wille

■ Wille ohne Worte: Die Namensträger machen nicht viele Worte um das, was sie wollen. Aus diesem Grund ist es oft schwierig abzuschätzen, was sie eigentlich vorhaben. Oft erkennt man das erst, wenn sie gehandelt haben.

■ Wille zum Leben: Ihre Lebensenergie ist ihr höchstes Gut, das sie ständig verfügbar halten wollen, um es in den entsprechenden Situationen sinnvoll und erfolgreich einsetzen zu können.

Vorname und Beruf

Die Namensträger bringen lieber in kurzen Episoden Höchstleistung, als ständig an der Obergrenze zu arbeiten. Entsprechend sollte auch der Beruf ausgewählt sein. Manager wäre also nicht der richtige Job, eher schon der Polizist, der nach ruhigeren Phasen einen anstrengenden Einsatz fahren muss. Er braucht immer seine Zeit, um die verbrauchte Energie aufzufüllen, damit er für den nächsten Einsatz wieder voll verfügbar ist.

Stärken

Die Stärke der Namensträger liegt in ihrer Bescheidenheit. Sie benötigen nicht viel, um glücklich zu sein. Die Namensträger wollen einen Ausgangspunkt haben, von dem sie ihre Aktionen starten können.

Psychische Förderung durch diesen Vornamen

Die Namensträger wünschen sich innere Harmonie und Ruhe. Neben all den Strapazen, die sie im alltäglichen Leben erleben und auch durchaus auf sich nehmen wollen, wünschen sie sich ein Heim, in das sie sich zurückziehen können, um verbrauchte Energien zu regenerieren. Daher kommt es vor, dass sie sich zu sehr von anderen Menschen zurückziehen und vereinsamen. Diesen Zustand können sie nur durch ständige Selbstüberwindung vermeiden.

Kein Licht ohne Schatten

Haben die Namensträger aus irgendeinem Grund ihre Genügsamkeit nicht unter Kontrolle, kommt es zu aggressivem Verhalten und Nervosität. Auch besteht eine gewisse Gefahr der Isolation.

Der Namenstyp in England und den USA

Dieser Vorname verleiht dem Träger zusätzlich zu den ererbten charakterlichen Grundlagen folgende Eigenschaften:

- der Sportler, der sich an die Spitze vorkämpft
- nervenstarker Sprinter

Im Film sind es die Helden, die wenig sagen und viel handeln.

Im Team wird dieser Typ gern fürs Grobe eingesetzt: Er ebnet den Weg, damit ihn die anderen pflastern können. Er ist eine Kämpfernatur, die man auch in nahezu aussichtslosen Situationen einsetzen kann.

Der Namenstyp in Frankreich

Die Franzosen mögen diesen Typus nicht so sehr, da er ihnen zu »unfranzösisch« daherkommt. Obwohl sie ihn respektieren, möchten sie ihn nicht zu einem der ihren machen. Er ist der Einzelgänger, der lieber allein am Tisch sitzt.

Mode ist für diesen Namenstyp eher zweckmäßig, daher verzichten diese Männer auf unnötige Schnörkel.

Achmed	Baptist	Dominik	Klytus	Rothard
Adalwin	Barnet	Enders	Kristian	Ruprecht
Adalwolf	Benediktus	Erasmus	Landfried	Seraphin
Adelhelm	Bengt	Ernst	Lionel	Theoderich
Agilo	Berhard	Fernandez	Lysander	Theodor
Aldo	Birger	Fonsä	Mauricio	Tünnes
Alfried	Boje	Gerbrand	Meinolf	Ulysses
Alois	Boris	Grimwald	Niklas	Valerian
Amandus	Brendan	Heilmar	Oliver	Vigilius
Amos	Carlo	Helmward	Oscar	Vitalis
Angelo	Cary	Humphrey	Osric	Volkhard
Archibald	Castor	Isenger	Philippe	Wernhard
Arno	Claus	Israel	Raymond	Willibald
Attila	Clytus	Joachim	Reimar	Wunnibald
Axel	Dietbrand	Josef	Rochold	

Das ist eine Auswahl. In diese Rubrik gehören auch alle Namen, die im Index der Vornamen die Kapitelziffer 69 tragen.

ELEMENT Erde
STEIN Onyx, Smaragd
PLANET Saturn
FARBE *Hellblau* und
Türkis beruhigen,
Gelb regt an

MOTTO
Kommt zu mir,
ich rate euch

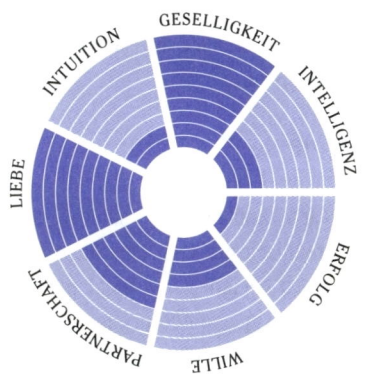

Charakterzüge, die der Vorname verstärkt

Durch diesen Vornamen werden Eigenschaften gefördert, die man mit Führungspersönlichkeiten und Vorbildern in Verbindung bringt. Man sieht zu diesen Personen auf und bittet sie gern um Rat, ohne sich dadurch geringwertiger zu fühlen. Die Namensträger strahlen auch eine gewisse Würde aus, daher hat man Respekt vor ihnen.

Bei allem, was sie tun, gehen die Namensträger bedacht und systematisch vor. Dieser Typus übernimmt auch die Verantwortung für das, was er tut. Man kann sich auf diese Männer verlassen und mit ihnen über seine Probleme sprechen.

Ihr Leben wirkt manchmal etwas streng geordnet, doch aus dieser Ordnung heraus arbeiten sie am besten. Nur in jungen Jahren benehmen sie sich manchmal wie Rabauken. Später kommen sie zu der Einsicht, dass ihnen ein würdevolleres Auftreten wohl besser bekommt.

Wille

■ Wille und Ziel: Die Namensträger beherrschen ihre Umwelt durch ihren starken Willen. Sie verfolgen ein festes Ziel, das sie auch so schnell nicht aufgeben, und schrecken nicht davor zurück, Strafen einzusetzen, um andere zu diesem Ziel zu bringen.

■ Wille und Motivation: Dabei ist es nicht so, dass alle Angst vor den Namensträgern haben; man folgt ihnen durchaus freiwillig. Das liegt zumeist daran, dass die Namensträger eine subtile Art besitzen, andere zu beeinflussen.

Vorname und Beruf

Für diese Namensträger sind Berufe ideal, die ein gutes Image verleihen. Am ehesten stellt man sich einen Firmenboss vor, der hinter seinem riesigen Schreibtisch sitzt und seine Angestellten zu sich zitiert.

Doch geeignet sind nicht nur Berufe, in denen die Namensträger allmächtig sind, sondern auch beratende Aufgaben. Ärzte und Apotheker oder manche Beamten gehören ebenfalls zu der Gruppe, die man um Rat fragt.

Eine neue Gruppe erwächst in den Computer- und Software-Spezialisten. Man wendet sich an diese Personen, wenn man eine Frage oder ein Problem hat. Sie können einem dann zuhören, die Fakten abwägen und einen Ratschlag geben.

Wählt ein Namensträger einen falschen Beruf aus, ist er den Rest seines Lebens damit unzufrieden. Und leider kommt das in der »wilden« Phase des ersten Lebensdrittels häufiger vor.

Stärken

Alle Fakten zu berücksichtigen, um dann ein gerechtes Urteil zu fällen, ist die Stärke dieser Namensträger. Übereilte Entscheidungen gibt es bei ihnen nicht. Durch ihre würdevolle Ausstrahlung ist man gern bereit, ihren Ratschlag anzunehmen.

Psychische Förderung durch diesen Vornamen

Die Namensträger scheinen zu einer gewissen inneren Vereinsamung zu neigen, schließlich ist auf dem Gipfel die Luft dünner. Umso stärker ist aber ihre Sorge um andere. Sie wünschen sich Klarheit in allen Dingen, die um sie herum passieren, nur so fühlen sie sich wohl.

Kein Licht ohne Schatten

Da die Namensträger, wie gesagt, im ersten Lebensdrittel wilde Rowdys sein können, haben sie auch die damit verbundenen Probleme zu bewältigen. Gelingt es ihnen jedoch nicht, ihre Wildheit unter Kontrolle zu bringen, ist es durchaus möglich, dass sie anderen damit Leid zufügen.

Der Namenstyp in England und den USA

Dieser Vorname verleiht dem Träger zusätzlich zu den ererbten charakterlichen Grundlagen folgende Eigenschaften:

- gerechter Richter
- Boss
- Betreuer
- fürsorglicher Vater

Im Film sind sie eher die gesetzten, gemütlichen Typen, die anderen helfen und immer einen guten Rat parat haben. Aber auch Marlon Brando in »Der Pate« verkörpert einen solchen Charakter: Man hat Respekt vor ihm, bittet ihn um Hilfe und Rat und befolgt seine Anweisungen.

Im Team werden diese Personen nicht gern eingesetzt, es sei denn als Leiter der Gruppe.

Der Namenstyp in Frankreich

In Frankreich ist dieser Menschentyp gern gesehen. Es sind die eigenwilligen, aber liebenswürdigen Lebenskünstler, die oftmals vergeistigt in ihrem Lieblingsbistro sitzen.

Mode ist für diese Männer eher ein Fremdwort. Das heißt nicht, dass sie sich unordentlich kleiden, jedoch interessieren sie sich einfach nicht für Modediktate. Es sind eben kauzige Individualisten, die dennoch sympathisch wirken.

Aaron	Boto	Erminio	Gotthelf	Remigius
Adalbero	Cedric	Evelyn	Gundobert	Rimbert
Adalmar	Cornelius	Fermund	Hansdieter	Roderick
Adelar	Dankward	Folke	Heribert	Sébastien
Agemar	Dave	Franco	Hilderich	Siegrich
Alexius	Desiderius	Fridericus	Humfrey	Steffen
Alfonso	Detmar	Friedebert	Josias	Stoffel
Apollon	Diether	Friedwald	Karlheinz	Viktorian
Arnulf	Dimo	Gasparo	Laurens	Volkmar
Augustin	Dragan	Gawril	Leonardo	Warnfried
Bernhelm	Ebbo	George	Mikesch	Willeram
Bero	Egge	Gerhard	Olivier	Winnimar
Bertram	Eilert	Gianni	Pinkus	Wolfger
Bodwin	Enzio	Giselmund	Rasso	

Das ist eine Auswahl. In diese Rubrik gehören auch alle Namen, die im Index der Vornamen die Kapitelziffer 70 tragen.

ELEMENT Feuer
STEIN Topas, Blutstein
PLANET Mars
FARBE *Violett* beruhigt, *Rot* regt an

MOTTO
Ich schaffe es und habe es geschafft

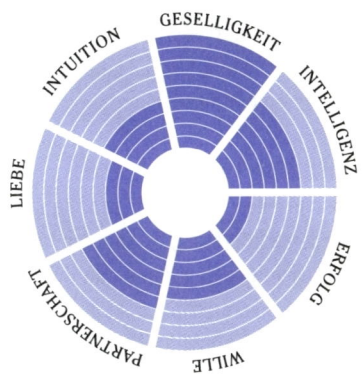

GESELLIGKEIT
INTUITION
INTELLIGENZ
LIEBE
ERFOLG
PARTNERSCHAFT
WILLE

Charakterzüge, die der Vorname verstärkt

Der Name fördert die Hochachtung vor dem eigenen Körper. Fitness ist elementar wichtig für den Namensträger, und er arbeitet schwer daran, seinen Körper in Form zu bringen und zu halten. Er umgibt sich auch gern mit anderen schönen Menschen.

Der Namensträger besitzt ein großes Selbstvertrauen, zusammen mit Entschlusskraft, um seine Ziele durchzusetzen. Dennoch schießen die Planungen dieser Männer manchmal ein wenig über das Ziel hinaus, sodass ein Projekt nicht vollständig zu Ende geführt werden kann. Sie sind mutig und setzten sich für andere ein.

Klappt mal etwas nicht so, wie es sich die Namensträger vorstellen, können sie aggressiv reagieren. Daher ist es teilweise sehr schwierig, sie zu führen. Im Team fällt es ihnen manchmal schwer, eigene Interessen zurückzustellen.

Wille

■ Wille und Körper: Der Namensträger vertraut in erster Linie seinem Körper und seiner körperlichen Kondition, wenn es um die Durchsetzung seiner Meinung geht. Körperliche Stärke zählt für ihn mehr als Überzeugungskraft.

■ Wille und Konflikt: Es kommt vor, dass ein Namensträger dieses Typs die Diskussion im Streit verlässt.

■ Wille und Angst: Aus Erfahrung hat das Umfeld vor den Reaktionen des Namensträgers Angst. Es fällt ihm manchmal schwer, seine eigenen Interessen hintanzustellen.

Vorname und Beruf

Ein typischer Beruf für diesen Vornamensträger wäre Profisportler, da er hier alle seine Interessen verknüpfen kann. Er erachtet körperliche Schönheit als sehr wichtig, daher kann man ihn sich auch in Berufen vorstellen, die diese erhalten oder erschaffen. Man denkt dabei an Sportbetreuer, Trainer oder im Extrem an Schönheitschirurgen. Aber zur Schönheit gehören auch kleinere Dinge, sodass er auch andere Betätigungsfelder findet. Auch als Künstler besitzt er Talent und Aussicht auf Erfolg.

Stärken

Der Mut der Namensträger ist ihre große Stärke. Sie besitzen einen Instinkt für Konfliktsituationen und wissen eine entsprechende Situation richtig einzuschätzen und auszunutzen.

Psychische Förderung durch diesen Vornamen

Da der Körper als so wichtig angesehen wird, ist die Seele entsprechend angepasst. Es wird der Einklang mit dem Körper gesucht, und der Namensträger fürchtet sich vor körperlichen Schäden und Entstellungen. Sein höchstes Gut ist sein Aussehen, und das möchte er mit allen Mitteln erhalten.

Kein Licht ohne Schatten

Manchmal fehlt den Namensträgern ein wenig der Überblick, wenn sie mal wieder überhastet aus dem Bauch heraus eine Entscheidung getroffen haben. Sie strahlen auch eine gewisse Härte aus, die etwas abschreckend wirkt.

Der Namenstyp in England und den USA

Dieser Vorname verleiht dem Träger zusätzlich zu den ererbten charakterlichen Grundlagen folgende Eigenschaften:

■ die Kämpfernatur, die das Spiel gewinnt
■ der Held, der am Schluss des Filmes alle rettet
■ der Schönling, der stolz auf seinen Körper ist

Es sind die typischen Kinohelden, die der Zuschauer so liebt: gut aussehende Kämpfer, die alles geben, um den Schurken das Handwerk zu legen oder andere Probleme zu meistern.

Der Namenstyp in Frankreich

In Frankreich sieht man in diesem Namenstyp den typischen Liebhaber, den Beau, dem die Frauen zu Füßen liegen Aber man verachtet ihn keineswegs deswegen, die Franzosen lieben solche Typen. Er achtet auf seinen Körper und genießt das Leben, ohne dabei das Wichtige aus den Augen zu verlieren. Es ist der Typ Mensch, der auch noch im Alter eine gewisse Ausstrahlung hat.

Auch die Mode muss zu diesem Namensträger passen, modisch und doch sportlich betont. Die Namensträger experimentieren auch gern in der Mode, solange sie sich mit der Kleidung wohl fühlen.

Achilles	Barnabas	Darius	Federigo	Gisbrecht
Agilbert	Bastien	Dieter	Ferdinand	Hyacinthus
Agilwart	Baudoin	Dietram	Flavio	Korbinian
Akim	Benigius	Dino	Florin	Raffaelo
Aljoscha	Bertulf	Donatus	Flutus	Rodolphe
Almerich	Bogislaw	Eberwin	Francesco	Sophus
Amon	Borris	Egbert	Frek	Thorolf
André	Brandon	Ehm	Friedebald	Ursinus
Angelus	Candidus	Elbert	Friedeger	Virgilius
Apollonius	Caspar	Emmeran	Frieso	Wenzeslaus
Armand	Clifford	Ernestinus	Fulbert	Wolfhelm
Augusto	Corbinian	Etienne	Gabriel	
Balder	Corin	Eustachius	Gauthier	

Das ist eine Auswahl. In diese Rubrik gehören auch alle Namen, die im Index der Vornamen die Kapitelziffer 71 tragen.

ELEMENT Luft
STEIN Beryll, Türkis
PLANET Merkur
FARBE *Dunkelgrün* beruhigt, *Hellgelb* regt an

MOTTO
Wahrheit, Glaube, Hoffnung

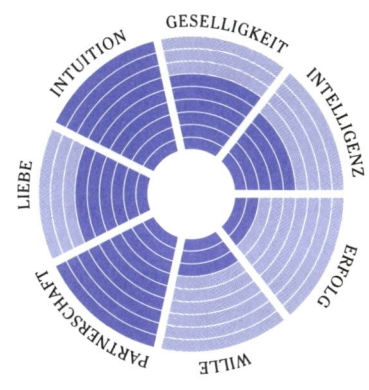

Charakterzüge, die der Vorname verstärkt

Die Wahrheit ist das höchste Gut für die Träger dieses Namens. Entsprechend ausgeprägt ist auch ihr Gerechtigkeitssinn. Sie machen es sich zur Lebensaufgabe, die Wahrheit aufzuspüren und zu verbreiten, das macht sie glücklich. Sie zweifeln generell erst einmal alle Tatsachen an, um sie überprüfen zu können. Erst wenn sie eine Tatsache selber für richtig befinden, können sie sich dem nächsten Problem zuwenden. Entsprechend sind sie besonders neugierig auf alles, was um sie herum passiert, auch wenn es sie nicht direkt berührt. Das Leben an sich ist ihr Forschungsgebiet.

Die Namensträger sammeln gern Wissen an und lieben es, dieses in Gespräche einzubauen. Entsprechend interessant können Unterhaltungen mit ihnen werden, vorausgesetzt, man kann ihnen einigermaßen folgen. Ihre Stärke liegt nicht darin, revolutionäre Ideen zu haben, sondern darin, die Gedankengebäude von anderen auf ein festes Fundament zu stellen. Dafür sind sie auf diesem Gebiet umso gründlicher.

Wille

■ Wille und Diskretion: Der eigene Wille hat eher untergeordnete Funktion; man besitzt ihn, muss ihn aber nicht unbedingt durchsetzen. Man ist auch in einer Welt zufrieden, die von anderen bestimmt wird, solange man die Freiheit hat, das zu tun, was man möchte.

■ Wille zur Aufklärung: Vielmehr setzt der Namensträger seine Energien daran, Dinge in Erfahrung zu bringen. Dabei ist es gleichgültig, um welches Gebiet es sich handelt. Man ist generell neugierig. Das macht die Namensträger manchmal zu unangenehmen Zeitgenossen, die nicht wissen, wo das öffentliche Interesse aufhört und die Privatsphäre anfängt.

■ Wille zur Wahrheit: Da sie die Wahrheit über alles achten, reagieren diese Namensträger sehr ungehalten, wenn sie merken, dass man sie zu täuschen versucht.

Vorname und Beruf

Nahe liegend wäre ein Beruf, in dem es darum geht, Wahrheiten aufzudecken. Das könnte ein Detektiv sein, ein Journalist, Ermittler oder Forscher. Auch in anderen Lebensbereichen profitiert man von ihrer Gabe: Als Buchhalter sind die Namensträger sehr genau, als Beamte unbestechlich und als Richter gerecht. Es sind gerade die Berufe, die auf den ersten Blick nicht direkt mit Wahrheit und Gerechtigkeit zu tun haben, sondern bei denen es auf gute Arbeit ankommt.

Gerade diese Eigenschaft, zuverlässig zu sein, macht diese Männer im Berufsleben allseits einsetzbar, denn sie führen alle ihnen anvertrauten Aufgaben mit der nötigen Genauigkeit aus.

Stärken

Ihre Stärke ist eindeutig die Aufrichtigkeit. Man kann sich auf diese Namensträger verlassen, und sie arbeiten ständig daran, dieses Image zu festigen. Ihr Sinn für Gerechtigkeit ist beinahe sprichwörtlich.

Psychische Förderung durch diesen Vornamen

Ebenso wie nach außen sucht der Vornamenstyp auch in seinem Inneren nach Wahrheit. Darauf baut er sein ganzes Seelenwohl auf. Dabei versucht er, seine Lebensphilosophie einigermaßen logisch zu strukturieren. Noch im letzten Lebensdrittel wird nach der inneren Wahrheit gesucht, bis man zur seelischen Ausgeglichenheit findet.

Kein Licht ohne Schatten

Finden diese Namensträger nicht die gewünschte innere Sicherheit, dann besteht die Gefahr, dass sie zu Zynikern und Pessimisten verkommen, die alles und jeden verhöhnen, um ihrem angestauten Frust Luft zu machen.

Der Namenstyp in England und den USA

Dieser Vorname verleiht dem Träger zusätzlich zu den ererbten charakterlichen Grundlagen folgende Eigenschaften:

- wahrheitsliebend
- anzweifelnd
- Kämpfer gegen sein Schicksal

Im Film ist er der Anwalt oder Detektiv, der einen vermeintlich Schuldigen herausboxt, indem er die Wahrheit findet. Er ist der Columbo, der dem bösen Mörder so lange zusetzt, bis dieser frustriert aufgibt.

Der Namenstyp in Frankreich

In Frankreich liebt man diesen Namenstyp wegen seiner Belesenheit. Zu ihm geht man, wenn man eine Frage hat, und er ist gern bereit, das Für und Wider zu diskutieren. Eine Art moderner Sokrates, der die Menschen in lehrreiche Gespräche verwickelt. Auch im Beruf ist er der ideale Berater, der einem mit Rat und Tat zur Seite steht.

Die Namensträger sind gern modisch gekleidet, allerdings niemals auffällig. Die Mode muss ihnen auch gefallen, damit sie sie tragen können.

Adalbert	Bernhold	Eilbert	Frodemund	Hippolyt
Adolar	Bert	Elvis	Fromund	Hippolytus
Agid	Bill	Émile	Gerald	Hugbald
Albuin	Bonifacius	Erich	Giuliano	Ingbert
Aldebrand	Burchard	Ernesto	Göran	Ingvar
Allister	Cäsar	Faustus	Hanjörg	Irmfried
Anatolius	Carlos	Ferenc	Hansi	Irving
Andrej	Clemens	Filippo	Haro	Janosch
Anno	Cyriac	Florentin	Heilmut	Jenö
Anthony	Denis	Florian	Heimerich	Parsifa
Arturo	Dick	Folker	Helmke	
Aurelius	Douglas	Franciszek	Hendrik	
Bardolf	Ed	Friedolin	Herrman	
Benny	Egmund	Frodegard	Hinrich	

Das ist eine Auswahl. In diese Rubrik gehören auch alle Namen, die im Index der Vornamen die Kapitelziffer 72 tragen.

ELEMENT Wasser
STEIN Smaragd
PLANET Mond
FARBE *Violett* und *Grün*
beruhigen, *Grau* regt an

MOTTO
Ein gutes Fundament
trägt auch ein hohes Haus

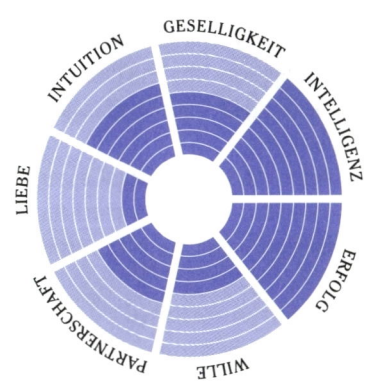

Charakterzüge, die der Vorname verstärkt

Sicherheit ist für den Träger dieses Namens sehr wichtig, nicht aber der Stillstand. Seine Energie zieht er aus der Veränderung, indem er den Standort wechselt oder seine Umgebung kreativ seinen geänderten Vorstellungen anpasst. Trotzdem geht er immer auf Nummer Sicher. Er sehnt sich nach Geborgenheit im eigenen Heim, das er als Anlaufstelle und Ort der Besinnung benötigt. Wo sich dieses Heim befindet, ist ihm jedoch gleichgültig. »Nirgends ist es so schön wie zu Hause!« Wie Alice im Wunderland möchte der Träger dieses Namens nach einem aufregenden Abenteuer die Vorzüge des eigenen Heimes nicht vermissen.

Sein Drang nach Veränderung bringt ihm manchmal Probleme mit Freundschaften ein, da man ihn hin und wieder für sprunghaft und dickköpfig hält. Dennoch ist er ein lieber Kerl, der auch verzeihen und sich im Hintergrund halten kann, wenn es nötig ist.

Der Namensträger versucht, wo er nur kann, ehrlich zu sein, und erwartet das auch von seiner Umgebung. Dabei ist er auch durchaus bereit, über kleinere Fehler hinwegzusehen.

Wille

■ Wille ohne Kompromiss: Bei Trägern dieses Vornamens ist der Wille oft so ausgeprägt, dass man sie als dickköpfig bezeichnen kann. Kompromissfähigkeit ist nicht gerade ihre Stärke. Dadurch wird es für die Umgebung schwierig, mit diesem Namensträger umzugehen. Es besteht die Gefahr, dass man ihm etwas vormacht, um mit ihm nicht in Streit zu geraten.

■ Wille und Gerechtigkeit: Gepaart mit dem starken Gerechtigkeitssinn ist der Wille dieser Personen durchaus fähig, für die Gerechtigkeit selbst gegen eine Übermacht zu kämpfen.

Vorname und Beruf

Aufgrund ihres starken Willens sind diese Vornamensträger prinzipiell für jeden Job zu haben. Sie beißen sich in jeder Situation durch. Berücksichtigt man ihren Gerechtigkeitssinn, könnte man sich diesen Typus durchaus als

Richter vorstellen, aber auch als Wissenschaftler oder Techniker, der sich einem Problem so lange widmet, bis es zu seiner Zufriedenheit gelöst ist. Voraussetzung ist jedoch, dass der Beruf Aufstiegsmöglichkeiten bietet, sonst macht er den Namensträgern keinen Spaß.

Als Teamspieler kann man sie auf allen Positionen einsetzen, sie erfüllen jederzeit die in sie gesetzten Erwartungen.

Stärken

Trotz allem Drang zur Veränderung kann man sich auf sie verlassen. Sie bleiben einer Sache, die sie für richtig halten, treu. Das gilt für die Beziehung ebenso wie für den Beruf.

Psychische Förderung durch diesen Vornamen

Freundschaft und Menschenkontakt sind für diese Personen sehr wichtig. Es kann ihnen nicht Schlimmeres passieren, als an falsche Freunde zu geraten, die sie enttäuschen. Daher ist es ratsam, bei Kontakten vorsichtig vorzugehen, ohne den anderen zu verprellen. Aber die Zeit, die man in eine im Fundament feste Beziehung investiert, zahlt sich später durch eine dauerhafte Freundschaft aus, auf die man sich immer und überall verlassen kann.

Kein Licht ohne Schatten

Aufgrund mangelnder Erfahrung kommt es schnell vor, dass man falsche Freunde findet, die einen ausnutzen.

Der Namenstyp in England und den USA

Dieser Vorname verleiht dem Träger zusätzlich zu den ererbten charakterlichen Grundlagen folgende Eigenschaften:
- Kämpfer für Recht und Glauben
- Siedler, der sein Land gegen alle Feinde verteidigt
- der Mann, der nach erlittenem Unrecht gegen Mächtigere und Stärkere für Vergeltung kämpft

Der Namenstyp in Frankreich

Dieser Mann steht für die Grundsätze der Französischen Revolution, die für ihn ein Glaubensbekenntnis sind. Er ist ein zuverlässiger Freund und interessanter Gesprächspartner, auch wenn man bei Diskussionen mit ihm etwas vorsichtig sein sollte.

Modisch gesehen sind die Namensträger eher desinteressiert. Mode ist für sie nur Mittel zum Zweck. Sie achten zwar darauf, einen gewissen Kleidungsstandard zu halten, aber sie folgen nicht jedem Trend.

TEIL III

Index

Index der weiblichen Vornamen

Die den Namen zugeordneten Zahlen entsprechen der jeweiligen Kapitelnummer

Alke 11	Amata 7	Annalisa 11
Alkje 30	Ambrosia 12	Annamaria 12
Alla 26	Amélie 10	Annamira 29
Alma 27	Amke 3	Annbritt 34
Almod 28	Amöna 9	Anne 25
Almoda 29	Amrei 13	Annedore 16
Almudis 13	Amy 24	Annegret 26
Almut 23	Ana 25	Anneheide 30
Almuth 31	Anabel 8	Annekatrin 36
Aloisia 8	Anastasia 16	Annele 24
Aloysia 26	Andel 27	Annelene 25
Alraune 32	Andrea 9	Annelies 28
Alrun 8	Andrée 22	Anneliese 33
Alrune 13	Anemone 14	Annelore 15
Althea 9	Angela 27	Annemarei 11
Altraud 26	Angéle 22	Annemarie 29
Altrud 7	Angelica 30	Annemie 8
Alva 2	Angelika 12	Annerose 33
Alwine 12	Angelina 6	Annetraud 11
Ama 24	Angélique 30	Annetraude 34
Amabel 25	Anica 28	Annette 12
Amabella 11	Anika 10	Anni 30
Amadea 7	Anita 26	Annice 10
Amalberga 31	Anja 8	Annie 26
Amalberta 10	Anjuschka 11	Annika 6
Amalburga 14	Anka 9	Annina 27
Amalfrieda 30	Anke 4	Annunziata 14
Amalgund 27	Ann 29	Anny 12
Amalgunde 32	Anna 21	Anouk 30
Amalia 29	Annabarbara 32	Anselma 13
Amalie 6	Annabell 7	Ansgard 28
Amanda 25	Annabella 26	Anthea 29
Amarante 19	Annalena 8	Antje 12

Bianka 30	Bridgit 13	Carline 10
Bibi 24	Brig 35	Carlota 25
Bibiana 4	Briga 27	Carlotta 34
Bibiane 17	Brigga 30	Carmela 18
Biddy 3	Brigida 23	Carmen 28
Bilke 22	Brigitta 10	Carol 6
Billa 10	Brigitte 14	Carola 7
Bille 23	Brit 5	Carolina 13
Billhild 25	Britt 23	Caroline 35
Bina 27	Britta 24	Carolyn 30
Bine 4	Bronia 18	Carrie 22
Bionda 2	Bronislava 22	Carry 17
Birgit 9	Bronislawa 4	Caterina 35
Birgitta 28	Bruna 25	Cathérine 20
Birke 12	Brunhild 31	Cathleen 11
Birte 10	Brunhilde 27	Cecily 32
Blanca 5	Bruni 7	Céleste 14
Blanche 26	Bruntje 3	Celestina 16
Blanda 16	Burga 5	Celia 3
Blandina 13	Burgel 21	Céline 21
Blandine 8	Burghild 2	Cella 23
Blanka 23	Burghilde 25	Chantal 20
Bogdana 5	Burgl 7	Charis 17
Bona 6	Cäcilia 20	Charitas 36
Bonifatia 35	Cäcilie 6	Charity 15
Bonita 34	Camilla 33	Charlene 13
Bonnie 7	Candice 2	Charlotte 10
Bonny 20	Candida 18	Cheryl 12
Branka 31	Cara 6	Chiara 24
Brenda 28	Caren 24	Chloe 25
Briddy 23	Carina 3	Chris 7
Bride 5	Caritas 28	Christl 28
Bridget 8	Carla 36	Chrissy 2

Farah 29	Floriane 14	Frodewine 34
Faralda 11	Folke 25	Frogard 36
Fatima 24	Fortunata 21	Frohild 33
Fausta 19	Frances 17	Fromut 9
Faustina 34	Francesca 2	Fränze 15
Faye 6	Francine 29	Fulberta 36
Fedora 36	Françoise 7	Gabi 16
Fee 9	Franka 19	Gabriela 9
Feli 8	Franzi 33	Gabriele 4
Felicia 30	Franzine 34	Gaby 34
Felicitas 15	Franziska 21	Gail 17
Felizia 26	Frauke 6	Garda 2
Felizitas 29	Fredegund 15	Gardi 20
Feodora 16	Freia 8	Gardy 2
Feodosia 36	Freya 35	Geba 20
Ferdinande 31	Fricka 25	Gebba 22
Ferhild 4	Frida 7	Gebharde 12
Fidelia 32	Frieda 3	Geelke 5
Fidelis 34	Friedegund 16	Geerta 16
Fides 3	Friedegunde 30	Geerte 20
Fieke 21	Friedel 1	Geertje 21
Fiene 24	Friedelind 20	Gela 3
Fina 6	Friedelinde 25	Geli 21
Fiona 31	Friederike 8	Gemma 26
Fioretta 33	Friederun 2	Geneviève 14
Fita 1	Friedhild 18	Genia 24
Flavia 2	Friedhilde 32	Genoveva 11
Fleur 24	Friedrun 33	Georgette 12
Fleurette 16	Frigga 36	Georgia 22
Flora 3	Fritzi 19	Georgina 36
Florence 19	Frizzi 26	Georgine 13
Florentine 23	Frodegard 9	Geralde 23
Florenze 15	Frodehild 15	Geraldine 20

Hadeburg 4	Heilke 33	Herdis 32
Hadelind 22	Heilwig 9	Herlinde 33
Hadelinde 18	Heima 28	Herma 29
Hadmut 23	Heimke 34	Hermine 30
Hadmute 28	Heinke 8	Hermióne 28
Hadwig 5	Heinrike 29	Herta 25
Haike 26	Hela 26	Hertha 24
Hanna 29	Helen 8	Hertwiga 26
Hannah 10	Helena 27	Herwiga 8
Hanne 24	Helene 31	Hester 14
Hannedore 33	Hélène 13	Hetti 5
Hannelore 32	Helga 11	Hetty 23
Hannerose 23	Helgard 26	Hilda 35
Hansi 36	Helge 6	Hilde 12
Harriet 28	Helke 23	Hildeberta 31
Hazel 6	Hella 29	Hildegard 13
Heather 11	Helma 12	Hildegund 30
Hedda 22	Helmburg 15	Hildegunde 8
Heddy 4	Helmina 9	Hilderun 34
Hede 22	Helmine 31	Hildrun 2
Hedi 9	Helmke 27	Hilke 1
Hedwig 36	Helmtraud 33	Hilla 16
Hedy 9	Helmtrud 32	Hilma 26
Heide 5	Héloise 14	Hiltraud 34
Heidelinde 14	Helwig 8	Hiltrud 15
Heidelore 13	Hemma 4	Hjördis 17
Heidemarie 36	Hendrikje 15	Holda 5
Heiderose 31	Henni 33	Holdine 33
Heidi 1	Henny 6	Holly 31
Heidrun 13	Henriette 13	Hope 28
Heike 30	Henrike 10	Hortense 35
Heila 9	Herberta 16	Hortensia 23
Heilgard 36	Herdi 11	Hroswitha 36

330

Marielies 34	Martina 14	Meinrade 18
Marielis 11	Martine 27	Mela 4
Marielouise 29	Martje 31	Melanie 6
Marieluise 22	Marula 26	Mélanie 24
Marierose 3	Maruschka 29	Melba 6
Marietheres 9	Marusja 9	Meli 22
Marietta 32	Mary 8	Melina 10
Marijke 7	Marylou 15	Melinda 32
Marika 11	Marzella 26	Meline 14
Marilena 13	Mascha 10	Mélisande 13
Marilene 26	Maschenka 13	Melissa 29
Marilyn 8	Mathilda 31	Melitta 32
Marina 14	Mathilde 8	Melody 24
Marion 29	Matilda 23	Melusine 14
Marisa 30	Maud 6	Mercedes 3
Marit 26	Maura 5	Merle 28
Marita 27	Maureen 28	Merula 30
Maritta 9	Maxi 12	Meryl 6
Marja 27	Maximiliane 23	Meta 10
Marjorie 32	May 24	Metta 28
Marketa 24	Mechthild 35	Mette 5
Marleen 25	Mechthilde 13	Mia 24
Marlena 12	Medea 10	Micaela 8
Marlene 7	Meg 21	Michaela 7
Marlies 28	Meggie 30	Michèle 10
Marliese 33	Meggy 7	Micheline 16
Marlit 11	Meike 8	Michelle 22
Marlitt 29	Meina 25	Mieke 26
Marnie 9	Meinberga 28	Mientje 12
Marta 8	Meinburga 11	Mieze 4
Marte 30	Meinharde 26	Mignon 25
Martha 25	Meinhild 31	Mila 27
Marthe 11	Meinhilde 36	Milburg 21

Odine 4	Otwine 33	Philiberta 31
Oktavia 36	Oxana 20	Philine 4
Olga 5	Ozeana 26	Philippa 2
Olive 31	Palmira 2	Philippine 3
Olivia 1	Paloma 6	Philomela 31
Olli 23	Pam 4	Philomele 17
Olly 5	Pamela 31	Philomena 15
Olympia 34	Pamina 29	Philomene 1
Oona 20	Pankrazia 1	Phöbe 3
Ophelia 33	Paola 11	Phyllis 36
Orania 17	Pascale 14	Pia 28
Oriana 35	Pat 9	Piata 29
Ornella 17	Patrice 19	Pilar 15
Orthia 19	Patricia 34	Pippa 26
Orthild 16	Patrizia 3	Pirette 30
Orthilde 30	Patsy 13	Piroschka 25
Ortraud 4	Patty 10	Poldi 32
Ortrud 3	Paula 28	Polly 4
Ortrun 31	Paulette 10	Prisca 17
Ostara 14	Pauline 29	Priscilla 24
Oswalda 7	Pearl 28	Prudence 10
Oswine 9	Peg 34	Prudentia 14
Ota 26	Peggy 2	Pulcheria 18
Otberga 17	Penelope 1	Rabea 2
Otburga 30	Penny 24	Rachel 3
Otfrieda 1	Pepita 32	Rada 35
Otfriede 32	Perdita 30	Rade 21
Othilde 28	Peregrina 14	Radegund 21
Ottegebe 36	Petra 16	Radegunde 17
Otti 26	Petronella 21	Radmila 16
Ottilia 4	Petronia 29	Raffaela 20
Ottilie 8	Petronilla 17	Ragna 3
Ottogebe 2	Petula 23	Ragnhild 36

Rudolfa 13	Scholastica 22	Sieghild 19
Rudolfine 5	Scholastika 4	Sieghilde 33
Rufina 32	Schwanburg 29	Sieglind 16
Rufine 36	Schwanburga 21	Sieglinde 30
Runa 23	Schwanhild 14	Siegrun 34
Rune 18	Schwanhilde 1	Siegrune 12
Runhild 29	Sebalde 23	Sigi 17
Runhilde 16	Sebastiane 17	Siglind 2
Ruperta 15	Sebastina 3	Signe 35
Ruth 34	Sebastine 16	Sigrid 14
Ruthilde 11	Seffa 25	Sigrun 29
Sabina 31	Seffi 7	Sigune 32
Sabine 17	Selina 27	Silia 36
Sabrina 33	Seline 13	Silja 18
Sally 20	Selma 25	Silke 14
Salome 14	Senta 5	Silva 23
Salvia 24	Seraphina 34	Silvana 11
Samantha 32	Seraphine 2	Silvia 15
Samira 3	Serena 21	Simone 16
Sandie 19	Severa 31	Simonette 21
Sandra 16	Severine 32	Sina 1
Sandrina 13	Sharon 35	Sine 5
Sandy 5	Sheila 12	Siri 25
Sanna 6	Shirley 14	Sirid 20
Sanne 1	Sibil 19	Sissi 11
Saphira 15	Sibyl 1	Sissy 20
Sara 34	Sibylla 32	Sitta 23
Sarah 24	Sibylle 18	Siw 28
Sari 16	Sidonia 4	Sixta 11
Sarina 31	Sidonie 17	Sixtina 8
Saskia 2	Siegberta 31	Sófia 20
Scarlett 34	Siegburg 7	Sofie 15
Schöntraud 20	Siegburga 35	Sófija 30

Index der männlichen Vornamen

Die den Namen zugeordneten Zahlen entsprechen der jeweiligen Kapitelnummer

Börge 55	Brendan 69	Cary 69
Börries 40	Brett 54	Casimir 50
Bogdan 40	Brian 38	Caspar 71
Bogislaw 71	Broder 40	Cassius 55
Bogumil 53	Bronislav 57	Castor 69
Boguslav 58	Bronislaw 39	Cecil 40
Bohumil 40	Bror 58	Cedric 70
Boi 37	Bruce 53	César 58
Boie 51	Brun 51	Cesare 54
Boje 69	Bruno 40	Charles 51
Boleslav 57	Brunold 56	Charley 40
Boleslaw 39	Bürk 39	Charlton 37
Bolko 57	Burchard 72	Chris 52
Bolo 55	Burghard 55	Christian 41
Bonaventura 58	Burk 57	Christof 58
Bonifacius 72	Burkart 51	Christoffer 55
Bonifatius 52	Burkhard 54	Christoph 57
Bonifaz 40	Burt 37	Christopher 37
Borchard 37	Busse 55	Chrysanthus 57
Boris 69	Busso 57	Chrysostomus ... 55
Bork 58	Cäcilius 37	Claas 37
Borris 71	Caesar 68	Clark 55
Bosse 56	Cäsar 72	Claude 39
Bosso 58	Cajus 58	Claudio 51
Botho 51	Calman 52	Claudius 53
Boto 70	Camillo 39	Claus 69
Botwin 39	Candidus 71	Clayton 37
Boy 37	Carl 53	Clemens 72
Brand 59	Carlo 69	Cliff 58
Brandolf 50	Carlos 72	Clifford 71
Brandon 71	Carol 51	Clint 38
Branko 55	Carolus 39	Clinton 68
Brecht 37	Carsten 54	Clytus 69

Dominik 69	Edelbert 53	Eiko 42
Dominikus 60	Edelmar 60	Eilard 52
Dominique 52	Edgar 42	Eilbert 72
Don 52	Edmund 37	Eilert 70
Donald 42	Edoardo 39	Eilhard 60
Donat 53	Édouard 56	Eilmar 52
Donatus 71	Eduard 58	Einar 59
Dorian 38	Edvard 40	Einhard 53
Douglas 72	Edward 58	Eitel 41
Dragan 70	Edwin 57	Ekkehard 38
Drago 53	Edzart 55	Elard 42
Drewes 52	Egbert 71	Elbert 71
Dries 60	Egbrecht 54	Eleasar 56
Dudo 57	Egge 70	Elger 54
Dustin 37	Egid 40	Eliano 58
Dwight 40	Egidius 68	Elias 49
Earl 56	Egil 39	Eligius 58
Ebbo 70	Egilbert 39	Elko 53
Ebergard 42	Egilo 37	Elliot 55
Eberhard 38	Egilolf 57	Elmar 60
Ebermund 51	Eginald 49	Elmer 37
Eberolf 50	Eginhard 38	Elmi 40
Eberwin 71	Egino 39	Elmo 55
Eberwolf 56	Eginolf 50	Elton 38
Ebo 41	Egmont 60	Elvis 72
Eckart 57	Egmund 72	Emanuel 56
Eckbert 54	Egolf 53	Emeran 49
Eckehard 38	Egon 56	Emerich 54
Eckehart 52	Ehm 71	Emil 58
Ed 72	Ehregott 57	Émile 72
Eddie 55	Ehrenfried 54	Emilio 57
Eddy 59	Ehrhard 39	Emmeran 71
Ede 41	Eike 58	Emmerich 58

Gordon 55	Guilbert 67	Hadewin 48
Gordy 44	Guillaume 50	Hado 47
Gosbert 67	Guillermo 52	Hadrian 49
Goswin 61	Guiscard 49	Hadwin 43
Gottbert 37	Guiskard 67	Hänsel 43
Gottfried 66	Gumpert 37	Hagen 40
Gotthard 43	Gumprecht 65	Haiko 55
Gotthelf 70	Gunar 44	Haimo 66
Gotthilf 39	Gundobald 62	Haio 62
Gotthold 50	Gundobert 70	Hajo 44
Gottlieb 66	Gundolf 54	Hakon 41
Gottlob 49	Gunnar 49	Hanjo 67
Gottwald 60	Guntbert 68	Hanjörg 72
Gottwin 67	Guntbrecht 51	Hanke 48
Graham 55	Gunter 48	Hanko 59
Gratian 49	Guntfried 52	Hannes 54
Gratianus 67	Gunthard 47	Hanno 62
Grazian 38	Gunther 65	Hanns 49
Gregoire 37	Guntmar 48	Hans 44
Gregor 49	Guntram 66	Hansdieter 70
Gregorio 48	Guntwin 44	Hansel 61
Gregorius 41	Gus 39	Hansgeorg 46
Gregory 68	Gustaf 48	Hansgerd 67
Grigori 55	Gustav 55	Hansi 72
Grigorij 65	Gustave 42	Hansjoachim 41
Grigorio 53	Gustavo 62	Hansjörg 66
Grimbert 37	Gustel 65	Hansjoseph 58
Grimwald 69	Gusti 67	Hansjürgen 57
Grischa 38	Guy 37	Hanswilli 49
Günter 66	György 44	Harald 55
Günther 38	Gyula 59	Harbert 65
Guide 55	Hadamar 66	Hard 60
Guido 66	Hademar 61	Hardi 61

Luitwin 49	Marek 41	Mauritius 51
Luiz 44	Marian 50	Maurizio 47
Lukas 60	Marinus 49	Maurus 49
Luke 61	Mario 42	Max 65
Lukretius 55	Marius 44	Maxi 48
Luther 42	Mark 45	Maxim 43
Lutter 43	Marko 43	Maximilian 54
Lutz 61	Markolf 63	Maximilianus 63
Lux 60	Markus 45	Maximo 68
Luzius 62	Markward 67	Maxwell 64
Lysander 69	Markwart 63	Meijer 45
Mac 43	Marlon 49	Meik 66
Märten 44	Marquard 48	Meinald 50
Mäthes 48	Marten 62	Meinhard 48
Magnus 67	Martin 67	Meinhold 46
Maik 44	Martinus 49	Meino 67
Malcolm 51	Marvin 64	Meinold 47
Malte 58	Marwald 66	Meinolf 69
Manfred 47	Marwin 46	Meinrad 49
Manfredi 48	Massimo 68	Meinulf 68
Manfredo 63	Mat 59	Meir 66
Manfried 66	Mathew 60	Melcher 65
Manolito 46	Mathieu 61	Melchior 50
Manolo 45	Mathis 62	Merlin 47
Manuel 42	Mats 44	Merten 48
Marald 60	Matteo 62	Micha 61
Marbod 65	Mattes 67	Michael 42
Marc 63	Matthäus 50	Michail 65
Marcel 62	Matthias 45	Michel 68
Marcello 45	Matti 42	Michele 64
Marcellus 56	Matty 60	Mickel 44
Marco 61	Maurice 66	Mies 67
Marcus 63	Mauricio 69	Miguel 49

Olav 62	Oswald 60	Patricius 42
Oldwig 60	Oswin 67	Patrick 52
Ole 42	Otbert 43	Patrizius 56
Oleg 45	Otfried 45	Paul 45
Olf 63	Otger 44	Paulus 63
Oliver 69	Othmar 49	Pawel 59
Olivier 70	Otmar 68	Peder 60
Olli 41	Ottheinrich 57	Pedro 62
Oluf 60	Otthermann 46	Peer 65
Omar 59	Ottmar 50	Peet 45
Omke 45	Otto 41	Pelle 42
Omko 47	Ottokar 64	Pepe 44
Ommo 67	Ottomar 48	Pepito 47
Onno 42	Otwald 66	Peppo 63
Orell 65	Otwin 46	Per 60
Orlando 47	Ove 63	Percy 45
Ortfried 56	Owe 45	Peregrin 67
Ortger 46	Owen 59	Peregrinus 40
Ortlieb 65	Paavo 41	Perez 63
Ortnit 51	Pablo 48	Perry 45
Ortolf 63	Paddy 63	Petar 61
Ortulf 44	Pär 65	Peter 65
Ortwin 66	Pál 39	Petrus 51
Osbert 64	Pankratius 38	Phil 47
Osborne 49	Pankraz 62	Philip 65
Oscar 69	Pantaleon 53	Philipp 64
Osgood 67	Paolo 44	Philippe 69
Oskar 51	Parsifal 72	Philo 63
Osmar 62	Parzival 47	Piero 50
Osmund 47	Pascal 45	Pierre 68
Osric 69	Pascale 68	Piet 41
Ossi 50	Paschalis 57	Pieter 66
Ossip 49	Pat 63	Pietro 50

Riccardo 66	Rochus 64	Ronny 65
Ricci 44	Rochwald 51	Rothard 69
Ricco 68	Rochwin 49	Rother 51
Richard 65	Rock 67	Rouven 67
Richart 52	Rocky 50	Roux 66
Richbert 49	Rodebert 45	Rowland 64
Richmar 47	Rodebrecht 37	Roy 46
Rick 43	Rodegang 66	Ruben 47
Rickard 50	Roderich 49	Rudi 40
Ricki 62	Roderick 70	Rudolf 48
Rickmer 45	Rodewald 68	Rudolph 65
Ricky 44	Rodlof 67	Rüdiger 50
Ridzart 62	Rodolf 49	Rufinus 49
Rienzo 63	Rodolfo 38	Rufus 61
Rigbert 51	Rodolphe 71	Rumold 44
Rigobert 67	Rodrigo 53	Rupert 68
Rik 41	Rodrigue 48	Rupertus 59
Riklef 48	Roger 46	Ruppert 67
Rimbert 70	Roland 67	Ruprecht 69
Rinaldo 68	Rolando 47	Rurik 49
Ringo 45	Rolf 65	Russel 67
Ringolf 65	Rolland 52	Ruthard 50
Ringulf 64	Rolli 61	Rutlieb 64
Rino 42	Rollo 49	Ruwen 60
Roald 44	Rolof 63	Sacha 42
Rob 47	Romain 47	Sachso 51
Robby 59	Roman 64	Saladin 63
Robert 63	Romanus 46	Salim 66
Roberto 52	Romeo 43	Salomon 48
Robin 62	Romuald 45	Salvator 68
Rocco 65	Romulus 67	Salvatore 46
Rochbert 46	Ron 41	Sam 62
Rochold 69	Ronald 49	Sammy 49

Samson 50
Samuel 67
Sándor 49
Sandro 67
Sandy 41
Sascha 45
Sasso 44
Saul 58
Saulus 49
Schorsch 62
Scott 66
Sczepan 67
Sean 59
Sebald 63
Sebaldus 45
Sebastian 48
Sebastiano 55
Sébastien 70
Sebastino 54
Seibold 43
Selim 61
Selmar 63
Semjon 52
Sepp 60
Seppel 68
Seraphim 50
Seraphin 69
Seraphinus 42
Serenus 47
Serge 45
Sergei 64
Sergeij 65
Sergio 66

Sergius 68
Servaas 48
Servais 66
Servatius 72
Servaz 60
Servazio 50
Severin 63
Severinus 45
Sibo 49
Sidonius 39
Siebo 63
Siegbald 67
Siegbert 48
Siegbod 43
Siegbold 46
Sieger 64
Siegerich 66
Siegfried 68
Sieghard 45
Siegher 63
Siegmar 46
Siegmund 49
Siegrich 70
Siegwald 44
Siegward 61
Sierk 67
Sievert 49
Sigfried 45
Siggi 47
Siggo 62
Sigi 44
Sigisbert 56
Sigismund 57

Sigmund 62
Sigo 41
Sigurd 64
Sikko 51
Silvan 46
Silvanus 64
Silvester 46
Silvio 48
Silvius 50
Silvus 67
Simeon 52
Simon 65
Simson 68
Sisto 50
Sixt 64
Sixten 47
Sixtus 46
Sjard 65
Slavko 49
Söhnke 66
Sönke 67
Sören 49
Sóphos 54
Sophus 71
Stachus 68
Stan 63
Stani 64
Stanislaus 44
Stanley 45
Stano 43
Stef 61
Stefan 67
Stefano 47

364

Steffel 50	Ted 45	Thilo 46
Steffen 70	Teddy 41	Thomas 68
Sten 49	Teo 57	Thomé 42
Stenka 43	Tetje 47	Thor 62
Stenz 65	Teut 65	Thoralf 47
Stenzel 46	Thaddäus 63	Thorbjörn 61
Stephan 48	Thankmar 68	Thore 67
Stéphane 62	Thassilo 53	Thornton 43
Stephen 52	Thasso 49	Thorolf 71
Steve 64	Theo 47	Thorsten 39
Steven 42	Theobald 66	Thorwald 49
Steward 66	Theodebald 48	Tiberius 65
Stig 61	Theodebert 65	Tibor 48
Stoffel 70	Theodemar 45	Tiede 60
Stoffer 60	Theoderich 69	Tiedo 44
Stu 63	Theodolf 51	Tiemo 62
Stuart 48	Theodor 69	Till 61
Suitbert 46	Theodore 47	Tillmann 67
Sulpicius 42	Théodore 65	Tilmann 64
Sulpiz 64	Theódóros 61	Tilo 47
Sven 46	Theodósios 63	Tim 41
Svend 59	Theodosius 44	Timm 63
Swen 64	Theodulf 50	Timmo 43
Swidbert 68	Theophil 67	Timmy 46
Sylvester 46	Theophilius 59	Timo 66
Täve 39	Thias 49	Timofej 44
Tage 45	Thibaut 45	Timothée 48
Tanko 60	Thiemo 43	Timotheus 52
Tankred 64	Thierri 46	Timothy 66
Tassilo 63	Thierry 64	Tino 49
Tasso 50	Thies 62	Titus 64
Tebaldo 67	Thieß 44	Tjalf 67
Tebbo 43	Thietmar 66	Tjard 62

Volkward 49	Welf 40	Wilbur 65
Volkwart 63	Welfhard 64	Wilfried 66
Volkwin 48	Wendel 46	Wilhelm 48
Vollrat 67	Wendelbert 64	Wilko 64
Volmar 68	Wendelin 61	Will 58
Volrat 64	Wendelmar 62	Willard 47
Wadislaus 46	Wenzel 67	Willem 49
Walbert 64	Wenzeslaus 71	Willeram 70
Waldebert 46	Werner 43	Willi 59
Waldemar 62	Wernfried 38	William 46
Waldfried 52	Wernhard 69	Willibald 69
Waldo 66	Wernher 51	Willibert 50
Walfried 48	Werni 46	Willibrord 40
Wally 41	Werno 61	Williram 66
Walram 44	Wiard 41	Willmar 65
Walt 64	Wibert 43	Willo 47
Walter 62	Wichard 42	Willy 41
Walther 61	Wido 45	Wilm 59
Waltram 44	Widukind 47	Wilmar 44
Wanja 59	Wiegand 61	Wilson 52
Warnfried 70	Wieland 43	Wim 65
Warren 66	Wienand 63	Winand 67
Warrick 52	Wigand 65	Winfried 68
Warwick 47	Wigbert 64	Wini 58
Wasja 48	Wigbrecht 47	Winibald 50
Wassilij 46	Wiggerl 68	Winibert 49
Wassily 45	Wiggo 65	Winibrecht 68
Wastl 49	Wighard 61	Winimar 47
Wedekind 50	Wigmar 44	Winni 45
Weerd 58	Wignand 43	Winnimar 70
Weert 63	Wigo 62	Winrich 52
Weigand 43	Wiland 47	Winston 63
Weikhard 65	Wilbert 46	Wipert 67